# Befreit die Welt von der
# US-Notenbank!

*Ich widme dieses Buch den jungen Leuten, die meinem*

*Präsidentschaftswahlkampf seine Schlagkraft verliehen haben*

*und die das Herzstück der Anti-Fed-Bewegung bilden.*


*Die Hoffnung auf eine freie, blühende Gesellschaft*

*liegt in Euren Händen.*

Ron Paul

# Befreit die Welt von der US-Notenbank!

## Warum die *Federal Reserve* abgeschafft werden muss

KOPP VERLAG

1. Auflage Mai 2010
Copyright © 2009 by The Foundation for Rational Economics and
Education, Inc. (FREE)
Copyright © 2010 für die deutschsprachige Ausgabe bei
Kopp Verlag, Pfeiferstraße 52, D-72108 Rottenburg

Dieses Werk wurde vermittelt durch die
Literarische Agentur Thomas Schlück, 30827 Garbsen

Titel der amerikanischen Originalausgabe: END THE FED

Alle Rechte vorbehalten

Übersetzung: Ortrun Cramer
Umschlaggestaltung: Angewandte Grafik/Peter Hofstätter
Satz und Layout: Perfect Page, Karlsruhe
Druck und Bindung: CPI – Clausen & Bosse, Leck
ISBN: 978-3-942016-31-5

**Mix**
Produktgruppe aus vorbildlich bewirtschafteten
Wäldern und anderen kontrollierten Herkünften
www.fsc.org Zert.-Nr. GFA-COC-001223
© 1996 Forest Stewardship Council
FSC

*Gerne senden wir Ihnen unser Verlagsverzeichnis.*
Kopp Verlag
Pfeiferstraße 52
D-72108 Rottenburg
E-Mail: info@kopp-verlag.de
Tel. (0 74 72) 98 06-0
Fax (0 74 72) 98 06-11

*Unser Buchprogramm finden Sie auch im Internet unter:*
www.kopp-verlag.de

# INHALT

# DANK

Dank gebührt zuallererst meiner Frau Carol, deren Liebe und Unterstützung mir alles, was ich tue, ermöglicht. Ohne meine großen Lehrer in der österreichischen Wirtschaftswissenschaft – Ludwig von Mises, Murray N. Rothbard, F. A. von Hayek, Henry Hazlitt und Hans F. Sennholz – würde es dieses Buch nicht geben.

Dank auch an meinen Lektor Ben Greenberg für seine großartige Hilfe.

Erstes Kapitel

# Warum es Sie etwas angeht

Ans Geld denkt jeder, und fast jeder hätte gern mehr davon. Wir benutzen Geld, ohne uns viele Gedanken über sein Wesen und seine Funktion zu machen. Nur selten fragt sich jemand, wo es eigentlich herkommt, wer es kontrolliert, warum es überhaupt einen Wert hat oder warum es von Zeit zu Zeit entwertet wird.

Genauso wird die *Federal Reserve* – die den Geldvorrat der USA verwaltet – zumeist als unentbehrliche Institution hingenommen, ohne die die Vereinigten Staaten nicht funktionieren könnten. Also wird ihre Notwendigkeit auch nicht infrage gestellt. Ich halte es jedoch besonders in dieser Zeit nach dem Crash für unverantwortlich und letztendlich nutzlos, eine ernsthafte Diskussion über die Wirtschaft führen zu wollen, wenn dabei die grundlegenden Fragen von Geld und dessen Qualität außer Acht gelassen werden und nicht bedacht wird, wie uns die *Fed* mit ihrer Manipulation des Geldes wirtschaftlich in den Ruin treibt.

Was ist die *Fed* und was tut sie eigentlich? Um diese Frage zu beantworten, können Sie Bücher lesen, die eigenen Broschüren der *Fed* studieren oder an der nächstgelegenen Hochschule Vorlesungen über Wirtschaftswissenschaften hören. Sie können sogar die *Fed*-Comics auf deren Website anschauen.[1] Man wird Ihnen erklären, wie die *Fed* den Wirtschaftskreislauf stabilisiert, die Inflation unter Kontrolle hält, ein solventes Bankensystem aufrechterhält, das Finanzsystem reguliert und noch viel mehr. Und all dies machten sie, so behaupten die Sprecher der *Fed*, sogar sehr gut.

In jedem einzelnen Punkt bin ich anderer Ansicht.

Bei Licht betrachtet verfügt die *Fed* – und nur sie allein – über eine ganz besondere Macht, nämlich die, Geld aus dem Nichts zu erzeugen; mal in großen, mal in geringeren Mengen. Das Geld nimmt verschiedene Formen an und kommt auf verschiedenen Wegen ins System. Dazu verfügt die *Fed* über Techniken wie beispielsweise Offenmarktgeschäfte oder die Veränderung des Mindestreservesatzes und die Manipulation der Zinssätze: alles Methoden der Gelderzeugung.

Da Geld an jeder geschäftlichen Transaktion beteiligt ist, und da ganze Zivilisationen buchstäblich mit der Qualität ihres Geldes aufsteigen oder untergehen, reden wir hier über eine enorme Macht, die im Verborgenen operiert. Es ist die Macht, Illusionen zu schaffen, die zunächst ganz real erscheinen. Genau da liegt der Kern der Macht der *Fed*.

Wie sagte Präsident Obama so schön über den Wirtschaftsboom, der plötzlich wie eine Blase zerplatzte: »Man muss, glaube ich, verstehen, dass ein Gutteil dieses Reichtums von Anfang an Illusion war.«[2]

So ist es.

Aber wir wollen uns auch klarmachen, woher diese Illusion kommt und was dagegen zu tun ist.

Natürlich hat nicht jeder instinktiv etwas gegen diese Illusionen erzeugende Macht einzuwenden, viele sind darüber vielleicht sogar froh. Sie wollen nur einfach zurück zu den Zeiten, als »die Dinge noch in Ordnung« waren, auch wenn es nur eine Illusion war – eine von der *Fed* geschaffene Illusion von Reichtum.

Viele meinen, alle gesellschaftlichen Probleme wären gelöst, wenn die angebliche Geldknappheit beseitigt würde. Selbst heute, mitten in einer Wirtschaftskrise, reagieren unsere Regierung und die *Federal Reserve* in typischer Manier: Der Zinssatz wird gegen Null gesenkt und Billionen Dollar in die Wirtschaft gepumpt – doch eine Lösung der Probleme zeichnet sich dadurch nicht ab. Den Verantwortlichen ist noch immer nicht bewusst, dass sie damit langfristig unsere Probleme nur verschlimmern.

Wirtschaftliche Zyklen von Boom und Crash gibt es schon seit langer Zeit. Es ist tragisch, dass darunter die am meisten leiden, die gar nichts dazu können, die von der Komplexität des Währungssystems wenig verstehen, während diejenigen, die dies sehr wohl verstehen, große Gewinne einstreichen, und zwar immer – ob die Wirtschaft gerade wächst oder schrumpft. Nur wenn man begreift, wie das Währungssystem funktioniert, kann man dieses Problem lösen und die Opfer vor einem brutalen wirtschaftlichen Absturz schützen.

Es sollte sich doch eigentlich jeder brennend dafür interessieren, was Geld eigentlich ist und wie eine winzige Minderheit es auf Kosten der großen Mehrheit manipuliert. Geld ist überlebenswichtig. Es ist nötig, um eine freie Gesellschaft zu erhalten. Eine gesunde Wirtschaft hängt davon ab. Politische Macht kann ohne Geld nicht beschränkt werden. Solides Geld trägt entscheidend dazu bei, unnötige Kriege zu verhindern. Langfristig sind Wohlstand und Friede unmöglich ohne solides Geld.

Um Geld zu verstehen, muss man zunächst einmal begreifen, was es mit einer Zentralbank überhaupt auf sich hat. Die Zentralbank der Vereinigten Staaten ist die *Federal Reserve*, die unser Geld und unser Kredit beständig zugunsten einer privilegierten Klasse manipuliert.

Ich habe dieses Buch geschrieben, um zu begründen, warum ich überzeugt bin, dass der Vorherrschaft der *Fed* ein Ende bereitet werden muss. Seit über dreißig Jahren schreibe und spreche ich über dieses Thema, aber lange Zeit hat sich kaum jemand darum geschert, was ich dazu zu sagen hatte. Die Wirtschaftskrise hat jetzt alles verändert. Heute gibt es eine wachsende gesellschaftliche oder vielmehr politische Bewegung, die entschlossen ist, die *Fed* abzuschaffen.

Der Titel dieses Buches stammt eigentlich gar nicht von mir. Er ist vielmehr ein Slogan, den man landauf, landab bei Versammlungen und Kundgebungen hört. Ich selbst habe ihn im Oktober 2007 nach der Debatte der Vorwahlkandidaten der Republikaner in Dearborne an der University of Michigan zum ersten Mal vernommen. Jener Abend war frustrierend verlaufen; alle meine Mitbewerber hatten versichert, mit der Wirtschaft und mit Bushs Politik stehe alles bestens. Nachher hatte ich dann Gelegenheit, vor über 4000 Studenten auf dem Hof des Colleges in Ann Arbor zu sprechen.

Man hat mir gesagt, so viele Leute kämen selten, um einen Kandidaten zu hören. Und es waren sehr nette junge Leute, die zu dem, was ich über die Staatsausgaben, über Kürzungen und Kriege sowie über die auswärtige Politik zu sagen hatte, freundlichen Beifall spendeten. Als ich dann auf die Geldpolitik kam, waren die jungen Leute begeistert und plötzlich hörte man von einer kleinen Gruppe den Ruf: »*End the Fed! End the Fed!*« – und immer mehr schlossen sich dem Chor an. Viele hielten brennende Dollarscheine hoch, als wollten sie damit der Zentralbank signalisieren: »Ihr habt dem amerikanischen Volk schwer geschadet, ihr bedroht unsere Zukunft und die Welt: Eure Zeit ist um.«

Bei meinem Gegen-Parteikonvent im September 2008 in Minneapolis erschallte dann dieser Ruf bereits aus 12 000 Kehlen, bevor ich das Thema *Fed* überhaupt angesprochen hatte. Ich konnte ihnen nur lachend zurufen: »Wartet doch noch einen Moment!« Vergeblich – das Geld, seine

Stabilität und was aus ihm wird, brennt heute offensichtlich allen auf den Nägeln.

Ich war schon immer ein Optimist in der Frage stabilen Geldes, hätte mir aber nie vorstellen können, dass der Widerstand gegen die *Fed* noch zu meinen Lebzeiten Gegenstand öffentlicher Proteste sein würde. Im ganzen Land versammeln sich Menschen vor den Bürogebäuden der *Federal Reserve*, um gegen die Macht, die Geheimniskrämerei und das Verhalten der *Fed* zu demonstrieren und diesen wunderbaren Slogan hören zu lassen. Ihr Ziel ist nicht Reform, sondern Revolution: das Ende der *Fed*.

Ich bin davon wie elektrisiert. Ihnen sollte es genauso gehen, denn ein Ende der *Fed* würde den größten Schritt nach vorn bedeuten, um Wohlstand und Freiheit nach Amerika zurückzubringen und sicherzustellen, dass beide bei uns auch in Zukunft bestehen.

Mit ist klar, dass manche von solchen Protesten schockiert sind, sie für radikal, ja sogar gefährlich halten, aber in Wahrheit entspringen sie einem Impuls, der in der Geschichte unseres Landes tief verwurzelt ist. Im 19. Jahrhundert gab es viele ähnliche Proteste gegen das Nationalbanksystem und den damaligen Versuch, das Geld- und Kreditwesen in einer vom Staat gestützten Institution zu zentralisieren, die unter kompletter Geheimhaltung operiert.

Man könnte es ein populistisches Anliegen nennen, es ist aber auch ein Anliegen für Libertäre. Jefferson, ein entschiedener Gegner der *Bank of the United States*, des Vorläufers der *Fed*, würde es genauso begrüßen wie Thomas Paine, der das Papiergeld als Feind der individuellen Freiheit betrachtete, weil es stets der Despotie Vorschub leiste.

Von Paine, dessen Kampfschrift *Common Sense* zur Inspiration für die Amerikanische Revolution wurde, stammt auch der folgende Satz: »Die vermeintliche Autorität einer Versammlung, Papiergeld oder irgendwelches andere Papier zum gesetzlichen oder bindenden Zahlungsmittel zu machen, stellt einen höchst anmaßenden Versuch willkürlicher Machtausübung dar. Eine republikanische Regierung lässt eine solche Macht nicht zu; wo diese Praxis ausgeübt werden kann, genießen die Menschen keine Freiheit – und das Eigentum keinen Schutz.«[3]

Auch im 19. Jahrhundert gab es prominente Gegner gegen den Despotismus des Zentralbankwesens. Ganze Präsidentschaftskampagnen wurden über die Frage geführt, ob es eine nationale Notenbank geben sollte.

Tatsächlich reichen die Wurzeln des Widerstands gegen ein Geldmonopol bis ins 14. Jahrhundert zurück, bis zu den Arbeiten der ersten Ökonomen, die sich über die Gefahren der Inflation Gedanken machten.[4]

Dieses Anliegen wird auch in der Arbeit der besten Ökonomen und Philosophen des 20. Jahrhunderts gerechtfertigt. So schrieb zum Beispiel der Nobelpreisträger F. A. von Hayek über das Zentralbankwesen: »Ich bezweifle, dass es mit Ausnahme der Herrscher und deren Günstlingen jemals jemandem genützt hat.« Er kam zu dem Schluss: »Geld ist mit Sicherheit ein zu gefährliches Instrument, um es dem zufälligen Zweckdenken der Politiker zu überlassen.«[5]

Der Macht und Geheimnistuerei der *Fed* ein Ende zu bereiten, sollte ein gerechtfertigtes Anliegen der politischen Mitte sein. Ich persönlich bin davon überzeugt, dass mit der Abschaffung der *Fed* die verzwicktesten Probleme der heutigen Politik in Angriff genommen werden könnten. Der Wertverlust des Dollars würde gestoppt. Der Regierung würden die finanziellen Mittel für ihre endlosen Kriege entzogen. Die Übergriffe des Staates auf die bürgerlichen Freiheiten in den USA würden in Schach gehalten und das Anhäufen riesiger Schuldenberge, deren Rückzahlung zukünftigen Generationen aufgebürdet wird, hätte ein Ende, genauso wie die massive Ausweitung des Wohlfahrtsstaats, die uns zu einer Nation von Abhängigen gemacht hat.

Wenn man durch die Abschaffung der *Fed* das Problem der Geldmanipulation löst, dann löst man damit gleichzeitig auch eine Menge anderer Probleme. Dem Staatsapparat wird die Möglichkeit genommen, mittels finanzieller Trickserei seine grenzenlose Ausweitung zu betreiben. Es ist der erste Schritt zur Wiederherstellung der verfassungsmäßigen Regierungsgewalt. Ohne die *Fed* wäre die Regierung in Washington gezwungen, im Rahmen ihrer Verhältnisse zu leben. Sie wäre zwar noch immer viel zu groß und mischte sich viel zu viel ein – wie übrigens auch die Regierungen der Bundesstaaten – aber das furchtbare imperiale Gehabe nach innen und außen müsste aufhören.

Es brächte noch weiteren Nutzen: Der Konjunkturzyklus würde gestoppt, die Inflation beendet, Amerikaner könnten sich wieder Wohlstand aufbauen und es wäre Schluss mit der korrupten Zusammenarbeit zwischen Regierung und Banken, die seit dem Crash die Politik praktisch vollkommen bestimmt.

Mit der Abschaffung der *Fed* würde das amerikanische Bankensystem auf eine solide finanzielle Grundlage gestellt. Ohne den *Moral Hazard** der Großbanken – Stichwort: »zu groß, um unterzugehen« – würde die Branche florieren. Kredite würden nach einer realistischen Risikoabschätzung vergeben, das Kapital der Banken würde nicht im Interesse politisch motivierter Prioritäten aufs Spiel gesetzt.

Die Einlagen der Kunden wären besser geschützt als heute, denn die Banken würden sich bei ihrer wichtigsten Funktion, nämlich der Vermögenssicherung, untereinander Konkurrenz machen.

Nach einer Abschaffung der *Fed* würde auch Schluss sein mit der gängigen Praxis, unseren Wahlzyklus mithilfe von Geldmanipulationen zu korrumpieren. Amtierende Präsidenten könnten sich nicht mehr darauf verlassen, dass die Zentralbank der Wirtschaft vor dem Wahltermin zu einem kurzfristigen Aufschwung verhilft – worauf dann unweigerlich eine Rezession folgt, sobald die Regierungspartei wieder im Amt ist.

Der Reichtum des Landes wäre nicht mehr den Launen einer Handvoll ernannter Bürokraten unterworfen, die nichts anderes im Sinn haben, als dem Bankenkartell und den einflussreichen Politikern in Washington dienlich zu sein.

Die Abschaffung der *Fed* wäre der sicherste Weg, um im Wirtschaftsleben und in der Politik unseres Landes wieder Vernunft einkehren zu lassen. Damit wären unsere politischen Meinungsverschiedenheiten und Auseinandersetzungen im Kongress natürlich nicht vom Tisch. Die *Fed* abzuschaffen ist keine Wunderpille, die uns nach Utopia bringt. Doch unsere Meinungsverschiedenheiten und Diskussionen würden fortan in einem realen Umfeld ausgetragen, nicht in der Welt der Illusion, die durch das grenzenlose Gelddrucken geschaffen wird.

Jetzt ist es Zeit zu handeln. Die Maßnahmen, die die *Fed* seit dem Crash von 2008 ergriffen hat, sind extrem gefährlich. Die *Fed* nutzt ihre ganze Macht, um die Zentralbankgeldmenge auf nie da gewesene Höhen zu treiben, sie erzeugt Billionen Dollar aus dem Nichts. Von April 2008 bis April 2009 ist die bereinigte Zentralbankgeldmenge von 856 Milliarden Dollar auf unfassbare 1749 Billionen in die Höhe geschnellt. Ist dabei irgendein neuer Wert, etwa neue Produktion, geschaffen worden? Nein, hier war

---

* *Marktteilnehmer erhöhen ihr Risiko im Vertrauen auf Schutzmechanismen oder eine spätere Rettung durch den Staat oder die* Fed

Ben Bernankes Druckerpresse am Werk. Wenn Sie oder ich so etwas täten, würde man uns als Geldfälscher verklagen und für den Rest unseres Lebens hinter Gitter schicken. Jeder würde uns als Bauernfänger und Gauner verachten, ja hassen. Aber wenn die *Fed* so etwas tut – begleitet von dem üblichen wissenschaftlichen Brimborium – gilt es als völlig legale und verantwortliche währungspolitische Maßnahme.

### St. Louis Angepasste Zentralbankgeldmenge (BASE)

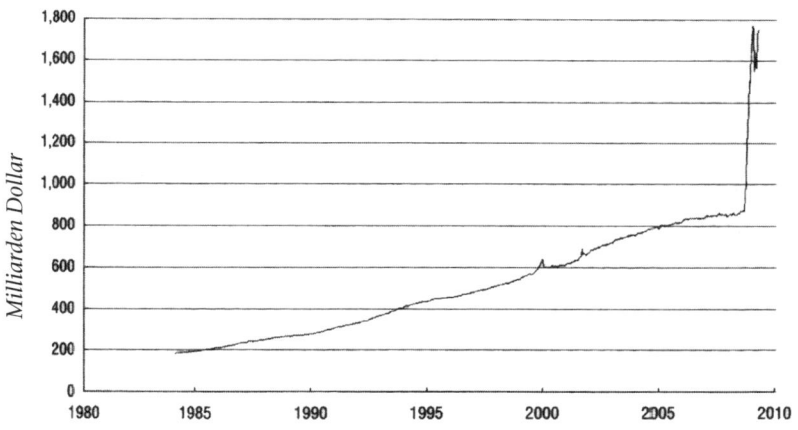

*Quelle: Federal Reserve Bank of St. Louis: 2009 research.stlouisfed.org*

Dieses neu erzeugte Geld lagert jetzt als Reserve in Banktresoren und wartet auf ein sicheres Umfeld, um verliehen und geliehen zu werden. Wenn solch ein Umfeld entsteht, könnten wir einen Preisanstieg erleben, wie ihn niemand von uns in seinem Leben je gesehen hat.

Viele halten Zustände wie in der Weimarer Republik in Deutschland in den Jahren zwischen den beiden Weltkriegen – als das Papiergeld so wertlos gemacht wurde, dass die Geldscheine buchstäblich zum Heizen der Wohnungen verwendet wurden – in den Vereinigten Staaten für undenkbar.

Wir glauben, solch eine Katastrophe könnte uns nicht passieren, doch das ist ein Irrtum.

Schlechte Wirtschaftspolitik kann eine Zivilisation zerstören – keine Politik ist gefährlicher als eine schlechte Geldpolitik. Ich habe mich jahrzehntelang in Ausschusssitzungen mit *Fed*-Vertretern gestritten, habe mich bei offiziellen Essen oder in privater Runde mit *Fed*-Chefs unterhalten, habe mein Leben lang seriöse Schriften über Wirtschaft studiert und bin mir deshalb völlig im Klaren über die Gefahren, welche der Freiheit heute drohen. Ich weiß jetzt: Es gibt keine Hoffnung, dass die *Fed* jemals eine verantwortliche Geldpolitik verfolgt.

Wir müssen dem Staat die Macht über das Geld entziehen. Es darf keine Sozialhilfe für die Bankenbranche mehr geben. Die Stabilität des Dollars hängt davon ab, dass er von der Maschinerie abgekoppelt wird, die endlos Dollarnoten vervielfältigen und deren Wert gegen Null treiben kann.

Dass die *Fed* Billionen Dollar ohne jede Aufsicht durch den Kongress erzeugen und sie an ihre Kumpel verkaufen kann, sollte für uns alle einen Schock bedeuten. Ich hatte geglaubt, mich könne nichts mehr schockieren, was unsere Regierung tut, aber was die *Fed* in der Zeit von 2008 bis 2009 angestellt hat, war einfach zu viel. Sie hat nicht nur Billionen Dollar erzeugt und verteilt, sondern weigert sich, ihr Vorgehen offenzulegen. Das zeigt die Arroganz der Mitglieder der *Fed* und die Teilnahmslosigkeit des Kongresses angesichts seiner Verantwortung, den Menschen zu dienen und das Gesetz zu achten.

Am 21. November 2002 hat Ben Bernanke seine Sicht der Dinge dargelegt, man hätte also eigentlich gar nicht überrascht zu sein brauchen.[6]

> *»Die US-Regierung verfügt über eine Technologie namens Druckerpresse (oder ihr heutiges elektronisches Äquivalent), mit der sie so viele Dollar herstellen kann, wie sie will, und das praktisch umsonst. Indem sie die Menge der umlaufenden US-Dollar erhöht, oder auch nur damit droht, sie zu erhöhen, kann die US-Regierung auch den Wert eines Dollars in Bezug auf Güter und Dienstleistungen senken, was einem Anstieg der Dollar-Preise für diese Waren und Dienstleistungen entspricht. Wir kommen zu dem Schluss, dass ein entschlossener Staat bei einem Papiergeld-System immer höhere Ausgaben und damit eine positive Inflation schaffen kann.«*

Ich bin mir nicht sicher, ob der *Fed*-Gouverneur sich sonst jemals so offen über die Macht der *Fed* geäußert hat. Ganz gewiss hat Bernanke sie aber nicht verurteilt, sondern hat sie erklärt, weil er daran glaubt. Genauso wie John Law, der Geld-Hasardeur des 19. Jahrhunderts, dessen Eskapaden zur Mississippi-Blase beigetragen haben, glaubt Bernanke, das Wundermittel entdeckt zu haben, mit dem er Reichtum schaffen kann.[7]

Nur selten eröffnet sich die Chance, dass sich einfache Bürger so sehr für das Geldsystem interessieren, dass sie eine Reform fordern, aber genau solch eine Situation haben wir jetzt. Trotz der Krise, die uns bedroht, haben wir die große Chance, erfolgreich für die Freiheit einzutreten, die ohne solides Geld keinen Bestand haben kann.

Das System der *Federal Reserve* gehört auf den Prüfstand. Letztendlich gehört es abgeschafft. Der Staat kann und darf kein Monopol über das Geld besitzen. Keine einzelne gesellschaftliche Institution sollte über so ungeheure Macht verfügen. Ich bin überzeugt: Bei diesem Kampf steht nichts Geringeres auf dem Spiel als unsere Freiheit.

## Zweites Kapitel

# Ursprung und Wesen der *Fed*

Kaum ein Amerikaner hat sich je viel Gedanken über die merkwürdige Einrichtung gemacht, die das Geld unseres Landes unter Kontrolle hat. Sie nehmen sie einfach hin, als wäre sie schon immer da gewesen – was aber ganz und gar nicht der Fall ist. Wer als Besucher nach Washington kommt, der kann sich das palastähnliche Hauptquartier der *Fed*, das 1937 eröffnet worden ist, anschauen. Touristen betrachten das wenig einladende, ja furchteinflößende Äußere des Bauwerks, dem monetären Gegenstück zum Obersten Gerichtshof in der Hauptstadt der Vereinigten Staaten.

Die Leute wissen, dass diese Institution eine wichtige Aufgabe hat, nämlich die Geldmenge des Landes zu regulieren. Sie hören, wie der *Fed*-Chef vor dem Kongress aussagt und dabei komplexes Zahlenmaterial zitiert, Voraussagen trifft und versucht, jeden einzuschüchtern, der es wagt, diesen Aussagen zu widersprechen. Aus den Worten der *Fed*-Chefs würde man niemals schließen, dass es irgendwo Missmanagement geben könnte. Stets tritt der Chef der *Fed* auf wie der Herr des Universums, der alles weiß und alles unter Kontrolle hat.

Aber was wissen wir denn wirklich darüber, was bei der *Fed* vor sich geht? Angesichts der jüngsten Runde von Bailouts tun sich selbst Journalisten schwer damit, genau nachzuverfolgen, woher das Geld kommt und wohin es fließt. Seit ihrer Gründung im Jahr 1913 gehören Geheimniskrämerei und interne Vereinbarungen zur Arbeitsweise der *Fed*.

Mit dem Public-Relations-Spiel, das der *Fed*-Vorsitzende aufführt, soll auch der Eindruck erweckt werden, die *Fed* sei ein wichtiger, ja unverzichtbarer Teil unseres Systems. Tatsächlich ist die *Fed* in einer Phase der Geschichte unseres Landes entstanden, die wir *Progressive Era* nennen, als die Einkommensteuer eingeführt und viele neue staatliche Institutionen geschaffen wurden. Es war eine Zeit, in der das gesamte Geschäftsleben geradezu davon besessen war, Kartelle zu bilden, um die Gewinne zu sichern und die Verluste zu sozialisieren.

Dabei bildeten die größten Banken keine Ausnahme. Sie waren unzufrieden damit, dass es keinen Kreditgeber der letzten Instanz gab, der ihnen in Krisenzeiten notfalls aus der Patsche helfen würde. Ohne einen bestehenden Bailout-Mechanismus hing es von ihnen selbst ab, ob sie sich über Wasser hielten oder untergingen. Darüber hinaus waren die amerikanischen Präsidenten in der Zeit nach dem Bürgerkrieg bemüht, den Goldstandard einzuführen bzw. zu verteidigen, der es für die größten Banken unmöglich machte, den Kredit grenzenlos auszuweiten. Der Goldstandard wirkte auf solche Weise als Regulativ. Letztendlich mussten die Banken arbeiten wie jedes andere Unternehmen auch. Sie konnten sich ausweiten und in gewissem Umfang Risikokredite vergeben. Wenn ihnen jedoch der Bankrott drohte, gab es niemanden, an den sie sich wenden konnten. Dann mussten sie selbst Kredite aufnehmen und gerieten dadurch unter enormen finanziellen Druck. Ein Risiko zu übernehmen, dient auf wunderbare Weise dazu, die Entscheidungen des Menschen zu steuern. Dadurch hat sich damals eine Kultur der Disziplin bei der Kreditvergabe entwickelt.

Im heutigen Jargon würde es heißen, es mangele dem System an »Elastizität«. Das bedeutet so viel wie: Die Banken konnten Geld und Kredit nicht in dem Maße ausweiten, wie sie wollten. Sie konnten nicht grenzenlos inflationieren und sich dabei auf eine zentrale Institution verlassen, die ihnen notfalls aus der Patsche helfen würde. Diese Vorstellungen passten wunderbar zu einer wachsenden politischen Bewegung zu Beginn des 20. Jahrhunderts, die eine Inflation befürwortete (manchmal in dem Slogan »Free Silver« zusammengefasst), um die Bauern von ihrer Schuldenlast zu befreien. Das Anliegen erhielt gewisse populistische Untertöne, sodass viele mit der Zeit überzeugt waren, eine elastische Geldmenge diene dem einfachen Mann. Sie betrachteten den Goldstandard als von den Großbanken bevorzugtes System, die Kredite knapp zu halten. Auch heute noch vertreten viele Autoren, die über die *Fed* schreiben, die Meinung, die Zentralbank und die größten Banken wären bestrebt, in ihrem eigenen Interesse den Kredit knapp zu halten.

Die *Fed* selbst behauptet, es gehöre zu ihren Aufgaben, die Inflation in Schach zu halten. Das ist in etwa so, als würde die Tabakindustrie behaupten, sie versuche, das Rauchen abzuschaffen, oder als wenn die Autoindustrie sagte, sie versuche, Verkehrsstaus unter Kontrolle zu bringen. Die *Fed* erzeugt die Inflation. Sie kann vielleicht versuchen, die *Auswirkungen* der Inflation, nämlich einen Preisanstieg, aufzuhalten. Aber nach der herkömmlichen Definition der Inflation – ein künstlicher Anstieg der Geld- und Kreditmenge – ist die *Fed* einzig dazu da, sie zu verstärken, nicht sie zu begrenzen.

Die größten Banken wollen genau dasselbe erreichen, wie alle anderen Großunternehmen auch: privatisierte Gewinne und sozialisierte Verluste. Die privatisierten Gewinne stammen aus dem erfolgreichen Kreditgeschäft, häufig in Zeiten eines Wirtschaftsbooms. Wenn sich nun das Blatt wendet und der Boom in einen Abschwung übergeht, werden die Verluste von dritten Parteien übernommen und stellen keine Bedrohung dar. Verluste zu decken erfordert eine Geldmenge, die so flexibel ist, dass die Nachfrage der Banker gedeckt wird. So etwas würde sich jede andere Branche ebenfalls wünschen, doch das verwehrt ihnen der freie Markt, und zwar zu Recht.

Die Bankenbranche hatte schon immer ihre Schwierigkeiten mit der Vorstellung eines freien Marktes, der gleichermaßen Gewinn- und Verlustchancen birgt. Den ersten Teil liebt die Branche, den zweiten wohl eher nicht. Deshalb finden wir in der amerikanischen Geschichte immer wieder den Trend zur Zentralisierung des Geldes und des Bankwesens, ein Trend, der nicht nur den größten Banken nutzt, die von einem soliden Geldsystem am meisten zu verlieren haben, sondern auch dem Staat, der ein elastisches System als alternative Form der Einnahmequelle nutzen kann. Die Koalition aus Staat und Großbankern bildet das entscheidende Rückgrat für die Zentralisierung von Geld und Kredit.

Betrachten wir die Geschichte des Bankwesens, so erkennen wir, dass das Bestreben nach einer Zentralisierung der Macht bereits Jahrhunderte zurückreicht. Wann immer es zu einer Instabilität kommt, wird verstärkt versucht, die Verluste zu sozialisieren. Nur sehr selten fragt sich jemand, woher die Instabilität denn eigentlich kommt. Eine Antwort auf diese Frage findet sich in der 2006 veröffentlichten ausführlichen Studie des spanischen Wirtschaftswissenschaftlers Jesús Huerta de Soto.[8] Er macht die Institution des Mindestreservebankwesens [Teildeckungssystem] verantwortlich: die Vorstellung, wonach das Geld der Einleger, das gegenwärtig in Form von Bargeld in Gebrauch ist, auch für bestimmte spekulative Projekte verliehen und später wieder deponiert werden kann. Das System funktioniert so lange, wie nicht alle auf einmal versuchen, ihr Geld abzuheben, wozu sie laut dem Vertrag mit der Bank berechtigt sind. In diesem Fall bleibt der Bank nur die Wahl, ihren Bankrott zu erklären oder die Zahlungen auszusetzen. Angesichts dieser Forderung bittet die Bank andere Banken um Liquiditätshilfen. Wenn jedoch das ganze System zahlungsunfähig wird, wendet es sich an den Staat.

Den Kern des Problems bildet die Vermischung der beiden wichtigsten, aber unterschiedlichen Funktionen einer Bank. Sie dient einerseits als Verwahrungsort für Einlagen, das ist die traditionelle Funktion einer Bank. Die Bank verwahrt unser Geld sicher und bietet Dienstleistungen wie die Scheckabrechnung, den Zugang zum Bankautomaten, die Erstellung von Auszügen und Online-Zahlungen. All dies ist Teil der Funktion der Bank als Verwahrungsort für Einlagen. Für die Dienstleistungen muss der Verbraucher in aller Regel bezahlen (es sei denn, die Kosten könnten auf andere Weise wieder hereingeholt werden). Der zweite Dienst, den eine Bank anbietet, ist der Kreditservice. Sie tätigt ausgewählte Investitionen, beispielsweise in Unternehmen und Immobilien, und riskiert Geld in der Hoffnung auf Gewinne. Wer sein Geld in solchen Projekten anlegt, entscheidet sich für das Risiko. Ihm ist bewusst, dass er Geld verliert, wenn sich die Investitionen nicht auszahlen.

Das Mindestreservesystem mischt diese beiden Funktionen, sodass auch die Einlagen zu einer Quelle für die Kreditvergabe werden. Die Bank verleiht Geld, das zuvor deponiert worden ist und nun auf Girokonten oder in anderen Formen von Sichteinlagen benutzt werden kann. Das nun neu verliehene Geld wird wiederum in Sichteinlagen deponiert. Es wird erneut verliehen und als Einlage verwendet, und jedes Mal behandelt der Einleger den Kredit in seinen Büchern als Vermögenswert. Auf diese Weise erzeugt das Mindestreservesystem auf der Grundlage eines Teils der alten Einlagen neues Geld. Abhängig vom Mindestreservesatz und der Praxis der Bank werden aus einer ursprünglichen Einlage von 1000 Dollar dank dieser »Geldvermehrung« Einlagen von 10 000 Dollar.[9] Die *Fed* ist in erheblichem Maße von diesem Mindestreservesystem abhängig, sie benutzt das Bankensystem als Maschine, durch die neues Geld in die Gesamtwirtschaft geschleust wird. Sie erhöht den Umfang der Reserven der Banken und erhofft sich davon eine höhere Kreditvergabe.

Vom Standpunkt des Einlegers betrachtet, hat dieses System bestimmte Illusionen geweckt. Als Bankkunden neigen wir zu der Ansicht, unser Geld sei völlig sicher und wir könnten darauf zurückgreifen, wann immer wir wollen, wobei uns nie in den Sinn käme, dass es vielleicht einmal nicht da sein könnte. Gleichzeitig erwarten wir aber eine regelmäßige Kapitalverzinsung für dasselbe Geld. Bei einem wirklich freien Markt müsste man hingegen abwägen: Man kann den Dienst einer Bank als Aufbewahrungsort für Geld in Anspruch nehmen, oder man kann der Bank sein Geld leihen und darauf hoffen, dass deren Investitionen Gewinne abwerfen. Beides gleichzeitig geht in der Regel nicht. Die *Fed* versucht jedoch die Illusion aufrechtzuerhalten, indem sie das Mindestreservesystem unterstützt und endlose Bailouts sowie grenzenlose Gelderzeugung verspricht.

Selbst ein staatlich garantiertes System der Mindestreserven kann zusammenbrechen, und zwar immer dann, wenn bei einem Run auf die Bank alle Einleger ihr Geld wiederhaben wollen (denken Sie nur an den Film *Ist das Leben nicht schön?*). Man kann die ganze Geschichte der modernen Bankengesetzgebung und -reform als ausgeklügelten Versuch ansehen, die Lecks in diesem sinkenden Boot zu stopfen. Deshalb haben wir Kreditversicherungen gegründet, haben die Doktrin von den Banken, die »zu groß sind, um unterzugehen«, geschaffen und Pläne entwickelt, im Notfall neues Geld einzuschießen und so fort, nur um ein von Natur aus instabiles System in Gang zu halten.

Was ich beschrieben habe, fasst Hunderte von Entwicklungen zusammen, erklärt aber zutreffend den Drang, mit unendlich elastischem Geld und Bankinstitutionen zu operieren, die per gesetzlicher Absicherung nicht untergehen können, sprich: das uns bekannte Zentralbankwesen. Um Missverständnissen vorzubeugen: Das moderne Geld- und Bankensystem ist kein System des freien Marktes. Es ist ein – vom Staat gestütztes – halb-sozialistisches System, das sich in dieser Form in einem sauberen Marktumfeld nicht würde halten können. Und genau da liegt der Kern des Problems.

Wenn man die Geschichte der *Fed* genau untersucht, muss man ganz von vorne anfangen, denn das Mindestreservesystem gehörte bereits im 19. Jahrhundert zur allgemein akzeptierten Praxis der Banken. Diese Tatsache allein erklärt schon weitgehend, woher die periodisch wiederkehrende Instabilität stammt.

Man könnte sagen, es begann mit dem Jahr 1775, als der *Continental Congress* [Kontinentalkongress] ein Papiergeld namens *Continental* herausgab, an das noch heute die amerikanische Redewendung »not worth a continental« erinnert. Die Währung wurde bis zum Geht-nicht-mehr inflationiert, Preiskontrollen konnten dem Prozess auch nicht annähernd Einhalt gebieten. Es war die erste Hyperinflation in der Geschichte der USA und gab der Schule Auftrieb, die sich für Hartgeld einsetzte, die anschließend jahrzehntelang gegen das Zentralbankwesen und gegen Papiergeld zu Felde zog. Das erklärt auch, warum die Verfassung Papiergeld untersagt und nur Gold und Silber als Geld zugelassen hat.

1791 wurde der *First Bank of the United States* die Konzession erteilt. 1792 verabschiedete der Kongress das Gesetz über die Münzprägung, den *Coinage Act*, mit dem der Dollar zur Landeswährung wurde. Sein Vorläufer ist übrigens der deutsche Thaler aus dem 14. Jahrhundert. Zum Glück wurde im Jahr 1811 die Konzession dieser jungen Bank nicht verlängert und lief aus.

1812, im Krieg zwischen Großbritannien und den Vereinigten Staaten, gab die Regierung Noten aus, um den Konflikt zu finanzieren. Die Folge war, dass Zahlungen ausgesetzt wurden und es zu einer Inflation kam. In Kriegszeiten kann man eine Inflation erwarten, aber anstatt nun nach dem Krieg wieder für normale Verhältnisse zu sorgen, erteilte der Kongress 1816 die Konzession für die *Second Bank of the United States*. Diese Bank begünstigte sogar noch die weitere Aufblähung und das Entstehen eines Zyklus von Boom und Crash.

Condy Raguet, der Theoretiker des amerikanischen Bankwesens, erklärte im 19. Jahrhundert:

>*Wer sich noch an die Ereignisse von damals erinnert, der weiß, wie sehr die Geduld der Öffentlichkeit missbraucht worden ist. Während des Krieges mit Großbritannien haben die Menschen die Zustände erduldet, weil sie dachten, die besondere Lage des Landes zwänge sie ihnen auf. Als jedoch Anfang 1815 der Friede einkehrte, wurden alle Versprechungen verraten. Denn statt nun durch ihr Verhalten den Willen zu zeigen, das Kreditvolumen wieder einzuschränken, um ihren Verpflichtungen wieder nachkommen zu können, erhöhten sie die Menge des umlaufenden Geldes durch außergewöhnliche weitere Emission. Dies geschah ohne ausreichende Aufsicht, bis schließlich die Geldentwertung solche Ausmaße angenommen hatte, dass das ganze Land durch Spekulation und übermäßige Kreditausweitung in all ihren schrecklichen Formen ins Elend gestürzt wurde, aus dem es sich auch zehn Jahre später noch nicht wieder erholt hatte.*[10]

Der endgültige Absturz kam mit der sogenannten Panik von 1819. Diese Panik endete nur deshalb friedlich, weil nichts getan wurde, um sie zu beenden. Jefferson wies damals darauf hin, dass die Panik ohnehin nur den Reichtum vernichtet hatte, der von Beginn an fiktiv gewesen war. Diese Panik ist unseren Geschichtsbüchern nur noch eine Fußnote wert.[11] Sie sorgte für erheblichen politischen Aufruhr. Nachdem Präsident Andrew Jackson eine Exekutivorder unterzeichnete, durch die er die Einlagen der Regierung aus der Bank zurückzog, konnte 1836 auch die *Second Bank* geschlossen werden.

Im Krieg zwischen Nord und Süd kam es jedoch erneut zu einer Inflation, was schließlich den Kriegswährungen den Garaus machte und nach dem Krieg zu einer neuen Deflation führte. Damit war der Boden für die Einführung des Goldstandards bereitet, der stabil, aber nicht perfekt war. Die eingebauten Fehler – den Banken wurden Mindestreserven zugestanden, sie verließen sich mehr und mehr auf Regulierungen, um den Wettbewerb zu beschränken – schufen die Dynamik, die schließlich zur *Federal Reserve* führte.

Angeblich war die Bankenpanik von 1907 der Auslöser für die Gründung der *Federal Reserve*, doch die Kampagne hatte, wie beschrieben, bereits lange vorher begonnen. Jacob Schiff, der Direktor von *Kuhn, Loeb & Co.*, hielt 1906 eine Rede, die den Anstoß zur Gründung einer Zentralbank nach europäischem Muster gab. Wie er erklärte, brauchte das Land »Geld, um die nächste Krise zu verhindern«. Zusammen mit seinem Partner Paul Moritz Warburg und Frank A. Vanderlip von der *National City Bank of New York* betrieb er die Bildung einer Kommission, die dann 1906 der Handelskammer von New York einen Bericht vorlegte. Darin wurde eine »Notenbank unter staatlicher Kontrolle« gefordert. Sie warben auch bei anderen Organisationen für ihren Plan und gewannen die Unterstützung der *American Banking Association* und von zahlreichen Persönlichkeiten mit politischem Einfluss.[12]

Nachdem so die Grundlage gelegt war, tat dann die Krisenatmosphäre von 1907 das Ihrige, die Bedingungen für die Gründung der *Fed* zu schaffen. Es war zwar nur eine sehr kurze Kontraktion, die jedoch dazu führte, dass viele Banken die Zahlung in Münzen aussetzten. Sie zahlten also den Einlegern kein Gold mehr aus, bis die Krise vorüber war. Damit wendete sich die öffentliche Meinung zugunsten einer Institution, die alle Einlagen garantierte.

An diesem Beispiel und an jeder anderen Bankenpanik in der Geschichte der USA erkennen wir, dass Krisen stets eine stärkere Zentralisierung zur Folge hatten. Ein System, das Freiheit und Staat vermischt, steht immer auf wackligen Beinen, denn die inneren Widersprüche werden nicht dadurch gelöst, dass man sich auf einen freien Markt besinnt, sondern die Tendenz geht eher zum Etatismus. Es überrascht daher nicht, dass die akademische Lehrmeinung zugunsten des Zentralbankwesens umschwenkte. Die wichtigsten Wirtschaftswissenschaftler – die ihre klassischen Wurzeln längst vergessen hatten – erkannten nunmehr im elastischen Geld neue magische Kräfte.

Im Jahr 1908 berief der Kongress die Nationale Währungskommission ein, die ganz allgemein die Möglichkeit einer Bankenreform prüfen sollte. Die Mitglieder der Kommission stammten mehrheitlich von den größten Banken, genauer gesagt der *First National Bank of New York*, der Bank *Kuhn, Loeb & Co.*, der *Bankers Trust Company* und der *Continental National Bank of Chicago*. Die Kommission unternahm eine Reise durch ganz Europa und setzte nach ihrer Rückkehr in die USA ihren Werbefeldzug fort.

1909 hatte sich Präsident William Howard Taft bereits für eine Zentralbank ausgesprochen, während das *Wall Street Journal* deren Notwendigkeit noch in einer 14-teiligen Serie erläuterte. Der Autor dieser ohne Verfasserangabe veröffentlichten Serie war Charles A. Conant, der in der Währungskommission für die Öffentlichkeitsarbeit zuständig war. In der Serie wurden nicht nur die üblichen Argumente für mehr Elastizität ins Feld geführt, sondern es wurden auch einige weitere Funktionen aufgezählt, die die Zentralbank übernehmen sollte, darunter die Manipulation des Zinssatzes und des Goldverkehrs sowie die aktive Stützung in Schwierigkeiten geratener Banken. Die Kampagne wurde fortgeführt mit einer Serie öffentlicher Vorträge, mit Flugschriften, wissenschaftlichen Erklärungen und Presseerklärungen von verschiedenen Wirtschaftsvereinen.

Im November 1910 war die Zeit reif für den Gesetzesentwurf, aus dem später der *Federal Reserve Act* wurde. Im *Jekyll Island Club*, einer Ferienanlage auf einer Insel vor der Küste von Georgia, zu dessen Eigentümern J. P. Morgan zählte, wurde ein geheimes Treffen arrangiert. In der Presse hieß es, man gehe auf Entenjagd. Die Teilnehmer setzten alles daran, dass das Treffen geheim blieb, aber ihre Namen sind uns heute trotzdem bekannt: Nelson Aldrich, John D. Rockefellers Mann im Senat; Henry Davison, Senior-Partner von Morgan; der deutsche Emigrant und Zentralbank-Befürworter Paul Warburg; Frank Vanderlip, Vizepräsident der *National City Bank;* und der Mitarbeiter der Währungskommission A. Piatt Andrew, der auch Staatssekretär im Finanzministerium unter Präsident Taft war.

Da waren also zwei Leute von Rockefeller, zwei von Morgan, einer von *Kuhn, Loeb* und ein Wirtschaftswissenschaftler versammelt. An dieser Gruppe zeigt sich schon das Wesen der *Fed:* Einflussreiche Bankiers arbeiten mit einflussreichen Vertretern des Staates zusammen, damit gewährleistet ist, dass das Geldsystem des Landes ihren Interessen dient. Die anwesenden Wirtschaftswissenschaftler geben dem Ganzen den wissenschaftlichen Anstrich. Daran hat sich bis heute im Wesentlichen nichts geändert.

Eine Woche lang hat die Gruppe damals unter völliger Geheimhaltung gearbeitet. Bei dem Treffen wurde die Struktur der *Federal Reserve* entworfen. Sie sollte keine Zentralbank nach europäischem Vorbild sein – oder vielmehr doch, aber anders strukturiert werden. Sie sollte in zwölf Mitgliederbanken »dezentralisiert« werden, womit die Kartellbildung kaschiert wurde, zu der es ja tatsächlich kam. Der ganze Plan wurde 1911 der Währungskommission präsentiert. Dann ging die Propaganda erst richtig los, mit Kommentaren in allen Zeitungen, mit der Hilfe eigens ins Leben gerufener Bürgergruppen und der Unterstützung durch Handelsorganisationen. Der nächste Schritt bestand darin, dem Gesetz den republikanischen Anstrich zu nehmen und es als überparteilich darzustellen; mit Erfolg – das Gesetz wurde verabschiedet.

Im Kern war der *Federal Reserve Act* praktisch dasselbe wie der erste, Jahre zuvor ausgeheckte Entwurf. Durch das Votum des Kongresses legitimierte die Regierung ein Kartell der größten Banken, das die Geldmenge nach Gutdünken inflationieren konnte. Damit konnten die Banken sich selbst und dem Finanzsystem bei Bedarf Liquidität verschaffen, und sich gleichzeitig gegen die Folgen fauler Kredite und übermäßiger Kreditvergabe absichern.

Hans Sennholz hat die Gründung der *Fed* als »den tragischsten Fehler« bezeichnet, »den der Kongress je begangen hat. Mit dem Tag der Verabschiedung ist das alte Amerika gestorben und eine neue Ära hat begonnen. Eine neue Institution war geboren, die in den folgenden Jahrzehnten zu einer nie da gewesenen wirtschaftlichen Instabilität führen oder zumindest erheblich dazu beitragen sollte.«[13]

Es war eine Form von finanziellem Sozialismus, der den Reichen und Mächtigen nützte. Die Rechtfertigung dafür ist heute noch dieselbe wie damals: Es heißt, die *Fed* schütze das Währungs- und Finanzsystem vor der Inflation und großen Ausschlägen des Marktgeschehens. Sie stabilisiere das System, indem sie bei Bedarf stimuliere und die Inflation zurücknähme, wenn sich die Wirtschaft überhitze.

Eine Erklärung der Bankenaufsichtsbehörde 1914 klang so, als werde mit der *Fed* ein absurdes Nirwana eingeleitet. Sie »bietet ein absolut sicheres Umlaufmittel«, hieß es da. Und weiter: »Unter diesem Gesetz werden Finanz- und Geschäftskrisen oder Paniken, wie wir sie in unserem Land 1873, 1893 und 1907 erlebt haben, und die mit ihnen einhergehende Not und Schwäche mathematisch wohl unmöglich.«[14]

Und gleich noch ein bemerkenswertes Versprechen der Bankenaufsicht: [15]

> *»Nach den Bestimmungen des neuen Gesetzes ist ein Scheitern effizient und ehrlich geführter Banken praktisch ausgeschlossen, die Mitgliederbanken können besser beaufsichtigt werden. Das Gesetz macht es möglich, jede einzelne Bank gründlicher und umfassender zu prüfen. Die entsprechenden Ergebnisse sollen die Gefahr unehrlicher und inkompetenter Führung auf ein Minimum reduzieren. Es besteht die Hoffnung, dass von nun an der Bankrott von Nationalbanken praktisch ausgeschlossen ist.«*

### Kaufkraft des US-Dollars, Januar 1913 = 1,00 $

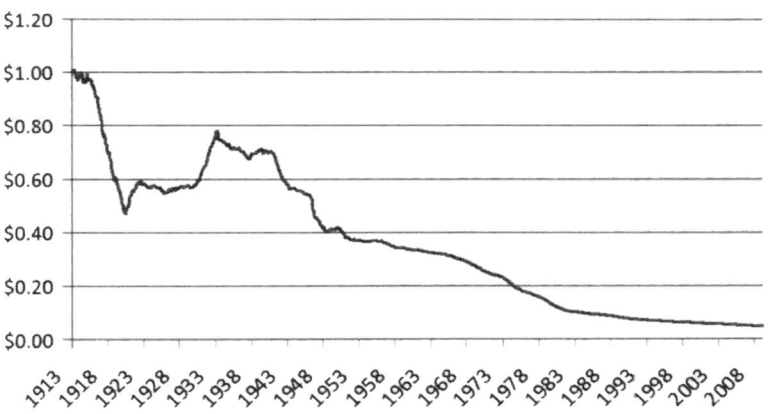

In der Praxis sieht die Realität allerdings ganz anders aus. Man braucht sich nur den dramatischen Wertverlust des Dollars seit Gründung der *Fed* im Jahr 1913 vor Augen zu führen: Für Waren und Dienstleistungen, die man 1913 für einen Dollar erhielt, müssen heute fast 21 Dollar bezahlt werden. Aus Sicht der Kaufkraft des Dollars betrachtet, zeigt der Verlauf: Sie ist im Vergleich zum Wert eines Dollars im Jahr 1913 heute auf unter 0,05 Dollar gesunken. Wir könnten auch sagen, der Staat und sein Bankenkartell haben uns mit ihrer unablässigen Inflationierung 0,95 Dollar von jedem einzelnen Dollar gestohlen. [16]

Das Gleiche gilt auch für andere Währungen unter der Kontrolle einer Zentralbank. Es gilt aber nicht für das Gold. Hier ein allgemeiner Überblick, freundlicherweise zur Verfügung gestellt vom *American Institute for Economic Research:* [17]

## Kaufkraft in den Vereinigten Staaten von Gold und ausgewählten Währungen (1913 = 1,0)

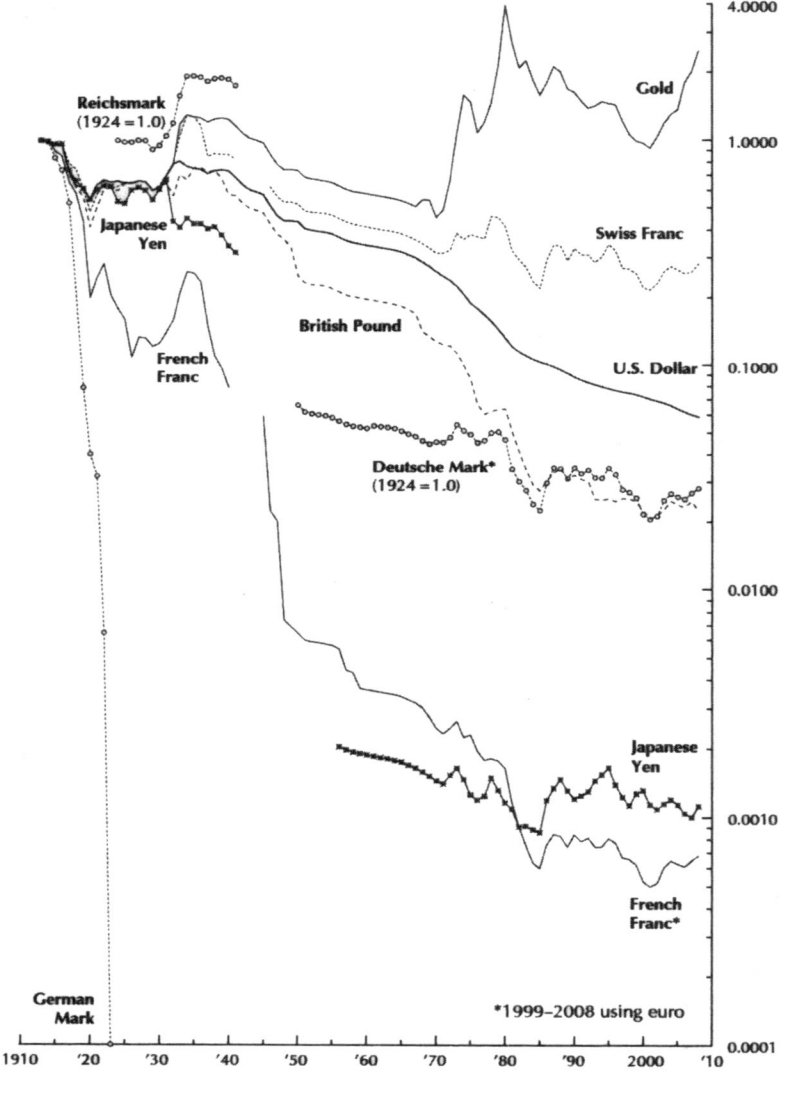

**Anmerkung:** *Kaufkraft berechnet aus dem impliziten Preis-Deflator für das BIP der USA und den Wechselkursen der ausländischen Währungen zum US-Dollar*

Auch hinsichtlich der Konjunkturzyklen und der Verhinderung einer Panik ergibt sich aus den Daten ein anderes Bild. Allein im 20. Jahrhundert gab es nach Angaben der überparteilichen Organisation *National Bureau of Economic Research* folgende Rezessionsphasen: 1918–1919, 1920–1921, 1923–1924, 1926–1927, 1929–1933, 1937–1938, 1945, 1948–1949, 1953–1954, 1957–1958, 1960–1961, 1969–1970, 1973–1975, 1980, 1981–1982, 1990–1991, 2001 und 2007, die derzeitige Panik, bei der kein Ende in Sicht ist.

Nicht schlecht für eine mathematische Unmöglichkeit!

Das einzige, was – wenn auch nicht immer, so doch im Allgemeinen – eingehalten worden ist, ist das Versprechen, dass Banken nicht mehr in gewohnter Weise bankrottgehen würden. Aber ist das wirklich so gut? Was wäre, wenn es ein Gesetz gegen große Unternehmensbankrotte gäbe? Da stellt sich doch sofort die Frage: Wenn Unternehmen nicht bankrottgehen dürfen, wie wäre dann der Anreiz garantiert, dass sie mit Gründlichkeit und Produktivität erfolgreich dem Allgemeinwohl dienten? In einer kapitalistischen Wirtschaft sorgt das Wissen um ein mögliches Scheitern für Disziplin und Dienst am Kunden. Es ist ein wesentlicher Aspekt des Wettbewerbs am Markt, während die Sicherheit, nicht bankrottgehen zu können, nur zu Ineffizienz und Inkompetenz führt.

Anders gesagt: Der Bankrott einer Bank ist nicht mehr zu bedauern als der Bankrott jedes anderen Unternehmens. Bankrotte gehören zum System des freien Unternehmertums. Was ist mit den Einlegern? In einem freien Wettbewerbssystem wären die Einlagen nicht gefährdet; Einlagen, die nicht wie versprochen zurückgezahlt würden, fielen unter das Strafgesetz. Unsichere Einlagen wären Kredite an die Bank und würden wie jede andere Risikoinvestition behandelt. Die Verbraucher würden ein wachsameres Auge auf die Institute haben, die ihr Geld verwalten, und den Regulierern in Washington nicht mehr blind vertrauen, die ja nicht gerade erfolgreich darin waren, Inkompetenz aufzuspüren.

Doch hier ist nicht der Ort, um zu erklären, wie ein Bankensystem in einem freien Markt funktioniert. Ich spreche es nur an, um noch einmal zu unterstreichen, dass auf einem freien Markt keine Firma absoluten Schutz vor einem Bankrott genießen sollte. Durch fortgesetzten Versuch und Irrtum erreichen Unternehmen Effizienz und Solidität. Denken wir nur an die Sowjetunion: Meines Wissens ist im Sowjetsystem keine einzige Firma jemals bankrottgegangen, doch die Gesellschaft ist immer ärmer geworden. Denken Sie sich das Sowjetsystem auf die Bankenbranche angewendet, und Sie haben die *Fed*.

Wenn wir die Geschichte der Gründung der *Fed* und ihre Auswirkungen kennen, verblasst manches von dem Mysterium, das sie umgibt. Einige behaupten, die *Fed* sei nichts weiter als ein privates Unternehmen, das sich auf unsere Kosten selbst bereichert. Andere meinen, sie sei ein Werkzeug des Staates, das dazu da ist, der Regierung Geld zu verschaffen, wenn diese uns keine weiteren Steuern mehr aufbürden kann.

Beide Ansichten sind nicht ganz korrekt. Tatsächlich ist die *Fed* eine Art öffentlich-private Partnerschaft. Sie ist eine Koalition von großen Banken, denen sie gehört, und operiert mit dem Segen der Regierung, die ihre Direktoren benennt. In mancher Hinsicht vereint sie das Schlechteste der Unternehmens- und der staatlichen Welt; beide Seiten leisten ihren Beitrag zu einer Institution, die dem amerikanischen Wohlstand enorm geschadet hat.

Auf jeden Fall hatte William Greider vollkommen recht damit, dass das Auftauchen der *Fed* »den Anfang vom Ende des Laissez-faire« bedeutet hat.[18] Sie hat das gesamte Geldsystem in die Hände staatlicher Verwaltung im Interesse der Politik gelegt.

Mit den Jahren hat man der *Fed* sogar noch mehr Spielraum bei der Wahl ihrer Mittel zur Inflationierung der Geldmenge gegeben. Sie kann jetzt praktisch alles kaufen, was sie will, und es als Vermögenswert verzeichnen. Wenn sie Schuldenpapiere kauft, kauft sie diese mit frisch erzeugtem Geld. Sie unterhält ein striktes System niedriger Reserven, das es den Banken erlaubt, auf Basis ihrer Einlagen neue Kredite zu vergeben und diese neuerlichen Einlagen dann ihrerseits wieder zur Grundlage neuer Kredite zu machen. Sie kann die *Federal Funds Rate* [Leitzins] nach Belieben festlegen und damit die Zinsraten in der Gesamtwirtschaft beeinflussen. Sie greift in Devisenmärkte und andere Märkte ein.

Das Wirken der *Fed* hat mancherlei Folgen gehabt, die selbst ihre Architekten nicht vorausgesehen haben. Sie hatten sich vielleicht vorgestellt, die *Fed* würde helfen, den Konjunkturzyklus zu glätten; vorausgesetzt, man denkt an das reale Problem des Zyklus, wenn in der Abschwungphase die Kredite knapp werden. Die *Fed* kann in solchen Zeiten tatsächlich für Liquidität sorgen, indem sie einfach mehr Geld druckt, um die Einlagen zu decken. Denkt man aber an den Zyklus zu Beginn der Aufschwungphase – wenn Geld und Kredit leicht verfügbar sind und Kredite für nicht nachhaltige Projekte vergeben werden – dann sieht die Sache völlig anders aus.

1912 hat Ludwig von Mises sein Buch *Theorie des Geldes und der Umlaufsmittel* verfasst, das in ganz Europa Beifall fand.[19] Darin warnte er, die Gründung von Zentralbanken würde Konjunkturzyklen nicht abschaffen, sondern sie eher verschlimmern und ausweiten. Und so funktioniert es: Die Zentralbank kann nach Belieben den Zinssatz senken, den sie von ihren Mitgliedsbanken für Kredite erhebt. Sie kann Staatsschulden aufkaufen und diese Schulden in ihrer Bilanz als Vermögenswert zählen. Sie kann die Reservedeckung für Kredite der Mitgliedsbanken senken. Durch solche Maßnahmen spielt sie mit den Signalen, die die Bankenbranche an Kreditnehmer aussendet. Unternehmen werden dazu verleitet, langfristige Kredite aufzunehmen für Projekte, die sich später als nicht nachhaltig erweisen. Investoren, die vor neuem Geld nur so strotzen, legen das Geld in Aktien an oder kaufen Häuser, wodurch bei der allgemeinen Bevölkerung ein Kaufs- und Verkaufsfieber ausgelöst wird.

Das Problem besteht darin, dass solche Aktivitäten die Illusion eines Reichtums, einen falschen Boom, erzeugen. Wenn reale Ersparnisse zu niedrigeren Zinsen führen, dann signalisiert das Bankensystem damit, dass der derzeitige Konsum zugunsten langfristiger Investitionen eingeschränkt worden ist. Wenn aber die Zentralbanken die Zinsraten nach Belieben senken, wird der Eindruck erweckt, es gebe Spareinlagen, die in Wirklichkeit gar nicht vorhanden sind. Der anschließende Abschwung wird unabwendbar, denn die produzierten Güter können nicht abgesetzt werden. Schubweise setzt sich die Realität durch. Unternehmen gehen bankrott, Häuser werden zwangsversteigert und die Leute steigen aus ihren Aktien und anderen Investitionen, die gerade im Schwange sind, aus.

Dass Scheingeld zu einem Schein-Boom führt, ist kein unbekanntes Phänomen in der Geschichte. Thomas Paine hat schon Ende des 18. Jahrhunderts gemahnt, Papiergeld werde das Land zu einer Nation von »Börsenhändlern« machen. Freilich kann es auch dazu kommen, wenn das Geld nicht aus Papier besteht. Das berühmte Tulpenfieber im Goldenen Zeitalter in Holland wurde durch den Zufluss von Gold aus ganz Europa angefacht, nachdem die Regierung allen Neuankömmlingen massive Subventionen bei der Münzprägung gewährte.[20]

Der internationale Markt macht das Bild noch komplizierter, weil er dafür sorgt, dass die Aufschwungphase des Zyklus länger anhält als sonst, da Ausländer Schulden aufkaufen und neue Schulden halten, die sie als

Sicherheit für ihre eigene monetäre Ausweitung hinterlegen. Doch irgendwann verfangen auch sie sich im Konjunkturzyklus vorgespiegelten Reichtums, auf den nur allzu bald ein echter Einbruch folgt. Internationale Märkte können die unvermeidlichen Folgen der monetären Ausweitung zwar hinauszögern, aber nicht endgültig verhindern.

Nun, die Banker und Regierungsvertreter wussten 1913, als die *Fed* gegründet wurde, noch nicht allzu viel von diesen Problemen. Doch es sollte nicht lange dauern, bis offensichtlich wurde, dass ihnen die *Fed* keine Stabilität, sondern nur noch mehr Instabilität bescherte, keine kürzeren Auf- und Abschwünge, sondern längere und schwerere. Der längste von allen, der durch eine schlechte Wirtschaftspolitik noch verschlimmert wurde, war die Große Depression.

Heute stehen wir möglicherweise vor einer noch extremeren Krise.

**Drittes Kapitel**

# Einflüsse, die mein Denken geprägt haben

Schon seit meiner frühen Jugend interessiere ich mich für die Geldwirtschaft. Ich wurde im Jahr 1935 geboren; die Endphase der Großen Depression und die Entbehrungen in der Zeit des Zweiten Weltkriegs sind mir noch gut in Erinnerung. In meiner Familie galten harte Arbeit, Bescheidenheit und Sparsamkeit als hohe Tugenden. Ich lernte schon sehr früh, den Wert von selbst ein paar Pennies zu schätzen. Natürlich hatte damals ein Kupferpenny auch tatsächlich noch einen realen Wert.

Ich erinnere mich daran, wie ich mit meinen Brüdern bei uns im Ort in einen Laden ging, wo wir uns für ein paar Pennies Bonbons kauften. Jeder von uns hatte vier oder fünf Pennies, dafür bekamen wir jeder eine kleine Tüte voll Bonbons. Heute können wir es uns ja nicht einmal mehr leisten, unsere Pennies aus Kupfer zu machen, sie sind nicht einmal mehr aus Zink. Zur Kosteneinsparung wird sogar daran gedacht, den Penny aus Stahl herzustellen oder ihn ganz abzuschaffen. Und in der Tat ist der Penny den meisten heute nur noch lästig.

Meine Brüder und ich bekamen unseren ersten kleinen Job: Wir mussten unserem Vater in seiner Molkerei helfen, die er im Keller betrieb. Schon im Alter von fünf Jahren lernte ich, wie wichtig Anreize sind. Unsere Aufgabe war, dafür zu sorgen, dass die von Hand gespülten Glasflaschen auch wirklich sauber waren. Es wäre nämlich schlecht fürs Geschäft gewesen, wenn ein Kunde auf dem Boden einer Milchflasche einen schwarzen Fleck entdeckt hätte. Für jede schmutzige Flasche, die wir entdeckten, vom Förderband nahmen und in eine Holzkiste stellten, erhielten wir einen Penny. Schon bald konnten wir genau sagen, welcher Onkel wieder einmal die Flaschen gespült hatte, weil wir an den betreffenden Tagen mehr schmutzige Flaschen fanden.

Diese Erfahrung hat mich gelehrt, wie wichtig es ist, zu arbeiten, und wie wertvoll ein Penny ist. Meine Eltern hielten nichts von Taschengeld, doch ich neigte schon in meiner frühesten Jugend von Natur aus zum Sparen. Manchmal scheint es mir, als sei es einem in die Wiege gelegt, ob man eher zum Sparen oder zum Ausgeben neigt, und als würden die Gewohnheiten aus der Kindheit das ganze Leben lang beibehalten. Meine frühen Erfahrungen, bei denen ich den Wert eines Pennys zu schätzen lernte, kamen mir zugute, als ich später für meine Ausbildung bezahlen musste.

Meinem Vater waren bei der Milch zwei Dinge wichtig: Zum einen prüfte er die Qualität jeder einzelnen Kanne Milch, die von den zahlreichen Farmern angeliefert wurde. So konnte er beispielsweise genau sagen, ob die Kühe in ein Zwiebelbeet geraten waren, was die Milch ruinierte. Zum zweiten war er besorgt, die Milch könnte mit Wasser verdünnt worden sein. Erst später habe ich begriffen, wie genau das Verbrechen, die Milch zu verdünnen, dem Verbrechen gleicht, eine elastische Währung zu betreiben, was ja auch nach dem Prinzip der Verwässerung erfolgt.

Mein Vater war kein Münzsammler, aber er schätzte harte Arbeit und Ersparnisse, er achtete den Wert selbst eines Pennys. Irgendwann einmal hatte er – fasziniert von der Umstellung vom Penny mit dem Indianerkopf zum Penny mit dem Lincolnkopf – damit begonnen, alle Indianerkopf-Pennies in einer Kaffeedose zu sammeln. Ich bin mir sicher, dass alle diese Pennies aus dem Milchverkauf stammten. Damals kostete 1 Quart [knapp ein Liter] Milch 15 Cent.

Ich weiß nicht mehr genau, wie alt ich damals war, aber ich habe mich wohl erstmals während des Zweiten Weltkriegs dafür interessiert, Münzen zu sammeln. Ich hatte die Münzen mit dem Milchverkauf und mit meiner Arbeit als Zeitungsausträger für die *Pittsburgh Press* verdient. Die besagte Dose mit den Indianerkopf-Pennies stand seit Jahren auf einem Pult in unserer Küche. In den 1940er-Jahren waren sie schon längst nicht mehr im Umlauf. Ich erinnere mich noch, dass 986 Pennies in der Dose waren. Ich hatte sie alle geprüft und sortiert, und wusste genau, welche Art Pennies es waren.

Obwohl ich mich von uns fünf Brüdern am meisten für Numismatik interessierte, war völlig ausgeschlossen, dass ich diese Pennies bekommen würde, denn meine Eltern hielten es mit der Fairness – es gab »keine Extrawürste«.

Ich habe damals mein Geld gespart, und als ich 20 Dollar zusammen hatte, habe ich mit meinem Vater ein Geschäft vereinbart: 20 Dollar für die 986 Pennies. Für mich war es ein großes Geschäft, denn ich allein wusste, dass in der Dose ein gut erhaltener 1909-S Penny lag, was den Kauf schon damals profitabel machte. Ich habe diesen Penny heute noch; die restlichen 985 übrigens auch, oder zumindest fast alle.

Pennies sind uns heute zumeist nur noch lästig. Aber diesem 1909-S hat die Inflation nicht nur nichts anhaben können, er hat wegen seines Sammlerwerts sogar ganz erheblich gewonnen. Als Junge verstand ich, wie Seltenheit und guter Zustand einer Münze ihren Wert verliehen – das ist die Grundlage der Numismatik. Von der Serie 1909-S waren nur 309 000 Pennies geprägt worden. Die Beziehung zwischen Geldmenge, dem Wert unseres Geldes und dem Konjunkturzyklus habe ich erst Jahre später verstanden, aber schon damals beeindruckte mich das Verhältnis zwischen geringer Auflage und Wert einer Münze.

Während des Zweiten Weltkriegs habe ich die Radiomeldungen gehört, in denen wir dringend aufgefordert wurden, Kriegsanleihen zu kaufen. Auch in der Schule drängte man uns dazu. Ich bin mir ganz sicher, dass entsprechende Aufrufe auch in den Zeitungen zu lesen waren. Es war die patriotische Pflicht schlechthin. Genauso wie meine ganze Familie bin ich der Aufforderung gefolgt. Wir sparten 18,75 Dollar, um eine Kriegsanleihe im Wert von 25 Dollar zu kaufen, die in zehn Jahren fällig werden würde, uns also 2,9 Prozent jährliche Zinsen einbrachte.

Erst viele Jahre später bin ich dahintergekommen, dass es nur ein Propagandatrick war. Das Geld für den Krieg wurde fast ausschließlich aus Steuergeldern und durch die Inflationierung des Geldes durch die *Fed* aufgebracht. Mit der Kampagne »Buy Bonds« [»Kauft Anleihen«] sollten die Menschen psychologisch auf den Krieg eingeschworen bleiben. Lohn- und Preiskontrollen und Rationierungen machten die Lage nur noch schlechter, trotzdem war es unsere Pflicht, all den Forderungen nachzukommen und die Kontrollen hinzunehmen.

Aus meiner persönlichen Erinnerung und aus historischen Dokumenten weiß ich, dass die Depression mit dem Beginn des Krieges nicht beendet war, wie viele noch heute behaupten. Wenn im Krieg die Menschen massenhaft sterben, wenn Besitztümer beschlagnahmt werden und große Zerstörung angerichtet wird, dann ist das für eine Wirtschaft nie von Nutzen. Deshalb ist die Warnung, dass eine schlechte Wirtschaftslage oft zum Krieg führt – wenn es sich ein Land am wenigsten leisten kann – auch heute noch aktuell. Der Krieg lenkt von wirtschaftlichen Problemen ab, was schlechten Politikern in die Hände spielt. Die Arbeitslosigkeit sinkt, weil Millionen Menschen für die Kriegsmobilisierung eingesetzt werden, oft genug gezwungenermaßen. Sehr häufig sind solche Kriege, die politisch gelegen kommen, absolut nicht notwendig.

Ich erinnere mich noch, wie mir als Acht- oder Neunjährigem solche Fragen durch den Kopf gingen, während ich Münzen sammelte und Briefmarken kaufte, die ich in ein Buch klebte. Als ich dann später eine Anleihe kaufte, dachte ich, das wäre doch etwas umständlich, warum druckten sie nicht einfach das Geld, das sie brauchten? Ich fragte meinen ältesten Bruder. Er wusste nicht, dass genau das damals geschah, er erklärte mir ganz logisch, das würde nicht funktionieren. Er sagte nur: »Wenn sie das täten, dann wäre das Geld doch nichts wert.« Das war vielleicht ein bisschen zu vereinfacht, aber wahr war es doch.

Dieses kurze Gespräch blieb mir im Gedächtnis, als ich später jahrelang versuchte zu verstehen, wie eine Währung inflationiert wird und wie Preise subjektiv festgelegt werden. Das Geldsystem mag an sich ein entscheidender Faktor sein, aber es ist nicht entscheidend, wenn es darum geht, die Preise für Waren und Dienstleistungen festzusetzen. Es ist etwas komplizierter. Erst nach dem Krieg, nach der Aufhebung der Preiskontrollen und einem erheblichen Anstieg der Geldmenge, wurde vielen klar, was eigentlich vor sich ging. Zwischen 1945 und 1947 sind die Preise um etwa 17 Prozent jährlich gestiegen.

Ich erinnere mich noch an die Rationierungen während des Zweiten Weltkriegs. Für Waren wie Benzin, Butter und Fleisch brauchte man entsprechende Marken. Wenn wir zu Hause ein Pfund Butter verkauften, mussten wir die Lebensmittelmarken einsammeln. Dazu gab es Lohn- und Preiskontrollen – kaum geeignet, jungen Amerikanern beizubringen, was Freiheit bedeutet! Ohne die von der Regierung ausgegebenen Rationierungs-Marken gab es die entsprechenden Waren nicht, es sei denn, man beschaffte sie sich auf dem (freien) Untergrundmarkt. Prohibition oder Rationierung wirkten sich so verheerend aus, dass sich aus der Not sehr schnell neue Märkte entwickelten.

Ich bin sicher, dass damals viele gedacht haben, in Kriegszeiten sei es eben absolut notwendig, knappe Güter zu rationieren. Anderen war durchaus bewusst, dass es Teil der Kriegspropaganda war, damit die Menschen das politische Ziel nicht aus den Augen verloren. Wer jedoch den freien Markt verstand, dem war bewusst, dass in Zeiten von Krise und Mangel der Markt nötiger ist denn je.

Bei der Zuteilung knapper Ressourcen ist die Verhängung von Lohn- und Preiskontrollen das Letzte, was der Staat tun sollte.[21] Sie machen das Problem nur noch schlimmer, wie ich mich noch lebhaft erinnern kann. Wir haben nie viel aus unseren Fehlern gelernt. Lohn- und Preiskontrollen wurden später erneut eingeführt, und zwar während des Koreakriegs sowie Anfang der 1970er-Jahre nach dem Zusammenbruch des Bretton-Woods-Abkommens mit seinem instabilen Golddevisen-Standard, das nach dem Zweiten Weltkrieg in aller Eile vereinbart worden war.

Ich erinnere mich an meinen Vater als puritanischen Menschen. Er war überzeugt, wir müssten alle Regeln einhalten und dem Staat gehorchen. Trotzdem weiß ich noch, dass ich oft am Samstagnachmittag mit ihm in einen Metzgerladen in der Stadt gegangen bin, wo man so viel Fleisch bekam, wie man wollte, wenn man genug dafür bezahlte – und das ohne Lebensmittelmarken. Offenbar hielt er es für erlaubt, die Regeln ein klein wenig zu beugen, damit seine Familie etwas Fleisch auf dem Tisch hatte. Es schien auch kein großes Geheimnis darum zu geben. Das Geschäft ging gut, dabei lag der besagte Laden genau gegenüber einer Polizeistation. Für mich war es die erste Erfahrung im wirklichen Leben, dass der freie Markt Probleme löst, die durch unsinnige staatliche Verordnungen entstanden sind.

Leider haben wir nicht allzu viel dazugelernt. Selbst heute, wo wir mit einer gigantischen Wirtschaftskrise kämpfen, gilt immer noch das Prinzip, dass der Staat eingreift, um die Preise für Waren und Dienstleistungen festzulegen. Heute gibt es einen riesigen Schwarzmarkt für Waren und Dienstleistungen.

Unsere verheerende Abgabenordnung hat erheblich dazu beigetragen, dass eine Schattenwirtschaft entstehen musste. Sie wird wahrscheinlich noch stärker werden, wenn sich die Wirtschaftslage weiter verschlechtert. Wirtschaftlich betrachtet, ist diese Aktivität im Untergrund nützlich, auch wenn die Politiker jammern, dem Staat entgingen dadurch Hunderte Milliarden an Steuergeldern. Wenn der Markt nicht mehr funktioniert, weitet sich die Schattenwirtschaft exponentiell aus. Es gibt Länder, wo allein der Schwarzmarkt die Wirtschaft noch am Laufen hält.

Nach dem Zweiten Weltkrieg besserte sich die wirtschaftliche Lage. Meine Großeltern wohnten in der Nähe, sie besaßen ein Stück Land und dachten daran, es zu verkaufen. Ich erinnere mich noch, dass mein Vater meine Großmutter zum Verkauf drängte, doch sie zögerte. Sie machte sich Sorgen um das Geld. Mein Großvater war in Deutschland geboren worden und im Alter von 14 Jahren nach Amerika gekommen, wo er sich in Pittsburgh niedergelassen hatte. Meine Großmutter war in den Vereinigten Staaten geboren, aber ihre Eltern waren beide deutsche Einwanderer gewesen. 1926 reisten meine Großeltern zu einem Verwandtenbesuch nach Deutschland. Ich bin mir ganz sicher, dass sie dort Geschichten über die Inflation in den 1920er-Jahren hörten, die ihr Denken geprägt haben.

Ich erinnere mich noch, was meine Großmutter meinem Vater antwortete. Sie war dafür, das Land nicht zu verkaufen, sondern es zu behalten, falls »das Geld schlecht wird«. Obwohl die Inflation nach dem Zweiten Weltkrieg in Amerika sehr milde ausfiel im Vergleich zu der Inflation von 1923 in Deutschland, muss sie sich Sorgen darüber gemacht haben.

Kurz nach dem Krieg wurden die Lohn- und Preiskontrollen aufgehoben, die Verbraucherpreise stiegen kräftig an, auch das hat vermutlich zu ihrer Besorgnis beigetragen. Die Preise im Einzelhandel stiegen, weil das Geld inflationiert worden war, um den Krieg zu finanzieren.

Meine Großmutter war fromm und bibelfest. Sie hatte 1. Mose 47,15 gelesen, wo es im Zusammenhang mit einer großen Teuerung heißt: »Als es nun an Geld gebrach im Lande Ägypten und Kanaan, kamen alle Ägypter zu Joseph und sprachen: ›Schaffe uns Brot! Warum lässt du uns vor dir sterben, nun wir ohne Geld sind?‹«

Unser heutiges Problem war also auch schon im alten Ägypten wohlbekannt. Entwertete Währungen verfielen. Regierungen können nicht mit Geld umgehen.

Obwohl die Zerstörung langsam und heimtückisch vor sich ging, herrschte schon vor 1971, als Nixon abschaffte, was vom Goldstandard noch übrig geblieben war, große Besorgnis. Während des Koreakriegs war die Inflation ein ähnlich ernstes Problem wie in den 1970er-Jahren, sodass es mit Lohn- und Preiskontrollen kaschiert wurde.

Die heutigen Politiker in Washington, die sich wie üblich der Gefahren der Inflation überhaupt nicht bewusst sind, lassen kein Interesse am Dollar oder am Vorgehen der *Federal Reserve* erkennen. Stattdessen haben sie furchtbare Angst vor einer Deflation. Überlegen Sie doch einmal, was das Wort *Deflation* eigentlich bedeutet. Definiert als schrumpfende Geldmenge, kann die Deflation sogar bereinigend auf die Wirtschaft wirken. Banken werden veranlasst, bei der Kreditvergabe restriktiver zu verfahren, und Unternehmen dazu angehalten, ökonomischer zu wirtschaften. Dadurch, dass es teurer wird, die Kredite zu bedienen, kann sie dem Staat die Daumenschrauben ansetzen. All dies ist eigentlich nicht zu beklagen.

Nach einer anderen Definition bezeichnet Deflation ein fallendes Preisniveau. Mit anderen Worten: Das Geld wird mit der Zeit mehr wert. Auch das ist nicht zu beklagen. Unternehmen können sich unter solchen Bedingungen prächtig entwickeln: Nehmen wir als Beispiel nur die Software- und Computerindustrie seit den 1980er-Jahren. Und wenn wir zurückschauen auf das letzte Quartal des 19. Jahrhunderts, dann sehen wir, dass in der Tat eine gestiegene Kaufkraft *(Deflation)* mit der größten Wachstumsperiode der Weltgeschichte einherging, in der sich die Segnungen des Kapitalismus auf alle Gesellschaftsschichten verteilten.

Ich halte also die Deflation nicht für eine Bedrohung. Tatsächlich wäre es gut, wenn uns eine solche »Bedrohung« ins Haus stünde. Uns droht aber vielmehr das genaue Gegenteil. Die Besorgnis, die meine Großmutter zum Ausdruck brachte, war vielleicht übertrieben und verfrüht, aber wir als Nation tun gegenwärtig alles dafür, dass »das Geld schlecht wird« wie seinerzeit in Deutschland. Wir sind diesem Punkt vielleicht schon näher, als wir meinen.

Der Hausmeister an unserer Grundschule in Greentree im Bundesstaat Pennsylvania war ein interessanter Typ. Er hatte etwas von einem alten Weisen, zumindest für mich. Auch andere, die auf diese Schule gegangen sind, erinnern sich sicher noch an Willy (William Foley). Er war Chefkoch und Flaschenspüler für das ganze Haus – ohne einen einzigen Helfer. Zumindest außerhalb der Sommerferien; denn dann erhielten einige von uns kleine Jobs, um Wände und Fenster zu putzen oder anzustreichen. Wir waren zwölf oder dreizehn Jahre alt, an Gesetze gegen Kinderarbeit dachte damals, glaube ich, niemand. Unser Lohn betrug sicher weniger als einen Dollar, denn damals habe ich für 35 Cent die Stunde in einem Drugstore gearbeitet. Meine Drugstore-Erfahrungen kamen mir später sehr zugute, als ich ans College kam und einen Job im *Bullet Hall*, einem kleinen Studentencafé nahe dem Gettysburg College, erhielt.

Die Erfahrung, für Willy zu arbeiten und dabei seinen philosophischen Abhandlungen zu lauschen, war höchst anregend. In mancher Hinsicht hat er mir sicher mehr über das Leben beigebracht als jeder Lehrer. Wenn ich eine Liste der unvergesslichen Typen aufstellen sollte, die ich in meinem Leben getroffen habe, stünde er wohl ganz oben.

Er sprach über die Kämpfe des Lebens, aber er handelte auch als eine Art Polizist. Er war zwar nur ein »einfacher« Hausmeister, war aber befugt, für Disziplin zu sorgen, zumindest hätte er schlechtes Benehmen an seine Vorgesetzten melden können. Aber gerade das zeichnete ihn aus: Er ermahnte uns, gab uns Ratschläge und schützte uns dadurch vor härteren Strafen, die uns sicher gedroht hätten, wenn der Schuldirektor von bestimmten Vorfällen erfahren hätte. Der Direktor war ein Veteran aus dem Ersten Weltkrieg, dessen Stimme in der Schlacht durch Giftgas geschädigt worden war. Er war vom Nutzen harter körperlicher Bestrafung überzeugt. Deshalb war Willy für die meisten von uns ein vertrauter Freund.

Ich erinnere mich an ein Thema, über das Willy manchmal schimpfte. Die »Banker« seien die Quelle all unserer Probleme, diesen Vorwurf habe ich mehr als einmal gehört. Ich hatte keine Ahnung, wovon er eigentlich sprach und habe mich das noch jahrelang gefragt. Leider wusste ich damals nicht genug, um ihn weiter auszufragen. Aber mit den Jahren dämmerte mir so manches.

Willy war schon alt, als er an unsere Schule kam – es war für ihn ein Rentnerjob. Er erzählte uns, dass er früher Glasbläser gewesen sei, es sei eine gut bezahlte Arbeit gewesen, er hätte sich ein feines Pferdegespann leisten können. Das war in der Zeit vor dem Automobil.

Zurückschauend glaube ich, er war so alt, dass er schon 1896 hätte wählen gehen können. Vielleicht war er von William Jennings Bryans Populismus und den Attacken auf die Banker beeinflusst. Seine Vorwürfe, die Banker seien an all unseren wirtschaftlichen und politischen Problemen schuld, haben mich viel später zu dem Schluss gebracht, dass er ein Produkt der Ära der Populisten und Progressisten Ende des 18. und Anfang des 19. Jahrhunderts war.

William Jennings Bryan war schwerlich ein Verfechter unserer Sache, aber er verehrte Andrew Jackson und war schon früh ein Gegner des Zentralbankwesens. In seiner berühmten Rede über das »Cross of Gold« rief Bryan: »Wir brauchen *unseren* Andrew Jackson, der sich wie Andrew Jackson den Übergriffen des organisierten Reichtums entgegenstellt.« Bryan rechnete es Jackson als Verdienst an, die »Bankenverschwörung« zerschlagen und »Amerika gerettet« zu haben.

Bryan war kein Libertärer, aber seine Attacken auf die mächtigen Bankinteressen machen deutlich, dass es historische Vorläufer für die Proteste gegen diese Eliten gibt. Die heute entstehende Koalition, die die Machenschaften der Zentralbanken attackiert, ist vielleicht noch radikaler, auf jeden Fall aber gebildeter.

Bisher scheut die Parteiführung sowohl der Republikaner als auch der Demokraten vor Angriffen auf die *Federal Reserve* zurück. Doch das könnte sich ändern, denn die Verantwortung für unsere gegenwärtige Finanzkrise kann und muss der *Fed* zur Last gelegt werden. Wieder einmal wird die Frage des Geldes zur entscheidenden politischen Frage.

In einem Einführungskurs zur Ökonomie am Gettysburg College war es für mich wie eine kleine Erleuchtung, als ich merkte, dass das meiste Geld überhaupt kein Geld war, sondern nur unterschiedliche Geldsubstitute darstellte. Die Wirtschaft gedeiht, so erklärte man mir, wenn wir alle mit unseren Scheckbüchern Papierkredite in Umlauf halten, über die bei der Bank Buch geführt wird. In meinem bisherigen behüteten Leben war ich davon ausgegangen, dass wir für unser Geld arbeiteten, unsere Rechnungen mit Geld bezahlten, und wenn wir etwas übrig hätten, dies zur Bank trügen, wo es Zinsen brächte. Das hatte ich mit den Pennies und Vierteldollarstücken gemacht, die ich mit Rasenmähen, Zeitungen- und Milchaustragen verdient hatte.

Aber jetzt erklärte man mir, die Bank brauche nur einen Bruchteil des tatsächlichen Geldes vorrätig zu halten. Man sagte mir, dies erleichtere das Wirtschaftswachstum durch das Prinzip der Teildeckung im Bankwesen. Es brachte mich – wenn auch nicht in ausreichendem Maße – dazu, das System, das der Professor mir erklärte, infrage zu stellen. Irgendwie kam es mir vor wie ein schlauer Trick.

Meine erste Reaktion könnte in etwa so gewesen sein wie Paul Begalas sensationelle Erkenntnis, die er bei seiner Arbeit in der Regierung Clinton bezüglich der Exekutivordern machte: »Federstrich, Gesetz, irgendwie cool.« Begala war natürlich begeistert über das Schnellverfahren zur Verabschiedung von Gesetzen, ohne dass sich der Kongress in den Gesetzgebungsprozess einmischen konnte. So ungefähr müssen diejenigen, die von der Inflation profitieren, über die *Federal Reserve* denken – »irgendwie cool«.

Ohne Zweifel nutzen die Banken das gegenwärtige Geldsystem und das Prinzip der Teildeckung zu ihrem Vorteil. Genauso wie Begala freuen sich die Nutznießer der Vorteile eines betrügerischen Geldsystems über ein Schnellverfahren, mit dem sie sich das Geld aneignen können. Selbst wenn ihr Plan, sich selbst zu bereichern, scheitert – was unvermeidlich ist – bleiben ihre Erwartungen unverändert. Sie behaupten, sie leisteten der Öffentlichkeit einen unverzichtbaren Dienst und hätten deshalb Anspruch auf weitere Unterstützung aus dem Staatssäckel. Doch dieses Mal geschieht es noch direkter, dieses Mal hilft man ihnen mit Steuergeldern aus der Patsche. Wenn sich dieses Prinzip erst einmal durchsetzt, dann wird die Schlange immer länger und jeder fordert Unterstützung.

Die Saat des finanziellen Misstrauens war bereits vor Jahrzehnten gelegt worden, wie ich in der Collegevorlesung in den 1950er-Jahren erkannte. Das korrupte System hat sich lange gehalten, aber nun ist die Rückzahlung fällig.

In den 1960er-Jahren bin ich auf die Schriften von Wirtschaftswissenschaftlern wie Ludwig von Mises, F. A. von Hayek, Murray N. Rothbard und Hans F. Sennholz gestoßen. Dort fand ich nach und nach die Antworten, nach denen ich suchte. Selbst die Experten haben buchstäblich Jahrhunderte gebraucht, um das Wesen des Geldes und des Konjunkturzyklus zu verstehen. Leider leugnen die Verantwortlichen in unserer Regierung und im Bankensystem noch immer die Wahrheit über das Geld, die schon vor Jahrzehnten entdeckt worden ist.

Während meiner Dienstzeit als Militärarzt für die Air Force, als ich auf der *Kelly Air Base* stationiert war, hat mir mein Nachbar, ebenfalls ein Arzt, einige praktische Lehren über das System erteilt. Er kannte sich mit Hartgeld aus und war als Mormone von seinem Glauben beeinflusst, der ihm Selbstständigkeit und Sparsamkeit auferlegte. Ich fand heraus, dass er regelmäßig prägefrische Silberdollars verschickte und kaufte. Damals lag der Silberpreis noch unter 1,21 Dollar für die Feinunze, deshalb bestand kein Anreiz, Silberdollars ihres Silbergehalts wegen aufzukaufen und einzuschmelzen. Er zahlte jedoch noch einen Aufpreis auf den normalen Wert. Die zusätzlichen Kosten waren zwar sehr gering, es kam mir aber trotzdem merkwürdig vor, dass jemand 1,05 Dollar für einen Silberdollar bezahlte, den er an der Bank routinemäßig für einen Dollar hätte kaufen können. Diese fünf Prozent extra waren der Aufschlag für die prägefrische Münze.

Der Instinkt meines Freundes, einen Vorrat von Silberdollars anzulegen, war richtig. Schon wenige Jahre später, nämlich 1965, wurden keine Silbermünzen mehr geprägt. Selbst der Anspruch von Präsident Lyndon B. Johnson, so viele Kennedy-Halbdollarmünzen prägen zu lassen, dass der Markt gesättigt würde und die Münzen in Umlauf blieben, war falsch. Er verstand Greshams Gesetz nicht (wonach Geld, das vom Staat überbewertet wird, anderes Geld verdrängt, das vom Staat unterbewertet wird), und je mehr er prägen ließ – es sollte ein Rekordbetrag werden –, desto schneller verschwanden die Münzen aus dem Verkehr. Da Silber nie mehr unter den Wert von 1,21 Dollar für die Feinunze gefallen ist, war die Kennedy-Halbdollarmünze nie in nennenswertem Maße in Umlauf.

Ein anderer Arzt, den ich damals kannte, reiste hin und wieder nach Las Vegas und brachte jedes Mal einen Beutel voller Silberdollars wieder zurück. Diese erhielt er zum Nennwert. In den Spielautomaten der Casinos wurden damals noch Silberdollars verwendet. Wäre es nicht faszinierend, zu sehen und zu hören, wie echte Silberdollars verwendet werden? Kreditkarten, Dollarscheine und Wertmarken – wie langweilig! Und dabei spiele ich gar nicht.

Am 15. August 1971 geschah etwas, das mich bewog, in die Politik zu gehen: An diesem Sonntagabend gab Richard »Jetzt-sind-wir-alle-Keynesianer« Nixon bekannt, dass die US-Regierung in Zukunft nicht mehr der Verpflichtung nachkommen würde, jeder ausländischen Regierung, die US-Dollars besaß, diese zu einem Kurs von 35 Dollar für die Feinunze in Gold einzutauschen.

Darüber hinaus wurden Lohn- und Preiskontrollen eingeführt sowie ein Einfuhrzoll in Höhe von zehn Prozent. Doch die Märkte brachen nicht ein, wie ich erwartet hatte, sondern die US-Handelskammer pries diesen Schritt umgehend und der Aktienmarkt setzte zum Höhenflug an. Die Probleme kamen etwas später und blieben uns ein ganzes Jahrzehnt erhalten. Auch der Aktienmarkt fiel schnell wieder in sich zusammen.

Es war das dritte Mal, dass unsere Regierung ihr Versprechen einer Golddeckung für den Dollar brach. Lincoln hatte es im Bürgerkrieg getan und Franklin D. Roosevelt im Jahr 1933, als er das Gold im Besitz amerikanischer Bürger beschlagnahmte und den Amerikanern den Privatbesitz von Gold verbot. Roosevelt erstattete 20 Dollar für die Feinunze Gold und bewertete sie umgehend neu, und zwar auf 35 Dollar. Die Bürger verloren, der Staat profitierte.

Anfänglich wurden die Gewinne aus diesem Verfahren benutzt, um den *Exchange Stabilization Fund* [staatlicher Börsenstabilisierungsfonds] zu finanzieren, der bis heute besteht. Es ist ein Notfonds, der nicht der Aufsicht des Kongresses unterworfen ist und für die derzeitigen Bailouts bereits 50 Milliarden Dollar aufgewendet hat. Es ist eine sich selbst tragende Körperschaft, die genügend Zinsen vom Finanzministerium erhält, um tun und lassen zu können, was sie will. Gesetzlich ist sie noch immer befugt, sich im Goldmarkt einzumischen, was sie vermutlich auch tut.

Tragischerweise haben die Gerichte Roosevelts ungesetzlichen Diebstahl an den Menschen unterstützt und sämtliche privaten und staatlichen Versprechen, die Inhaber von Anleihen in Gold auszuzahlen, für null und nichtig erklärt. So viel zu Artikel 1, Abschnitt 10, der die Regierung dazu verpflichtet, Verträge einzuhalten und sie nicht absichtlich zu brechen.

Der 15. August 1971 war ein einschneidendes Ereignis in der Geschichte des US-Dollars. In mancher Hinsicht wurde damals gesagt, die US-Regierung sei insolvent – sie konnte ihren monetären Verpflichtungen nicht nachkommen. Es gab einen weltweiten Run auf das amerikanische System, und die Vereinigten Staaten weigerten sich zu zahlen. Ein Fiat-Dollar-Reservestandard ersetzte den Pseudo-Goldstandard von Bretton Woods. Das war zu erwarten gewesen. Die österreichischen Wirtschaftswissenschaftler hatten das Scheitern von Bretton Woods von Beginn an vorhergesagt; besonders Henry Hazlitt hatte Artikel für die Kommentarseite der *New York Times* geschrieben.[22] Die Ökonomen der Österreichischen Schule wussten schon 1971, dass der neue Papiergeldstandard keine Stabilität für das Finanzsystem bedeuten würde.

Der Wechsel zu einem neuen monetären Regime war ein beispielloses Experiment in weltweiter monetärer Planung, ein Sprung in die Welt des Papiergeldes. Ohne jegliche Deckung für den Dollar waren die Amerikaner jetzt auf das Geldmanagement der *Federal Reserve* angewiesen, und das ohne jegliche äußere Kontrolle.

Es kam zu einem geradezu dramatischen Chaos. Der Dollar wurde deutlich abgewertet, die Preisinflation und ebenso die ständig steigenden Zinsraten wurden in den 1970er-Jahren zu einem erheblichen Problem. Mich beeindruckte am meisten, dass sich die Vorhersagen, die die österreichischen Wirtschaftswissenschaftler schon vor langer Zeit getroffen hatten, als richtig erwiesen.

Die Folgen dieses Ereignisses im Jahr 1971 führten dazu, dass ich mich Ende 1973 spontan dazu entschloss, 1974 für den US-Kongress zu kandidieren. Texas war damals noch ein von den Demokraten beherrschter Staat; unter den 24 Kongressabgeordneten waren nur drei Republikaner. Der Bezirk, in dem ich antrat, war noch nie von einem Republikaner vertreten worden. Daran änderte sich auch 1974 nichts.

Meinen ersten Sieg errang ich erst bei einer Sonderwahl im Frühjahr 1976. Damals ging es mir nur darum, ein Forum zu haben, wo ich über

Geldpolitik und deren Beziehung zur unaufhaltsamen Ausweitung unseres Regierungsapparats sprechen konnte. Ich war genauso überrascht wie alle anderen auch, dass dieser Versuch, eine Botschaft über Geldpolitik und Freiheit zu verbreiten, zu einer Art Karriere in der Politik führen konnte.

Ich war davon überzeugt: Wenn ich für meinen Wahlbezirk nicht den Weihnachtsmann oder den Laufburschen spielte, wäre es unmöglich, einen Sitz im US-Kongress zu erobern. Meine Frau Carol hat mich damals gewarnt, es könnte gefährlich sein, für den Kongress zu kandidieren: »Am Ende gewinnst du noch.« Ich habe ihre Besorgnis zerstreut und gar nicht damit gerechnet, überhaupt eine Chance zu haben. Ich wurde angenehm überrascht.

So wichtig die Ereignisse der 1970er-Jahre auch waren: Das finanzielle Chaos, das wir heute erleben, ist noch viel wichtiger. Die Tatsache, dass das System viel länger zusammengehalten wurde, als es die österreichischen Ökonomen erwartet hatten, bedeutet nur, dass die Finanzblase, die Schulden, Fehlinvestitionen und die internationalen Ungleichgewichte umso größer werden konnten.

Der Markt unternahm jede nur erdenkliche Anstrengung, um die monetären Fehler der vergangenen 37 Jahre zu korrigieren. Die *Federal Reserve* konnte die Korrekturen so weit minimieren, dass es irgendwann zu dem heutigen Großen Krach kommen musste. Das bedeutet natürlich eine weltweite Depression, die schlimmer ist als in den 1930er-Jahren – wenn wir nicht sehr schnell aufwachen.

Wir leben in der Tat in einer gefährlichen Zeit, und werden gezwungen sein, ein neues Währungssystem zu planen, genauso wie am Ende des Systems von Bretton Woods. Wir können aber nicht zurück zu der alten Vereinbarung von 1944. Heute herrscht vielerorts noch immer ein Wunschdenken vor, aber der Fiat-Dollar-Reservestandard, den die Welt seit über 30 Jahren blind hingenommen hat, ist am Ende und die Finanzstruktur zerfällt. Was wir heute entscheiden, wird das Wohlergehen der Amerikaner auf Jahrzehnte hinaus beeinflussen. Wir können nicht zurück zum Fiat-Dollar-Standard, der nach dem 15. August 1971 entstanden ist.

Die 1970er-Jahre waren von Hektik geprägt, die Ökonomen des Establishments waren ratlos angesichts einer stagnierenden Wirtschaft und einer um sich greifenden Preisinflation; sie prägten dafür den neuen Begriff der *Stagflation*.

Als Kongressabgeordneter hatte ich Ende der 1970er- und Anfang der 1980er-Jahre als Mitglied des *House Banking Committee* die Gelegenheit, mehrere Vorstandsvorsitzende der *Federal Reserve* zu treffen und zu befragen, nämlich Arthur Burns, William G. Miller und Paul Volcker.

Von den dreien hatte ich am häufigsten mit Paul Volcker zu tun. Er war umgänglicher und gewitzter als die anderen; die späteren Vorstandsvorsitzenden Alan Greenspan und Ben Bernanke eingeschlossen. Bei meiner zweiten Runde als Kongressabgeordneter hatte ich ab 1997 die Gelegenheit, die beiden letzteren zu befragen.

1980 wurde ein wichtiges Bankengesetz, der *Monetary Control Act*, verabschiedet; viele betrachten es als das Vorspiel zu der Sparkassenkrise, die einige Jahre später ausbrach. Ich habe bei einer Anhörung dem Vorsitzenden Volcker gegenüber meine Besorgnis darüber zum Ausdruck gebracht, dass die Mindestreservesätze auf Null gesenkt werden könnten, und dass die *Fed* jeden Vermögenswert, Auslandsschulden eingeschlossen, aufkaufen könnte.

Daraufhin hat mich Volcker zu einem privaten Frühstück eingeladen, um mir meine Interpretation auszureden. Lew Rockwell, der Chef meines Mitarbeiterstabes, begleitete mich zu dem Frühstück. Interessant war Folgendes: Wir waren etwas zu früh gekommen und sprachen noch mit seinem Assistenten, als Volcker eintraf. Bevor er Lew oder mich überhaupt wahrnahm, wandte er sich mit der Frage an den Assistenten: »Wie steht der Goldpreis?«

Damals schoss der Goldpreis gerade in die Höhe, es herrschte große Besorgnis über eine Inflation und über den Wert des Dollars auf den internationalen Devisenmärkten. Ich glaube, dass die Zentralbanker immer den Goldpreis im Auge haben, denn sie wissen genauso gut wie wir: Langfristig ist der Goldpreis das beste Maß für die Stabilität einer Währung.

Der Fehler liegt darin, dass sie meinen, wenn sie den Goldpreis in Schach halten könnten, und sei es künstlich, dann werde dies für Vertrauen in die Währung und das Bankensystem sorgen. Sich mit künstlichen Mitteln den Marktkräften zu widersetzen, die einen höheren Goldpreis verlangen, kann nur für beschränkte Zeit funktionieren. Der Markt, oder wenn nötig, der *Schwarzmarkt,* wird immer die realen Preise für alles festlegen. Irgendwann bricht dann die künstliche Festlegung des Goldpreises zusammen.

Genau das ist 1971 passiert. Dass in den 1960er-Jahren fast 500 Millionen Feinunzen Gold zum Preis von 35 Dollar abgestoßen wurden, hat die Entwertung des Dollars nicht stoppen können. Trotzdem waren die Zentralbanker weiterhin entschlossen, eine Obergrenze für den Dollarpreis von Gold festzusetzen. Volcker wurde an die *Fed* berufen, um die Inflation zu stoppen, und ganz offensichtlich war er am Goldpreis interessiert. Für ihn war der Goldpreis der entscheidende Test, denn damals versuchte die *Fed* schon längst nicht mehr, so zu tun, als könne sie den Goldpreis für immer »festsetzen«. Dieses Bemühen wurde 1971 aufgegeben, als das Goldfenster geschlossen wurde.

Als Staatssekretär im Finanzministerium hatte Volcker 1971 Zweifel daran angemeldet, ob dieser Schritt in Bezug auf das Gold so weise war. Bei flüchtigen Gesprächen mit Volcker bestätigte sich diese Besorgnis, selbst noch im Jahr 2008, aber er versicherte mir, ein Goldstandard sei nicht die Antwort auf die Probleme von heute.

Das besagte Frühstück verlief gut, er war recht herzlich. Zu so etwas hat mich Greenspan nie eingeladen, und ich erwarte auch in der nächsten Zeit keine Einladung zu einem privaten Frühstück und einer Diskussion mit Bernanke. Am Ende des Frühstücks gab Volcker schließlich zu, dass meine Interpretation des Gesagten richtig war, versicherte mir aber, er werde die Mindestreserven niemals so weit senken oder wertlose Vermögenswerte aufkaufen. Sein Argument war, die *Fed* wolle diese Vollmacht, um nach Gutdünken freie Hand für die Erhöhung der Reserveanforderungen zu haben, wie er es dann tatsächlich mit der Erhöhung des Zinssatzes praktiziert hat, die in den 1970er-Jahren die um sich greifende Inflation eindämmte. Als wir gingen, habe ich ihm gesagt, ich erwarte zwar nicht, dass er diese extremen Vollmachten nutzen würde, aber wer könne schon wissen, ob nicht in der Zukunft jemand käme, der genau dies täte. Diese Zukunft haben wir jetzt.

Tatsache ist, dass es nicht nur unter Bernanke mittlerweile so weit gekommen ist, sondern dass sich die *Fed* noch weit mehr Macht gesichert hat, ohne dass sich der Kongress groß dazu geäußert hätte. Die *Fed* verfügt heute über enorm viel Macht, die der Kongress kaum noch versteht. Es gibt praktisch keine Aufsicht, keine Bilanzprüfung und keine Kontrolle. Und die *Fed* steht unter dem Schutz des *Federal Reserve Act*. Genau deshalb ist der *Fed*-Vorsitzende auch nicht verpflichtet, Fragen zu beantworten, die die Sitzungen des *Federal Open Market Committees* und Maßnahmen betreffen, die gemeinsam mit anderen Zentralbanken ergriffen werden. Billionen Dollar können erzeugt und in die Wirtschaft gepumpt werden, ohne dass die *Fed* offenlegen müsste, wer davon profitiert. Auch durch gerichtliche Anordnungen oder *Freedom-of-Information*-Anträge sind ihr diese Informationen nicht zu entlocken.

Arrogant wäre noch ein milder Ausdruck für das Verhalten derer, die unser Geld- und Währungssystem unter Kontrolle haben. Als Bernanke bedrängt wurde, weitere Informationen darüber herauszugeben, wohin die Billionen Dollar, die die *Fed* ausgab, flossen, war die Antwort sehr deutlich: »Wir halten es für kontraproduktiv« – diese Informationen herauszugeben.[23]

Ich habe zum ersten Mal Bekanntschaft mit der Österreichischen Wirtschaftsschule gemacht, als ich Anfang der 1960er-Jahre das Buch *Der Weg zur Knechtschaft* von F. A. von Hayek gelesen habe. Von Hayek wurde inmitten des Finanzchaos nach dem Zusammenbruch von Bretton Woods 1974 für seine wirtschaftswissenschaftlichen Forschungen über den Konjunkturzyklus mit dem Nobelpreis ausgezeichnet. Er ist heute sowohl für seine Arbeit über konkurrierende Währungen, die sich am Markt entwickeln, bekannt, als auch für die Vorstellung, dass ein Währungskorb möglicherweise als Reserve ausreichen kann. Die Idee des Währungskorbs hat mir nie sehr zugesagt, aber ich habe stets akzeptiert: Wenn er von einer nichtstaatlichen Einrichtung entwickelt wurde, wenn dabei kein Betrug begangen würde und wenn er funktionierte, könnte die Idee hingenommen werden. Ein Währungskorb wäre sicher besser als staatliches ungedecktes Papiergeld *[fiat money]*.

Viele Jahre nachdem ich *Der Weg zur Knechtschaft* gelesen hatte, hatte ich 1980 das Vergnügen, in Washington eine Vorlesung von Hayeks zu hören. Nach dem Treffen haben wir zusammen gegessen und uns mehrere Stunden unterhalten. Dieses Abendessen, an das ich mich noch gut erinnere, hat mein Interesse und mein Vertrauen in die österreichische Wirtschaftswissenschaft bestärkt.

Schon vorher hatte ich an der Universität Houston eine Vorlesung von Ludwig von Mises gehört. Es muss 1972 gewesen sein, ein Jahr vor seinem Tod. Damals hatte ich in meiner Arztpraxis sehr viel zu tun, hatte aber eine kleine Zeitungsmeldung gesehen, wonach von Mises an einem Wochentag an der Universität eine Vorlesung hielt. Ich wusste, dass es nur noch einen weiteren Arzt in der Stadt Lake Jackson gab, nämlich Dr. Henry May, der sich für so eine ungewöhnliche Veranstaltung interessieren würde. Ich rief ihn an, um zu sehen, ob er bereit wäre, 50 Meilen weit zu fahren, um von Mises zu hören. Wir haben unsere Praxistermine verlegt und uns auf den Weg gemacht.

Von Mises war damals schon betagt, aber geistig voll auf der Höhe. Sein Thema war der Sozialismus, er erklärte, warum der Sozialismus stets scheitert: weil es nämlich keine Preisfestsetzung für Kapitalgüter wie auf dem freien Markt gibt. Es war seine letzte Vortragsreise in den Vereinigten Staaten, Houston war möglicherweise die letzte Etappe. (Von Mises ist am 10. Oktober 1973 im Alter von 92 Jahren gestorben.)

Wir waren nicht überrascht, dass ihm die Universität keinen großartigen Empfang bereitete. Die Vorlesung fand in einem ziemlich kleinen Seminarraum statt, der überfüllt war. Die Österreichische Wirtschaftsschule wurde damals erst langsam bekannt, aber es zeigte sich schon, welches Bedürfnis nach Wahrheit in der Wirtschaftswissenschaft bestand. Die frühen 1970er-Jahre waren eine hektische Zeit, und da der Goldpreis stieg und der Dollarkurs immer weiter fiel, suchten die Menschen nach Lösungen. Heute sind die Probleme natürlich viel schlimmer, es ist deshalb umso dringlicher, Antworten zu finden.

Mein Ausflug nach Houston, um von Mises zu hören, war, gelinde gesagt, eine Erleuchtung. Ich bin davon überzeugt: Wenn einmal die endgültige Geschichte des 20. Jahrhunderts geschrieben wird, dann wird man von Mises darin einen der größten, wenn nicht den größten Ökonomen des Jahrhunderts nennen. Diese Anerkennung wird ihm allerdings noch nicht so bald zuteilwerden, denn diejenigen, die die wirtschaftliche Katastrophe verursacht haben, bestreiten vehement, dass sie, die jetzt das System zu retten versuchen, all die Probleme, vor denen wir stehen, selbst geschaffen haben. An den Universitäten wimmelt es noch immer – genauso wie in Washington – von Keynesianern und Sozialisten, die sich weigern, die Abschaffung der Zentralbank und die Einführung von stabilem Geld auch nur im Entferntesten in Erwägung zu ziehen. Doch das ändert sich, und in fünfzig Jahren werden die österreichischen Wirtschaftswissenschaftler und ganz besonders von Mises angemessen gewürdigt werden – vorausgesetzt natürlich, dass wir nicht in ein neues dunkles Zeitalter zurückfallen, weil wir uns weigern, zu den Prinzipien der Freiheit zurückzukehren.

Mein Interesse an der Österreichischen Wirtschaftsschule, insbesondere der Geldpolitik, hat natürlich meine Aufmerksamkeit auf die Bestrebungen gelenkt, Gold in Amerika zu legalisieren. Seit Roosevelts Erlass vom 5. April 1933 war in Amerika der private Besitz von Gold verboten. In den 1970er-Jahren war der Privatbesitz von Gold nur in drei Ländern auf der Welt verboten, eines davon war die Sowjetunion.

Roosevelt hat 1933 mit der Exekutivorder 6102 bis auf wenige Ausnahmen, wie beispielsweise Sammlermünzen, alles Gold im Besitz privater Bürger beschlagnahmt. Verstöße gegen die Anordnung wurden empfindlich bestraft. Die Strafe betrug 10 000 Dollar und/oder zehn Jahre Gefängnis. Nach heutigem Geld wären das über 400 000 Dollar. Es war ein ziemlich dreister, anmaßender Schritt, der viel Schaden angerichtet hat.

Heute ist es gängige Praxis, dass der Kongress Exekutivorder des Präsidenten, seine Unterschriften unter Erklärungen, gesetzliche Verordnungen und Regulierung von Behörden stillschweigend als zulässig duldet. Obwohl die Beschlagnahme des Goldes einen erheblichen Eingriff darstellte, gab es kaum Beschwerden. Die Krisenatmosphäre und der Druck, der auf der Regierung lastete, die schwere Wirtschaftskrise der Großen Depression zu lösen, hat damals alle Beschwerden über Roosevelts Machtanmaßung im Keim erstickt.

Da unsere Krise heute noch viel schlimmer werden kann als die in den 1930er-Jahren, können wir uns nur vorstellen, wie viel Macht die Exekutive angesichts der Atmosphäre nach dem 11. September ausüben wird. Die einzige Frage ist: Werden die Amerikaner Widerstand leisten, und wenn ja, wann?

Zumindest wurde Roosevelts Exekutivorder später aufgehoben – nicht durch einen Präsidenten, der die Order hätte rückgängig machen können, sondern durch den Kongress, der auf den Druck der amerikanischen Öffentlichkeit reagierte. Das System kann also funktionieren und im Januar 1975 hat es funktioniert, als die Amerikaner wieder Goldbarrenmünzen kaufen durften.

Viel ist dabei dem inzwischen verstorbenen Jim Blanchard und seinem *National Committee to Legalize Gold* zu verdanken, das einen Newsletter herausgegeben hat, mit dem ausschließlich Lobbyarbeit für die Legalisierung von Gold betrieben wurde.

Interessanterweise (wir wurden während meiner Präsidentschaftskampagne wieder daran erinnert) war er 1973 über die Parade zur Amtseinführung von Präsident Nixon mit einem Doppeldeckerflugzeug hinweggeflogen, an dem ein großes Banner hing: »*Legalize Gold!*« Das war damals ein freieres Amerika! Heute würde sein Flugzeug wahrscheinlich abgeschossen. Es war Präsident Ford, der den Besitz von Gold wieder erlaubte. Die Behörden fürchteten diesen Schritt, da sich am Gold»preis«

der Wert einer Währung endgültig bemessen lässt. In den 1960er-Jahren hatte ein Run auf den Dollar auch nicht dadurch verhindert werden können, dass fast 500 Millionen Unzen abgestoßen worden waren; die Behörden auf internationaler Ebene waren deshalb entschlossen, die »Spekulanten« zu bestrafen, die Gold »horteten«.

Von 1971 bis 1975 war der Goldpreis von 35 Dollar für die Feinunze bis auf 195 Dollar hochgetrieben worden. Man ging davon aus, dass er noch höher steigen würde, wenn die amerikanischen Bürger auf den Markt kämen. Nachdem der erwartete Preisanstieg erreicht war, begannen die Händler zu verkaufen. Entsprechend fiel der Goldpreis von 195 Dollar schließlich bis zum 30. August 1976 auf 102 Dollar. Doch das war nicht nur das Resultat einer Anpassung durch die Händler. Eine konzertierte Aktion von US-Finanzministerium und IWF, den Preis dadurch zu drücken, dass mehrere Tonnen Gold auf den Markt geworfen wurden, verstärkte den Preisverfall. Doch es währte nicht lange und der Goldpreis ging wieder in die Höhe.

Selbst heute sind Staat und Zentralbanken intensiv darum bemüht, dass der Goldpreis der Welt nicht signalisiert, wie schwach der Dollar ist. Die Zentralbanken haben in den letzten Jahren ständig verkauft und ich habe den starken Verdacht, dass die *Working Group on Financial Markets* des Präsidenten – salopp das »Plunge Protection Team« genannt – ebenfalls am Goldmarkt tätig ist, um den Preis niedrig zu halten.

Noch im November 2008 hat Bernanke mir gegenüber bei einer Anhörung des *Financial Services Committees* bestätigt, dass unter Zentralbankern nur über den Goldpreis geredet wird, wenn verkauft werden soll – niemals jedoch wird sein Wert als Reserve für eine neue Währungsvereinbarung in Erwägung gezogen.

Schon bevor es 1975 wieder erlaubt wurde, Gold zu besitzen, haben viele Goldspekulanten, die sogenannten »Gold Bugs«, zugegriffen. Ich habe mein erstes Gold kurz nach dem Zusammenbruch des Bretton-Woods-Abkommens gekauft. Das Gesetz konnte damals umgangen werden, wenn man Sammlermünzen kaufte (alle 1947 oder davor geprägten Münzen galten als Sammlermünzen). Mexiko kam den amerikanischen Bürgern entgegen und prägte die schöne 50-Peso-Münze, die 1,2 Unzen wog, und versah sie mit dem Datum 1947. Die Münzen, die ich damals als finanzielle Sicherheit gekauft habe, besitze ich noch heute, und allmählich werden sie nun zu legitimen Sammlermünzen.

Jim Blanchard hat die erfolgreiche Kampagne, den Besitz von Gold wieder zu legalisieren, fast ganz alleine geführt. Seine erste Goldkonferenz veranstaltete er 1974 in New Orleans, ich war damals dabei. Man hatte nur mit ein paar Hundert Teilnehmern gerechnet, es kamen aber über 700, weit mehr als erwartet.

Dort habe ich Hans Sennholz getroffen, der zu den Rednern gehörte. Sennholz war einer von nur sechs Studenten, die bei von Mises promoviert hatten. Ich bin mit Sennholz im Laufe der Jahre gut bekannt geworden, als ich an Veranstaltungen in Grove City teilnahm, wo er die Wirtschaftsabteilung leitete. 1974 kam er zu einer Veranstaltung im Rahmen meines Wahlkampfs, was meinen Kampagnenmanager nicht gerade erfreute, weil der nicht so viel von Gold und der *Federal Reserve* hören wollte. Als Sennholz nach seiner Emeritierung vom Grove City College Präsident der *Foundation for Economic Education* (FEE) wurde, holte er mich in den Vorstand. Ich habe daraufhin mehrfach die FEE-Zentrale in Irvington-Hudson im Staat New York besucht.

1974 hatte ich Leonard Read, den Gründer der FEE, kennen und schätzen gelernt. Er hat sich nach dem Zweiten Weltkrieg sehr darum verdient gemacht, die Freiheitsbewegung am Leben zu erhalten, und viele für diese wichtige Sache zu gewinnen. Leonard war viel mehr an Erziehung und Bildung als an Wirtschaft interessiert. Trotzdem hat er mich in meiner Abgeordnetenzeit mehrmals zur FEE eingeladen. Ich bin mir sicher, er war erfreut, dass ich im Kongress saß, aber er wusste genauso gut wie ich, dass Bildung der Schlüssel zu politischer Veränderung ist. Für mich ist es kein Problem, wenn viele sagen, Erziehung und Bildung wäre das allerwichtigste, doch eine theoretische Philosophie muss in politisches Handeln übertragen werden – und das ist genau, was die Gründerväter getan haben.

Von Mises hatte dazu etwas zu sagen: »Das Aufblühen der menschlichen Gesellschaft hängt von zwei Faktoren ab; von der intellektuellen Fähigkeit hervorragender Menschen, solide soziale und wirtschaftliche Theorien zu entwickeln, und von der Fähigkeit dieser und anderer Menschen, diese Ideologien der Mehrheit schmackhaft zu machen.«[24]

Meiner Meinung nach muss die politische Führung dafür sorgen, dass die Menschen die Ideologie annehmen. Natürlich lässt sich die Ideologie von Wohlfahrt und Sozialismus leichter verkaufen, weil sie darauf beruht, dass die Mehrheit etwas geschenkt bekommt. Wenn dann aber deutlich wird, dass das nur von vorübergehender Dauer ist, dann werden die Menschen offener für die Idee, dass ihnen die Freiheit mehr zu bieten hat, sie erkennen an, dass der Etatismus am Ende ist. Dass dies heute so ist, erweist sich von Tag zu Tag stärker.

Einer Mehrheit eine Ideologie schmackhaft zu machen, heißt, dass die Menschen begreifen müssen, dass ihren Interessen dadurch am besten gedient ist. Was die Freiheit angeht, so muss Einigkeit darüber bestehen, dass Selbstständigkeit, freie Märkte, Privateigentum, solides Geld und durchsetzbare Verträge unabdingbare Voraussetzungen für Wohlstand, Frieden und Glück sind.

Zentrale Wirtschaftsplanung und falsche Versprechungen müssen abgelehnt werden. Einige werden aus Prinzip immer der Versuchung widerstehen, die Macht des Staates einzusetzen, um ihre eigene Position zu stärken; andere werden ihr widerstehen, wenn erkennbar ist, dass der versprochene Wohlstand auf Lügen, Betrug und Gewalt beruht und deshalb nur von vorübergehender Dauer sein kann. Dem Transfer von Reichtum durch staatliche Gewalt sind Grenzen gesetzt. Der scheinbare, durch Kreditaufnahme und Inflation zustande kommende Wohlstand führt immer zu Kummer und Leid. Uns bietet sich jetzt die Chance, der Mehrheit unsere »fundierten Gesellschafts- und Wirtschaftstheorien« verfügbar und annehmbar zu machen.

Von den Größen der Österreichischen Wirtschaftsschule des 20. Jahrhunderts habe ich Murray Rothbard am besten gekannt. Während meiner ersten Amtsperiode im Kongress (1976–1984), als Lew Rockwell, der Gründer des *Mises Institute*, Leiter meines Mitarbeiterstabes war, haben wir uns mit Murray in Verbindung gesetzt und ihn 1979 zu einem Besuch nach Washington eingeladen. Ich erinnere mich noch, wie er bei seinem ersten Besuch genau beobachtete, wie unser Büro arbeitete, und erstaunt war, dass ein Mitglied des Kongresses tatsächlich ernsthaft versuchte, jeden Gesetzestext in allen Einzelheiten aus der Sicht der Verfassung zu prüfen. Ich erinnere mich an seine Überraschung, als er merkte, dass ich seinen Aufsatz *Gold and Fluctuating Fiat Exchange Rates* gelesen hatte. Seit dieser Bekanntschaft haben er und Lew Rockwell bei vielen Projekten eng zusammengearbeitet, das wichtigste davon war die Gründung des Mises-Instituts.

Murray war ein guter Lehrer; ich habe oft gesagt, dass mir sein Buch *America's Great Depression* die Augen geöffnet hat, genauso wie sein zum Klassiker gewordenes Buch *What Has Government Done to Our Money? [Das Schein-Geld-System: Wie der Staat unser Geld zerstört].* [25] Da ich in einem republikanisch geprägten Elternhaus aufgewachsen war, war ich stets davon überzeugt gewesen, Hoover sei deshalb gescheitert, weil die Demokraten im Kongress ihn nicht unterstützt hatten. Nachdrücklich widerlegte Murray dieses Argument, indem er erklärte, dass sowohl Hoover wie Roosevelt dieselbe falsche Politik des Eingriffs in die Wirtschaft betrieben hatten und dass beide dafür verantwortlich waren, die Depression in die Länge zu ziehen, die durch die völlig verfehlte Geldpolitik der *Federal Reserve* in den 1920er-Jahren noch verschärft worden war.

Wenn ein Buch für das Washingtoner Establishment heute zur Pflichtlektüre gemacht werden sollte, dann ist es Rothbards *America's Great Depression.*[26] In diesem Buch legt er dar, dass die *Fed* selbst Ende der 1920er-Jahre den Boom geschaffen hatte, der dann zum Krach führte und dass die Depression durch Hoovers Eingreifen verlängert wurde. (Interessanterweise gehörte Murray in der Zeit, als die Gold-Kommission 1981 zusammentrat, zu meinem Mitarbeiterstab im Kongress.)

Zusammen mit dem Geschäftsmann Burt Blumert und mit Lew Rockwell hat Murray meine Entscheidung beeinflusst, mich 1988 als Präsidentschaftskandidat der *Libertarian Party* aufstellen zu lassen. Wie bei allen politischen Projekten gab es auch hier Frustration und Mängel. Trotzdem hielten wir es alle für nützlich, um für die Freiheit zu plädieren. Das Echo auf diese Botschaft war 1988 im Vergleich zu der enthusiastischen Reaktion, die wir 2008 bekamen, natürlich noch verhalten. Die Bedingungen haben sich inzwischen völlig verändert. Doch damals spielte angesichts des monopolisierten Wahlprozesses auch der Gegensatz zwischen der Herangehensweise der Republikaner und der Libertären eine Rolle. Heute ist die Zeit reifer für unsere Ideen und Vorstellungen. In den letzten 20 Jahren ist so manche Saat gelegt worden, die heute wunderbare Früchte trägt.

Kurz vor Murrays Tod am 7. Januar 1995 habe ich ihn angerufen und ihm von meinem Plan erzählt, 1996 bei der Wahl als Kandidat für den Kongress anzutreten. Er war ganz begeistert und hat mich sehr darin bestärkt. Anders als Leonard Read liebte Murray die Politik, sei es die der Republikaner oder der Libertären, oder was er sonst zu bestimmten Zeiten interessant fand. Er beschäftigte sich mit den genauen Einzelheiten der internen Vorgänge, die über mein Interesse hinausgingen. Er wusste immer über die Beteiligten und ihre erkennbaren Absichten und philosophischen Beweggründe Bescheid. 1992 engagierte er sich bei den Vorwahlen der Republikaner in einer Art Koalition für Pat Buchanan, als Pat gegen den ersten Irakkrieg und gegen George W. H. Bushs Steuererhöhungen eintrat.

In einem bin ich mir sicher: Hätte Murray bei den Präsidentschafts-Vorwahlen 2008 noch unter uns weilen können, dann hätte er manches beitragen können, was ihm sicher auch viel Spaß gemacht hätte. Er wäre begeistert gewesen, sein natürlicher Hang zum Optimismus wäre sicher noch bestärkt worden. Er hätte jeden Augenblick genossen. Er hätte die »Revolution« nach vorne getrieben, zumal er ja unendlich viel getan hatte, sie vorzubereiten.

Ich kann mir vorstellen, wie begeistert er gewesen wäre zu sehen, wie junge Collegestudenten *Federal-Reserve*-Noten verbrannten. Er hätte gewiss den Schlachtruf angeführt, den wir bei unseren Kundgebungen immer wieder zu hören bekamen: »*End the Fed! End the Fed!*«

Auch nach der Präsidentschaftskampagne hat deren Dynamik das Interesse an einer ernsthaften Bewegung geweckt, die die *Fed* entlarvt und sie abschaffen will; Murray wäre hocherfreut. Seine geistige Anstrengung hätte sich als gerechtfertigt erwiesen. Aus Ideen wurde das tatkräftige Bemühen um einen wirklichen politischen und wirtschaftlichen Wandel. Seine Bücher, besonders die kleineren, für eine breite Leserschaft geschriebenen Schriften über die Frage, warum die *Fed* abgeschafft werden muss und warum wir einen hundertprozentigen Goldstandard brauchen, haben uns gute Dienste geleistet. Das wird auch so bleiben. Seine Bücher *What Has Government Done to Our Money? The Case for a 100 Percent Gold Standard* und *The Case Against the Fed*[27] waren bei der Aufklärung der breiten Massen von unschätzbarem Wert.

Murray hat viel über seine Zeit in der Ayn-Rand-»Sekte« und über seine Beziehung zu Greenspan erzählt. Im privaten Gespräch mit mir hat Greenspan zugegeben, dass er Murray kannte. Man denke jedoch nur an die völlig unterschiedlichen Schlussfolgerungen der beiden! Beide hatten als Anhänger von Ayn Rand begonnen, aber keiner war zum Objektivisten geworden. Greenspan hat die falsche Richtung eingeschlagen. Rothbard hingegen ist den richtigen Weg gegangen und der Wahrheit über Geld und die *Federal Reserve* immer mehr auf die Spur gekommen.

Greenspan wurde zum monetären Tyrannen, der die Saat für die größte Finanzblase aller Zeiten gelegt hat.

In dieser Zeit, als ich nach Antworten über meine Fragen zum Geld und zur österreichischen Wirtschaftswissenschaft suchte, habe ich auch Henry Hazlitt kennengelernt, der mit von Mises befreundet und nun Vorstandsmitglied des FEE war und eng mit Leonard Read zusammenarbeitete. Wie so viele, die nach Antworten suchten, hatte auch ich seine berühmte Schrift *Economics in One Lesson* gelesen. Hazlitt hatte schon 1944, kurz nach Unterzeichnung des Bretton-Woods-Abkommens, dessen Scheitern vorausgesagt. Er hat lange genug gelebt, um den Zusammenbruch im Jahr 1971 noch zu erleben. Wie viele andere österreichische Wirtschaftswissenschaftler hat er ein hohes Alter (98 Jahre) erreicht, er ist 1993 gestorben. All seine Bücher, und das sind ziemlich viele, sind lesenswert.

Hazlitt war maßgeblich beteiligt, von Mises eine Stelle an der *New York University* zu verschaffen. Er hatte mit von Mises Freundschaft geschlossen, als dieser zu Beginn des Zweiten Weltkriegs aus Europa in die Vereinigten Staaten geflohen war. Obwohl lange Zeit als Journalist für *Newsweek,* die *New York Times* und das *Wall Street Journal* bekannt, war Hazlitt in Wirklichkeit Philosoph und Wirtschaftswissenschaftler.

Sein größtes Kompliment hat er mir nach Leonard Reads Tod im Jahr 1983 gemacht: Er rief mich an und fragte, ob ich mir vorstellen könne, den Vorsitz des FEE zu übernehmen. Ob alle anderen im FEE-Vorstand seiner Meinung waren, weiß ich nicht, aber ich hatte so etwas nie in Erwägung gezogen, weil ich einen anderen Weg gewählt hatte.

Ein weitere Ironie der Geschichte war, dass Henry Hazlitt Ayn Rand all den Gelehrten der freien Marktwirtschaft in New York vorgestellt hatte, unter ihnen seine engen Freunde Leonard Read und von Mises.

In der Zeit zwischen der Großen Depression und dem Ende von Bretton Woods 1971 waren viele kluge, libertäre und alte konservative Konstitutionalisten und Noninterventionisten sehr aktiv. Sie beklagten die Zerstörung der Republik, aber ihre Schriften legten den Grundstein für die entstehende Freiheitsbewegung, die 2008 bei den Vorwahlen der Republikaner so viel Auftrieb erhielt.

Ich habe auch die Schriften vieler anderer Autoren gelesen, die den Geist der Republik hochhielten. Einige waren mehr an der Geldpolitik interessiert, andere schrieben über persönliche Freiheit und Außenpolitik oder über wirtschaftliche Freiheit. Nachdem ich die Bücher von John T. Flynn, Isabel Patterson, Rose Wilder Lane, Garet Garrett, Ayn Rand, Richard Weaver, Albert J. Nock, H. L. Mencken und Frank Chodorov gelesen hatte, war ich nicht nur davon beeinflusst, sondern überzeugt, dass nur eine politische Philosophie, die sich persönliche Freiheit, Privateigentum und solides Geld auf die Fahnen geschrieben hatte, es wert war, dass man sich dafür engagierte.

Um zu verstehen, warum wir solides Geld und keine Zentralbank brauchen, muss man zunächst einmal die Prinzipien der Freiheit wirklich verstehen. Es gab in der besagten Zeit auch einige Kongressabgeordnete, die standhaft blieben und ihr Verhalten bei Abstimmungen strikt an der Verfassung orientierten, nämlich Dr. Smith aus Ohio, Howard Buffett und H. R. Gross.

Wir alle sind den Männern und Frauen zu Dank verpflichtet, die so Großartiges darin geleistet haben, die Freiheit als moralische Instanz zu verteidigen und all die ungeheuren Lügen, das Unwissen und die Arroganz derjenigen zurückzuweisen, die ihr Leben lang für Autoritarismus, Etatismus und den allgemeinen Einsatz aggressiver Macht eingetreten sind.

Obwohl Ayn Rand niemals freundlich über die Libertären gesprochen hat und ich mir nie habe vorstellen können, zum Unterstützer der Philosophie des Objektivismus zu werden, habe ich alle ihre Romane gelesen und ihren objektivistischen Nachrichtenbrief bezogen, so lange er erschienen ist. Sie hat viele meiner Überzeugungen herausgefordert, die ich als gegeben angenommen hatte, und mich gezwungen, diese besser zu verstehen und zu verteidigen. Ihre Definition und praktische Anwendung des Altruismus hat mich hingegen nie überzeugt. Freiwillige christliche Wohltätigkeit mit Kommunismus gleichzusetzen, ergab für mich keinen Sinn. Hingegen hat sie meine Begeisterung, mit der ich mich für den Frieden einsetze, bestärkt. In meiner Bibliothek steht ein Exemplar der gebundenen Erstausgabe ihres großen Werks *Atlas Shrugged [Wer ist John Galt?]* aus dem Jahr 1957. Auf dem Buchdeckel ist der Preis aufgedruckt: 6,95 Dollar. Sie hat zweifellos im Lauf der Jahrzehnte viele Menschen beeinflusst und dazu bewogen, ihre Prämissen neu zu überdenken; die meisten haben sich anschließend noch stärker für die Freiheit eingesetzt.

## Viertes Kapitel

# Zentralbanken und Krieg

Nach der Gründung der *Fed* entdeckte die Regierung, dass eine elastische Geldmenge zu mehr nutzen könnte, als nur zu verhindern, dass das Bankensystem seinen Zahlungsverpflichtungen nicht mehr nachkommen könnte. So beispielsweise in der Kriegsfinanzierung. Nicht zufällig war das Jahrhundert des totalen Krieges auch das Jahrhundert des Zentralbankwesens. Als Regierungen ihre Kriege noch ohne die Hilfe einer Papiergeldmaschine finanzieren mussten, gingen sie sparsam mit ihren Ressourcen um. Sie fanden diplomatische Lösungen, um Kriege zu verhindern, und wenn sie schon einen Krieg anfingen, dann beendeten sie ihn, so schnell sie konnten.

Doch Ende des 19. Jahrhunderts wurden für die europäischen Regierungen die finanziellen Beschränkungen, Kriege zu führen, aufgehoben. Die neuen Zentralbanken erlaubten es ihnen, so viel Geld zu drucken, wie sie brauchten. Deshalb war man viel eher bereit, Konflikte zu schüren und Kriege anzufangen. Die Diplomaten konnten ihre Regierungen nicht mehr zurückhalten, die es reizte, ihre neuentwickelte Geldmaschine auszuprobieren. Hätte man vielleicht eine diplomatische Lösung für die Auseinandersetzungen finden können, die zum Ersten Weltkrieg geführt haben, wenn die Deutschen und die Engländer keinen Zugriff auf die Druckerpresse und einen Kreditgeber der letzten Instanz gehabt hätten? Über die Geschichte vom Standpunkt des Was-wäre-wenn nachzudenken, ist immer eine heikle Sache, aber interessant ist die Frage dennoch.

1919 schrieb von Mises: »Es ist keine Übertreibung, die Inflation als unabdingbares Mittel des Militarismus zu bezeichnen. Ohne sie treten die Auswirkungen des Krieges auf das Wohlergehen viel schneller und durchschlagender zutage; es käme weit schneller zur Kriegsmüdigkeit.«[28]

Gerüstet mit Zentralbanken, die ihre Verbindlichkeiten deckten, zogen europäische Regierungen ein Jahr nach der Gründung der *Fed* in den Krieg. Voller Entsetzen schrieb damals die *New York Tribune:* »Die Welt sieht ungläubig und wie betäubt zu, wie Europa in eine Katastrophe ungeheuren Ausmaßes stürzt. ... Wieder und wieder hat man uns versichert, die Financiers dieser Welt, deren Interessen und Sympathien keine natio-

nalen Grenzen kennten, würden es niemals zulassen, dass sich die großen Länder durch einen großen Krieg in Armut stürzen würden. Ein An-
ziehen der Kreditschraube würde, so hat man uns versichert, die Schatz-
ministerien schon zur Vernunft bringen.«[29]

So war es früher, aber das Zentralbankwesen hat die Dinge für immer
verändert. Regierungen brauchten keinen Bankrott oder finanziellen Ruin
mehr zu fürchten. Die Zauberkraft der inflationären Finanzen würde ihnen die erforderlichen Mittel schon zur Verfügung stellen.

Deshalb hätten sich die Vereinigten Staaten in früheren Zeiten wahrscheinlich aus dem Konflikt in Europa herausgehalten. Aber da sie ja
nun ihre *Fed* hatten, traten die USA 1917 in den Krieg ein, und damit
begann das bislang zentralisierteste Experiment nationaler Wirtschaftsplanung. Dazu gehörten Preiskontrollen, neue Steuern, die Verstaatlichung von Eisenbahnen, das *War Industries Board, Liberty Loans,* neu auf-
gelegte Anleihen und eine massive Ausweitung der Staatsverschuldung,
die sich auf die Vollmacht der *Fed* stützte, Geld zur Rückzahlung der
Schulden zu erzeugen.

In jenen Tagen verfügte die *Fed* noch nicht über die Macht, über das
Diskontfenster neues Geld zu erzeugen. Ihr kam aber die wichtige Rolle
zu, für die Schulden der Regierung zu garantieren. Sie war der Kreditgeber der letzten Instanz und konnte in großem Umfang Geld aus dem
Nichts erzeugen. Die Geldausweitung setzte im Dezember 1914 ein; Amerika erlebte einen ersten Scheinboom, dem noch viele folgen sollten. In einer Zeit, wo die Zinsen angesichts des gestiegenen Risikos eigentlich hätten erhöht werden sollen, wurden sie auf einen niedrigen Satz festgesetzt.

Friedman und Schwartz schreiben über den Ersten Weltkrieg:[30]

> *»Die Geldmenge, die im Verlauf des Jahres 1914 nur mäßig und ab
> Anfang 1915 zunächst stärker gestiegen war, stieg von Ende 1915 bis
> Mitte 1917 rapide, wie übrigens auch die Preise. Gegen Ende 1918
> setzte sich der rasche Anstieg fort, noch eher als bei den Preisen. Auf
> dem Höhepunkt im Jahr 1920 betrug die Geldmenge fast das Doppel-
> te gegenüber dem Wert vom September 1915, und gegenüber Novem-
> ber 1914, als die* Federal Reserve *den Betrieb aufnahm, sogar mehr
> als das Doppelte.«*

Nun begannen die Banken damit, jedermann Kredite für den Kauf von
Staatsanleihen anzubieten. Auch die Preise stiegen infolge der Geldent-

wertung dramatisch. Dieser Scheinboom währte bis zum Ende des Krieges im Jahr 1918. Sofort setzte im Land eine Rezession ein, auf die in den Jahren 1920 und 1921 ein weiterer Minizyklus von Boom und Crash folgte. Insgesamt ist der Krieg nach Schätzung der Forscher nur zu 21 Prozent aus Steuermitteln finanziert worden. Der Rest wurde aufgebracht durch von der *Fed* gestützte Kreditaufnahme (56 Prozent) und reines Gelddrucken (23 Prozent) – bei Gesamtkosten von 33 Milliarden Dollar.

Wir sehen also, dass der Schaden, den die *Fed* angerichtet hat, schon sehr bald nach ihrer Gründung einsetzte. Im Vergleich zu heute war ihre Macht damals noch begrenzt. Das Ziel, einen Kreditgeber der letzten Instanz zu schaffen, hat sich jedoch verheerend auf unsere Politik ausgewirkt. Die Regierung wurde dazu verführt, von noch mehr Macht und noch mehr, noch ehrgeizigeren Programmen zu träumen. Solange die Mittel zur Verfügung standen, hielt sich der Staat nicht mehr zurück; auch dann nicht, wenn Vertreter einer konservativeren Geldpolitik Führungsämter bekleideten.

Vergessen wir nie, welche Folgen der »Große Krieg« für Europa gehabt hat. Er bedeutete das Ende der alten Monarchien, einer relativ friedlichen Welt, die nur dem Namen nach zentralistisch, in der Praxis jedoch dezentralistisch organisiert war. Militante demokratische und technokratisch organisierte Staaten entstanden. Für die Vereinigten Staaten hatte er zur Folge, dass sich die imperialen Züge des Präsidentenamts verfestigten und man sich zu einer weltweiten außenpolitischen Mission verpflichtet sah. In Deutschland schuf er die Bedingungen für die große Inflation, die letztendlich Hitler an die Macht brachte, weil dadurch nationale Ressentiments geschürt worden waren.

Für Russland bedeutete es den Beginn des Kommunismus.

Lew Rockwell beschreibt, wie das geschah:[31]

>*Russland hat den Krieg durch Gelderzeugung finanziert, was während des Krieges auch zu einem massiven Preisanstieg sowie zu Kontrollen und vielfacher Knappheit an Gütern geführt hat ... Die Versuchung, die die Geldmaschine für das Regime darstellte, erwies sich als allzu verlockend. Sie verwandelte eine relativ wohlwollende Monarchie in eine Kriegsmaschinerie. Ein Land, das seit Langem in die weltweite Arbeitsteilung eingebunden gewesen war und in dem der Goldstandard galt, wurde zu einer Tötungsmaschine. Während sich die Kriegstoten verheerend auf die russische Moral auswirkten, waren von der Inflation alle*

*betroffen, sie führte zu erheblichen Unruhen, die schließlich im Triumph des Kommunismus gipfelten.«*

In den Vereinigten Staaten hat der Krieg die Machtbalance in unserem demokratischen System grundlegend verschoben. Abstimmungen, Wahlkampfversprechen, Umfragen, öffentliche Meinung, Gesetze, Beschränkungen staatlicher Macht, all dieses trat gegenüber der Ausweitung des Regierungsapparats in den Hintergrund. Man stelle sich einen unverantwortlichen Teenager vor, der über einen Dispositionskredit in unbeschränkter Höhe verfügt. Eltern, Lehrer, Pfarrer und Behörden können ihn nicht zu einer Änderung seines Verhaltens bewegen. Stellen wir uns nun vor, dieser Jugendliche wäre bis an die Zähne bewaffnet und genieße Immunität vor Strafverfolgung. Genau das ist eine Regierung, die von einer Zentralbank gestützt wird.

Es gibt dafür ein gutes Beispiel aus der Zeit gegen Ende des Ersten Weltkriegs. Die Öffentlichkeit hatte die Einschränkungen ihrer Freiheit satt und verlangte mehr Verantwortlichkeit von der Regierung und mehr Freiheit in bürgerlichen und wirtschaftlichen Angelegenheiten. Die Staatsausgaben sanken dramatisch; der Kongress hielt Anhörungen über die Frage ab, wie man die Kriegsprofiteure ausfindig machen könnte. Warren Hardings Slogan im Präsidentschaftswahlkampf von 1920,»Rückkehr zur Normalität«, gibt die damalige Stimmung sehr gut wieder. Das gleiche gilt für den Bestseller *Merchants of Death: A Study of the International Armament Industry [Händler des Todes: Eine Studie über die internationale Rüstungsindustrie],* der die Stimmung der Nachkriegs- und Zwischenkriegszeit beschreibt.[32]

Leider ist nie wieder Normalität eingekehrt, solange die Zentralbank bereitstand, eine mit außergewöhnlichen Vollmachten ausgestattete Regierung zu finanzieren. Die alten Regeln galten nicht mehr. Das Ungeheuer, das den Menschen alles versprach, die Wünsche aller Politiker erfüllte, den Geldvermehrern das Leben erleichterte und die finanziellen Mittel für grenzenlose Visionen bereitstellte, war geschaffen worden. Was immer sich jemand vom Staat wünschte, es konnte ihm gewährt werden. Ja, das Banken-Establishment unseres Landes war durch neue Garantien sogar gegen einen Bankrott abgesichert, und das schuf das Problem des sogenannten *Moral Hazard.* Sie setzten die Kreditvergabe munter fort, ohne die Risiken auch nur in Erwägung zu ziehen.

Wer die »Wilden Zwanzigerjahre« verstehen will, der sollte die Rolle der *Fed* in der Geldpolitik genau unter die Lupe nehmen. Die Geldmenge wuchs jährlich um zwischen 7,3 und 8,1 Prozent, insgesamt um 55 bis 61 Prozent.[33] Dieser Scheinboom führte unweigerlich zum Crash, zunächst auf dem damals beliebtesten Wirtschaftssektor – dem Aktienmarkt –, und dehnte sich von dort auf alle Bereiche aus.

Präsident Hoover hätte 1930 tun können, was 1920 getan worden war: Damals hatte die Regierung einen Bailout des Systems eigentlich gar nicht erst versucht. Die *Fed* funktionierte noch nicht in vollem Umfang und hielt sich noch ziemlich damit zurück, uneingeschränkt zu inflationieren. Entgegen dem weitverbreiteten Märchen hat Hoover sich damals sehr wohl nach Kräften bemüht, dem System mit den damals zur Verfügung stehenden monetären Mitteln aus der Patsche zu helfen. Dass diese Mittel nicht wirkten, ist hier nicht von Belang: Er hat versucht, die Vereinigten Staaten durch Inflationierung aus der Rezession zu führen (zusätzlich zu einer Steuererhöhung, neuen Handelsrestriktionen und weiteren Interventionen).

Franklin Roosevelt setzte Hoovers Anti-Rezessionsplan einfach fort und ging bei der Zerstörung von Amerikas Geldsystem sogar noch einen Schritt weiter: Er schloss die Banken, erklärte den Privatbesitz von Gold für illegal und versetzte dem, was vom Goldstandard noch übrig geblieben war, einen schweren Schlag. Der *New Deal* hat die Depression nicht beendet. Die Arbeitslosigkeit war vor dem Zweiten Weltkrieg genauso hoch wie 1932, Einkommen und Produktivität waren sogar gesunken. Aber die *Fed* hatte mehr Macht als je zuvor und stand bereit, erneut einen Weltkrieg zu finanzieren.

Seit dem Zweiten Weltkrieg hat die US-Regierung ihren innen- und außenpolitischen Aktionsradius mit beängstigender Unersättlichkeit ausgeweitet. Ein Krieg folgte auf den anderen, neue Massenvernichtungs-Killerwaffen wurden gebaut und ein riesiger Wohlfahrtsstaat entstand, der für alle Schichten der Gesellschaft da ist. Es gab den Kalten Krieg, den Koreakrieg, die Schweinebucht, die Invasion in die Dominikanische Republik, Vietnam, das endlose Engagement im Nahen und Mittleren Osten plus die Kriege in Nicaragua, El Salvador, Bosnien, Haiti und all die Kriege, die weltweit im Namen des Kriegs gegen den Terrorismus geführt wurden und werden. Und im Anschluss an jede größere Krise – sei es der 11. September, das Desaster der »Neuen Ökonomie« von 1999 oder der Crash von 2008 – bestand die Antwort stets in einer weiteren Ausdehnung der Geldmenge.

Einst ging man davon aus, die Regierung müsse wählen zwischen Kanonen und Butter. Doch nun, mit der *Fed*, hat man gemerkt, dass eine solche Entscheidung eigentlich gar nicht mehr nötig ist. Politiker treffen sich und einigen sich auf einen Kuhhandel, sodass alle Sonderinteressen befriedigt werden. Kanonen, Butter und alles, was es sonst noch gibt, einschließlich endloser Bailouts für bankrotte Unternehmen und Auslandshilfe für die Welt – dank der Geldmaschine kann alles gewährt werden. Selbst wenn die *Fed* nicht direkt neu erzeugtes Geld fließen lässt, so steht sie bereit, Jahr für Jahr riesige neue Schuldverschreibungen zu decken, die allesamt auf dem freien Aktien- und Anleihemarkt keinen Pfifferling wert wären, würde die *Fed* nicht für sie garantieren.

Die *Fed* hat dieses Krisen-Reaktions-Modell möglich gemacht, denn ohne die bereitstehende Geldmaschine, die sämtliche finanziellen Mittel zur Verfügung stellt, die die Mächtigen brauchen, wäre all dies nicht möglich. Man müsste Steuern von den Amerikanern erheben und ich glaube nicht, dass sie sich allzu viele derartige Steuererhöhungen gefallen lassen würden. Kaschiert man jedoch diese Steuererhöhungen in Form einer Ausweitung der Geldmenge, können staatliche Gelder bereitgestellt und die Kosten auf die gesamte Gesellschaft umgelegt werden.

Die *Fed* ist nicht die einzige gescheiterte Zentralbank auf der Welt. In den Jahren zwischen den Weltkriegen erlebten Deutschland, Österreich, Russland, Polen und Ungarn eine katastrophale Hyperinflation.[34] Die Versprechen der Zentralbanken auf eine wunderbare Welt hatten sich in Luft aufgelöst. Aber jetzt waren die Regierungen von der Droge billiger Kredite abhängig und würden nicht mehr zum soliden Geld zurückkehren.

Je länger wir die Umstellung auf solides Geld, weg vom Zentralbankwesen, hinausschieben, desto schlimmer wird die Krise in all ihren Formen, und desto mehr wird sich der Staat auf Kosten unserer Freiheiten ausdehnen.

Fünftes Kapitel

## Die Goldkommission

Unbestreitbar spielt das Thema Gold bei der Frage der Rückkehr zu stabilem Geld eine zentrale Rolle. Denn das Gold hat sich aus der Struktur der Marktwirtschaft heraus als wichtigster Garant für die Qualität des Geldes entwickelt. Nicht Regierungen haben sich für Gold entschieden, sondern der Markt, und es ist leicht nachvollziehbar, warum. Gold verfügt über alle Qualitäten, die wir mit gutem Geld verbinden: Teilbarkeit, leichte Transportierfähigkeit, hoher Wert pro Gewichtseinheit, Haltbarkeit und gleichbleibende Qualität.

Wenn ich von einem Goldstandard rede, dann gibt es immer einige, die mir vorwerfen, ich sei davon besessen oder darauf fixiert. Man wirft mir das Wort *Fetisch* an den Kopf. Tatsächlich aber beobachte ich nur die Wirklichkeit: Die Vorstellung von solidem Geld war in der Geschichte der Menschheit fast immer mit Gold verbunden. Ist solides Geld ohne einen Goldstandard möglich? Im Prinzip ja. Mir wäre ein System recht, das es den Märkten erlauben würde, das am besten geeignete Geld zu wählen, wie diese Wahl auch immer ausfiele. Ich bin dagegen, dass der Staat bestimmte Standards festlegt – keine Zentralbank, kein gesetzliches Zahlungsmittel, keine Bevorzugung irgendeiner Ware, die als Deckung für die Währung gewählt wird.

Doch die Wirklichkeit ist eben die: Der Dollar ist Geld, auch wenn seine Qualität sehr schlecht ist. Ich habe stets die Meinung vertreten, dass der Staat verpflichtet ist, das, was er zerstört hat, auch wieder instand zu setzen. Ende der 1970er-Jahre traf ich erstmals auf Zustimmung. Zusammen mit Jesse Helms habe ich damals das Gesetz zur Bildung der Goldkommission verfasst, das wenige Tage vor Ablauf der Regierungszeit von Präsident Carter verabschiedet worden ist. Die Kommission wurde erst gebildet, nachdem Präsident Reagan das Amt angetreten hatte. Nur zwei der 17 Mitglieder, nämlich Lewis Lehrman und Arthus Costamagna, befürworteten Gold. Alle anderen waren dagegen: Politiker, *Fed*-Mitglieder sowie Beamte des Finanzministeriums.

Vorsitzender des Komitees war der damalige Finanzminister Donald Regan. Er führte bei unserem ersten Treffen am 16. Juli 1981 den Vorsitz.

Interessanterweise war das erste Treffen vertraulich: keine Medienvertreter, kein schriftliches Protokoll. Der Kolumnist Robert Novak und andere haben dafür gesorgt, dass der Plan, alle Treffen geheimzuhalten und keine Protokolle anzufertigen, öffentlich bekannt wurde, womit er für einigen Wirbel sorgte. Unter dem Druck der Öffentlichkeit sprach sich die überwältigende Mehrheit der Kommissionsmitglieder in einer Abstimmung für öffentliche Anhörungen aus.

Henry Reuss, der Vorsitzende des *House Banking Committee*, verließ einmal wutentbrannt ein Treffen der Kommission. Er konnte es nicht ertragen, auch nur eine Minute lang die Wichtigkeit von Gold zu erörtern. Bevor in den Vereinigten Staaten 1975 der Privatbesitz von Gold wieder erlaubt wurde, hatte Reuss vorausgesagt, falls es dazu käme, werde der Goldpreis auf fünf Dollar für die Feinunze fallen, die »Gold Bugs« sollten doch froh sein, dass die Regierung den Preis von 35 Dollar für die Feinunze stützte. Es war natürlich umgekehrt: Der künstlich niedrig gehaltene Goldpreis stützte den Wert des Dollars – zumindest für eine gewisse Zeit.

Zum Zeitpunkt unseres ersten Treffens hatte der Goldpreis die Marke von 800 Dollar für die Feinunze erreicht. Reuss' Gemütsverfassung war nicht die beste. Ein Teilnehmer hatte ihm einen Nachrichtenbrief überreicht, in dem für Gold plädiert wurde. Das hatte zu seinem Wutanfall geführt. Als er den Raum verließ, zerknüllte er den Nachrichtenbrief, riss ihn in Stücke und erging sich in einer Tirade gegen den Zweck der Kommission. Es bleibt festzuhalten: Es gab zwar in dem Komitee ohnehin nur wenig Sympathie für Gold, doch Reuss war derjenige, der der Vorstellung, Gold könnte an die Stelle der »Weisheit« des *Federal-Reserve*-Vorstands und der »weisen« Vorsitzenden des *Banking Committee* treten, am feindseligsten gesonnen war.

Damals glaubte niemand ernstlich, dass in absehbarer Zeit wieder ein bestimmtes Verhältnis zwischen dem Dollar und Gold etabliert würde, doch man machte sich allgemein große Sorgen über den Dollar, die Inflation und die äußerst schwache Wirtschaft. Die Besorgnis war groß, aber es war kein Vergleich zu heute, und das zu Recht.

1981 blickten wir erst auf zehn Jahre Erfahrung mit dem Fiat-Dollar-Reservestandard zurück. Heute sind es schon 38 Jahre, in denen sich die Ungleichgewichte stetig weiter aufgebaut haben. In gewisser Hinsicht waren die Anpassungen der 1970er-Jahre kurzfristig hilfreich. Man erkannte die Notwendigkeit zur Abwertung des Dollars. Schwankende Wechselkurse sorgten, so zerstörerisch sie auch waren, für einen »Markt«-Mechanismus, der verträglicher war als das Trugbild künstlich festgelegter Wechselkurse. Mit anderen Worten: Ein Schein-Marktmechanismus war hilfreich, ein äußerst brüchiges System zu stützen.

Ich kann mich noch lebhaft an einen Vorfall nach einer Sitzung der Goldkommission im Finanzministerium erinnern. Die Abgeordneten der Republikaner aus Houston hatten geplant, gemeinsam mit Präsident Reagan an einer Veranstaltung in Houston teilzunehmen. Wir sollten Reagan auf der *Andrews Air Force Base* treffen und von dort mit der *Air Force One* nach Houston fliegen. Da die Sitzung im Finanzministerium stattfand, das genau gegenüber dem Weißen Haus liegt, hatten meine Mitarbeiter arrangiert, dass ich zusammen mit Präsident Reagan mit der *Marine One* nach Andrews fliegen sollte. Auf diese Weise würde ich nichts von der Sitzung verpassen und trotzdem nach Houston zu dem Treffen der Republikaner reisen können.

Bei dem Hubschrauberflug nach Andrews kamen wir natürlich auf das Thema Gold zu sprechen. »Ron«, sagte der Präsident, »bisher ist noch keine große Nation, die den Goldstandard aufgegeben hat, eine große Nation geblieben.« Er hatte ein offenes Ohr für das Thema, genauso wie für viele libertäre konstitutionelle Ideen, doch unter dem Druck seiner Mitarbeiter ging er die meisten Fragen pragmatisch an.

Arthur Costamagna, Reagans Freund und Mitglied der Kommission, unterschrieb unsere abweichende Beurteilung mit einer kleinen Einschränkung. Lew Lehrman, der später für das Amt des Gouverneurs von New York kandidierte, hat ebenfalls unterschrieben. Daraufhin hatten meine Mitarbeiter und ich geplant, dem Präsidenten bei einem Termin ein Exemplar zu überreichen und bei der Gelegenheit ein paar Fotos zu machen. Das Treffen war ohne bestimmten Zweck arrangiert worden, ich wollte ihn aber nicht mit meinem Plan überraschen. Also erklärten wir bei einem erneuten Telefonat den Zweck des geplanten Treffens. Kurz danach rief mich ein Mitglied des Stabes des Weißen Hauses zurück mit der Erklärung, das Treffen sei abgesagt. Zur Übergabe des Exemplars und zu den Fotos kam es auch später nicht.

Ich bin mir sicher, dass Jim Baker und ganz besonders Don Regan das Treffen vereitelt haben. Don Regan hatte als Vorsitzender der Goldkommission verlangt, dass alle Sitzungen geheim und ohne schriftliches Protokoll abgehalten wurden. Der erste Bericht wurde am 31. März 1982 zu den Akten genommen.

So funktioniert das politische System im Wesentlichen. Wenn der Mitarbeiterstab der Philosophie des Amtsinhabers nicht völlig loyal gegenübersteht, kann er jedes Fortkommen blockieren. Letztendlich liegt es aber natürlich in der Verantwortung des Amtsinhabers, die richtigen Leute für seinen Stab auszuwählen.

Dass der Dollar die 1970er-Jahre überlebte, gab ihm eine Gnadenfrist und bereitete den Boden dafür, dass sich in den nächsten 27 Jahren eine riesige Finanzblase entwickeln konnte, die uns in unsere heutige Lage gebracht hat. Hätten wir uns dank der Goldkommission 1981 besonnen, dann hätten sich die Probleme und Gefahren, mit denen wir heute konfrontiert sind, vermeiden lassen.

In seiner Aussage vor der Kommission vertrat Murray Rothbard den Standpunkt, nicht der Goldstandard habe zu der Depression der 1930er-Jahre geführt, sondern vielmehr dessen Missbrauch. Am Ende seiner Ausführungen betonte er, wenn Gold je wieder als Standard eingeführt würde, dann müsse es ein Goldmünzenstandard sein, bei dem die Bürger das Recht haben, ihr Papiergeld in Goldmünzen umzutauschen.

Auch Alan Greenspan hat damals ausgesagt. Seine Erklärung war ganz ordentlich, er verlangte zwar keinen Goldstandard, setzte sich aber dafür ein, als entsprechende Interimslösung goldgestützte Schatzobligationen auszugeben. 1981 trat er schon nicht mehr so klar für den Goldstandard ein wie in den 1960er-Jahren, stand ihm aber auch noch nicht so ablehnend gegenüber wie später.

Auch Hans Sennholz legte der Goldkommission eine Erklärung vor. Er war natürlich ein vehementer Unterstützer des Goldstandards, war aber einsichtig genug, sich keine Hoffnungen auf eine baldige Einführung zu machen. Er sagte damals: »Sie geben sich Tagträumereien hin, wenn sie eine baldige Rückkehr (zum Goldstandard) erwarten. Die Kräfte, die das ungedeckte Papiergeld stützen, sind viel zu stark und die öffentliche Unterstützung für das *Deficit Spending* viel zu groß, als dass man in absehbarer Zukunft eine Währungsreform erwarten könnte.«

War die Unterstützung für das *Deficit Spending* 1981 schon groß, dann brauchen wir uns nur anzusehen, wie viel Druck heute auf uns ausgeübt wird, Geld auszugeben, das wir gar nicht haben. Es wird noch eine Zeit dauern, bis man sich ernsthaft über eine Währungsreform im Rahmen einer Restrukturierung des Weltfinanzsystems Gedanken machen wird. Aber der Tag naht, und zwar schnell, an dem wir uns mit dieser Frage beschäftigen, nicht weil wir es wollen, sondern weil wir es müssen.

Unter der gegenwärtigen Regierung wird es keine neue Goldkommission und keine offene Diskussion über den Einsatz von Gold als Geld geben. Hinter den Kulissen werden die *Fed* und andere Eliten ein neues System planen, das international angelegt und »fiat« [ungedeckt] sein wird. Angesichts der anstehenden Aufgaben wird das kein Spaziergang.

Die Länder mit der größten finanziellen und militärischen Macht werden dabei, wie die USA seit Ende des Zweiten Weltkriegs, den größten Einfluss haben. Unsere Militärmacht ist noch immer allen überlegen. Auch wirtschaftlich liegen wir noch an erster Stelle, aber es zeichnet sich bereits ab, dass das nicht mehr lange so sein wird. Ohne wirtschaftliche Stärke und eine starke Währung wird auch die militärische Macht schwinden. Wir werden zwar keine zweite Goldkommission erleben – eine, die ernsthafter ist als die erste –, aber es wird eine harte Auseinandersetzung zwischen den Befürwortern ungedeckten Geldes und denen des durch Waren gedeckten Geldes geben; die siegreiche Seite wird über unser wirtschaftliches Schicksal entscheiden – und damit darüber, in welcher Art Gesellschaft wir in Zukunft leben.

Paul Volcker wurde in den 1970er-Jahren gerufen, die Inflation einzudämmen und das Vertrauen in den Dollar wiederherzustellen, was ihm zum großen Teil auch gelang. 1982, als die *Fed* den Geldhahn wieder aufdrehte, sind wir zu den Konjunkturzyklen zurückgekehrt. In mancher Hinsicht hat das geschickte Vorgehen der *Fed* bei der Aufsicht über die notwendigen Korrekturen ein falsches Gefühl von Sicherheit erzeugt. Viele hielten allmählich Greenspan für einen großen Maestro der Wirtschaft; sein Ansehen stieg bei Republikanern und Demokraten gleichermaßen.

Viele, darunter auch Greenspan, haben geglaubt, uns stehe ein neues wirtschaftliches Paradigma ins Haus. Lange ist man davon ausgegangen, ein wirtschaftlicher Abschwung ließe sich durch eine weise Geldpolitik verhindern. Aber ihre »weise Geldpolitik« hatte nichts mit solidem Geld oder mit marktbestimmten Zinssätzen und Krediten zu tun. Die Wirtschaftsplaner glaubten buchstäblich, man werde nie einen Preis dafür zahlen müssen, dass man eine Währung inflationiert, Zinssätze manipuliert und Schulden monetisiert. In Wirklichkeit hat dieses »Geschick« beim Wirtschaftsmanagement nur die unausweichlichen Folgen hinausgeschoben und dafür gesorgt, dass sie noch viel schlimmer sein werden.

Zum Besten, was die Goldkommission zuwege gebracht hat, gehört unser Minderheits-Bericht, der noch heute im Druck vorliegt.[35] Nur drei Mitglieder der Goldkommission haben ihn unterzeichnet, aber das gesamte Komitee hat dem Kongress vorgeschlagen, eine Goldmünze prägen zu lassen. Da den Amerikanern der Besitz von Gold wieder erlaubt war, stellte dies ein Zugeständnis an die Gold-Unterstützer im Lande dar. Darüber hinaus sollte das Monopol des südafrikanischen *Krügerrand*, der in den Vereinigten Staaten verkauft wurde, gebrochen werden.

Ich habe mich für eine Goldmünze ohne gesetzlich festgelegten Dollar-Gegenwert ausgesprochen. Ich wollte, dass die Menschen über Geld als Gewicht nachdachten. Letztendlich ist es mein Ziel, dass die Zahlungsmittelgesetze aufgehoben werden. Es macht nichts, dass ich bei dieser Auseinandersetzung unterlegen bin, denn viele testen jetzt gerade den Status dieser Münze als gesetzliches Zahlungsmittel und bringen sie zum Nennwert in Umlauf.

Als das Gesetz über diese Münze 1985 schließlich verabschiedet wurde – ein Ergebnis unserer Anstrengungen in der Goldkommission –, saß ich nicht mehr im Kongress. Ich hatte das Gesetz ursprünglich eingebracht, war aber Ende 1984 aus dem Kongress ausgeschieden. Später gab es noch ein gesondertes Gesetz für die Prägung des *Silver Eagle*.

Das Gesetz genehmigte die Prägung von Goldmünzen in vier Größen: eine Unze, eine halbe Unze, eine Viertelunze und eine Zehntelunze. Die 1-Unze-Münze war gesetzliches Zahlungsmittel für 50 Dollar, die halbe Unze für 25 Dollar, die Viertelunze für 10 Dollar und die Zehntelunze für 5 Dollar. Rechnen Sie ruhig ein bisschen nach und sie werden feststellen, dass die Viertelunze- oder 10-Dollar-Münze keinen Sinn ergab. Diejenigen, die damals das Gesetz endgültig verabschiedet haben, wollten, dass es verwirrend war. Dass die 1-Unze-Silbermünze zum gesetzlichen Zahlungsmittel für einen Dollar gemacht wurde, erschwerte das Problem, einen Dollar im Vergleich zu einer *Federal-Reserve*-Note, zu einem alten Silberdollar oder einem *Double Eagle* zu definieren.

Dass die Münzen zum gesetzlichen Zahlungsmittel gemacht wurden, war lächerlich und unsinnig und geschah nur, um zu gewährleisten, dass niemand daran dachte, Schulden über 50 Dollar mit einer Unze Gold oder mit Silberdollars zu begleichen.

Ich war immer davon ausgegangen, dass die Steuerbehörde IRS bei der Steuerzahlung die neuen Münzen niemals zum Nennwert akzeptieren würde. Aber einige einfallsreiche und unerschrockene Konstitutionalisten haben dieses Gesetz in Las Vegas herausgefordert, indem sie ihre Angestellten in Gold- und Silbermünzen bezahlten und die Steuern entsprechend niedriger angaben. Erwartungsgemäß wurde gerichtlich dagegen vorgegangen, und die prozessführende Partei »gewann« auf wundersame Weise, weil die Geschworenen zu keiner Einigung kamen. Die Unsinnigkeit unserer Zahlungsmittelgesetze und die Unmöglichkeit, einen »Dollar« zu definieren, brachte die Geschworenen zu der Überzeugung, dass die Beklagten keinen Betrug begangen hatten; der Fehler läge darin, dass das Gesetz nicht eindeutig sei.

In dieser Sache ist das letzte Wort noch nicht gesprochen. Ich bin hocherfreut, dass diese Auseinandersetzung geführt wird, jeder positive Präzedenzfall kann hilfreich sein, wenn es zu einem Zusammenbruch der Wirtschaft kommt und viele andere genauso vorgehen. Aber wie schon im Bürgerkrieg und in den 1930er-Jahren urteilen Gerichte, wenn es hart auf hart geht, in Geldfragen immer zugunsten der Tyrannen. Ich wette, dass die Regierung den Einsatz der neuen Gold- und Silberbarrenmünzen nicht zulassen wird, zumindest nicht, bevor die Revolution gegen die *Fed* verwirklicht wird.

## Sechstes Kapitel

# Gespräche mit Greenspan

Im Laufe der Jahre hatte ich viele interessante Begegnungen mit den Vorsitzenden der *Federal Reserve*, die meisten davon mit Alan Greenspan. Er hat mich am meisten fasziniert, weil ich schon zu Beginn meiner Laufbahn darauf gestoßen war, dass er den Goldstandard unterstützt und sich verächtlich über die *Federal Reserve* und das Papiergeld geäußert hatte.

Ich war in den 1960er-Jahren Abonnent der objektivistischen Zeitschrift von Ayn Rand und hatte dort 1966 Greenspans Aufsatz *Gold and Economic Freedom [Gold und wirtschaftliche Freiheit]* eingehend studiert.[36] Ich habe ihm später auch gesagt, er habe mich sehr positiv beeindruckt – dieses eine Mal. Ihm war immer völlig klar, aus welcher Ecke ich kam, und manches Mal sprach er über den Goldstandard, auch wenn ich in meiner Frage Gold gar nicht ausdrücklich erwähnt hatte. Er war zwar häufig ungehalten über meine Fragen, was sich im Laufe der Jahre noch steigerte, aber er zeigte sich dabei nie so verärgert oder gar entsetzt wie heutzutage Ben Bernanke.

Auf eine meiner Fragen hat Greenspan einmal geantwortet, die Zentralbanker wären inzwischen klug genug, alle Vorteile des Goldstandards zu erzielen, ohne jedoch dessen Beschränkungen in Kauf nehmen zu müssen. Nun sind aber gerade die Beschränkungen so wertvoll, sie machen den Goldstandard für eine freie Gesellschaft a unverzichtbar. Diesen Gedanken hat er in seinem geradezu historisch zu nennenden Aufsatz *Gold und wirtschaftliche Freiheit* so brillant zum Ausdruck gebracht:

*»Ohne Goldstandard gibt es keine Möglichkeit, Ersparnisse vor der Enteignung durch Inflation zu schützen. Es gibt kein Mittel, einen Wert sicher aufzubewahren. Wenn doch, müsste die Regierung ihren Besitz für illegal erklären, wie es ja im Falle von Gold auch geschehen ist. Wenn beispielsweise alle beschließen würden, ihre sämtlichen Bankguthaben in Silber, Kupfer oder eine andere Ware umzutauschen und sich danach weigern würden, Schecks als Zahlung für Waren anzunehmen, verlören Bankguthaben ihre Kaufkraft und ein staatlich garantierter Bankkredit*

*wäre als Anspruch auf Waren nichts mehr wert. Die Finanzpolitik des Wohlfahrtsstaats macht es erforderlich, den Eigentümern die Möglichkeit zu nehmen, ihr Vermögen zu schützen.*

*Dies ist das schäbige Geheimnis hinter der Verteufelung des Goldes durch die Verfechter des Wohlfahrtsstaats. Deficit Spending ist nichts anderes als ein Mechanismus zur Enteignung von Vermögen. Gold steht diesem heimtückischen Prozess im Wege. Es schützt Eigentumsrechte. Wer das einmal verstanden hat, der kann auch verstehen, warum die Verfechter des Etatismus gegen den Goldstandard sind.«*

Nach seiner eigenen Logik ist Greenspan später einfach zum Etatisten geworden.

Bei einer Anhörung habe ich Greenspan nach seinen Ansichten über die Arbeit von Mises' und der Österreichischen Wirtschaftsschule gefragt. Hier das Protokoll vom 25. Juni 2000:

**Ron Paul:** *Im Prinzip ist es, wie ich die österreichische Erklärung des Konjunkturzyklus im freien Markt verstehe, doch so: Wenn wir uns erst einmal auf eine Inflation einlassen, also neues Geld erzeugen, dann verzerren wir die Zinssätze und verleiten die Menschen dazu, Dummheiten anzustellen. Sie investieren zu viel, es kommt zu Fehlinvestitionen, Überkapazitäten entstehen. Es muss also eine Korrektur geben. Die vielen guten oder sehr bekannten Vertreter der Österreichischen Schule – von Mises, von Hayek, Rothbard und auch Henry Hazlitt sind Ihnen ja sicherlich bekannt – haben darüber geschrieben und haben durchweg zutreffende Prognosen gestellt. Deshalb fand ich ihre Schriften sehr anziehend, zumal von Mises besonders klar verstanden hat, dass das Sowjetsystem nicht funktionieren würde.*

*In den 1920er-Jahren hat die österreichische Wirtschaftspolitik erklärt, was sich voraussichtlich in den 1930er-Jahren entwickeln würde. Keiner der österreichischen Wirtschaftswissenschaftler war darüber überrascht, dass 1989 die Blase in Japan platzte – und nebenbei bemerkt: Japan hatte Überschüsse. Die beste Vorhersage der österreichischen Wirtschaftswissenschaftler betraf natürlich den Zusammenbruch von Bretton Woods, und das hat uns gewiss viel darüber gesagt, was wir in den 1970er-Jahren zu erwarten hatten.*

*Doch die große Sorge dieser Denkschule wäre sicherlich, dass wir noch immer inflationieren. Von 1995 bis 1999 ist unsere Geldmenge M3 um*

*41 Prozent gewachsen. Sie ist in dieser Zeit doppelt so stark gestiegen wie das Bruttoinlandsprodukt, was zu der heutigen Lage beigetragen hat. Wir haben Nutzen daraus gezogen, dass wir über die Weltreservewährung verfügen, denn das ermöglicht es uns, die Blase, d. h. die Finanzblase, aufrechtzuerhalten. Wegen unseres riesigen Leistungsbilanzdefizits borgen wir uns heute über eine Milliarde Dollar pro Tag, um damit unseren Wohlstand zu finanzieren. Die meisten Ökonomen, ob von der Österreichischen Schule oder nicht, würden zustimmen, dass dies unhaltbar ist und dass etwas geschehen muss.*

*Ich habe noch vor Kurzem eine Statistik gesehen, die zeigte, dass die Gesamt-Kreditvergabe durch die Banken außerhalb des Bereichs der von der Fed kontrollierten täglichen Aktivitäten mit einer Rate von 22 Prozent ansteigt. Wir sind gegenwärtig der größte Schuldner der Welt. Unsere Auslandsverschuldung beträgt 1,5 Billionen Dollar, das entspricht 20 Prozent des Bruttoinlandsprodukts. Diese Statistik bereitet vielen Ökonomen Sorgen, weil sie ein Anzeichen dafür ist, was da auf uns zukommt.*

*Angesichts dessen ist meine Frage die: Wo machen die österreichischen Wirtschaftswissenschaftler denn etwas falsch? Und wo kritisieren Sie sie und sagen, wir stimmen mit ihren Aussagen nicht überein?*

*Meine zweite Frage betrifft die Produktivität. Es gibt verschiedene Gruppen, die unsere Statistiken als ungenau bezeichnen. Estavao und Lach behaupten – das wurde in der Broschüre aus St. Louis abgedruckt –, die Darstellung sei verzerrt, weil die Zeitarbeitskräfte nicht berücksichtigt würden. Laut Stephen Roach von Morgan Stanley rechnen wir die Überstunden nicht mit ein. Robert Gordon von der Northwestern University sagt, der Produktivitätszuwachs betreffe zu 99 Prozent die Computerindustrie, hätte also mit der Gesamtwirtschaft nur wenig zu tun, deshalb sollten wir uns nicht voreilig darauf verlassen, dass uns der Produktivitätsanstieg vor zukünftigen, möglicherweise schwerwiegenden Korrekturen schützen werde.*

**Alan Greenspan:** *Nun, ich würde liebend gern mit Ihnen eine lange akademische Diskussion über die Österreichische Wirtschaftsschule und deren Bedeutung in Hinblick auf unsere moderne Sicht der Wirtschaft führen – schließlich habe ich ein Seminar bei Ludwig von Mises besucht, als er wahrscheinlich schon 90 Jahre alt und ich noch ein Jüngling war. Ich war also mit seiner Lehre vertraut, und einiges davon ist auch heute noch richtig. Es steht außer Frage, dass sie in mancherlei Hinsicht in* *die allgemeine Betrachtungsweise der akademischen Lehre eingeflossen ist, Sie finden einen ansehnlichen Teil der Arbeiten der Österreichischen Schule in den akademischen Materialien, die in den verschiedenen Fachzeitschriften veröffentlicht werden, obwohl sie nur selten, wenn überhaupt, als solche kenntlich gemacht werden.*

*Wir haben es in den Vereinigten Staaten und in der übrigen Welt mit einer ungewöhnlichen Wirtschaft zu tun. Wir sehen, dass sich über Generationen hinweg die zugrunde liegenden Kräfte, die zu wirtschaftlicher Veränderung führen, selbst dauernd ändern, anscheinend bleibt nur die menschliche Natur während des gesamten Prozesses konstant. Ich glaube, man kann mit Fug und Recht behaupten, dass die Ökonomen im Allgemeinen sehr bemüht sind, zu verstehen, welche besondere Struktur dafür verantwortlich ist, in welche Richtung sich die Wirtschaft in nächster Zukunft voraussichtlich entwickeln wird, und ich wage zu behaupten, dass sich diese Sicht von einem Jahrzehnt zum nächsten ständig verändert. In den 1960er-Jahren hatten wir bestimmte Ansichten über die Inflation, tatsächlich hielten wir ein wenig Inflation für durchaus wünschenswert. Dieser Meinung sind wir heute nicht mehr, zumindest die überwiegende Mehrheit nicht.*

*Die allgemeinen Elemente, die zur Stabilität in einer Marktwirtschaft beitragen, verändern sich von einer Periode zur anderen, wobei wir beobachten können, dass sich bestimmte Hypothesen über die Funktionsweise des Systems einfach nicht mit der Realität vereinbaren lassen. Insgesamt kann ich also sagen, dass, nun ja, die langen Tentakel der Österreichischen Schule zu der Zeit, als die meisten ihrer Vertreter aktiv waren, weit in die Zukunft gereicht haben und einen wichtigen, meiner Einschätzung nach wahrscheinlich auch nicht mehr rückgängig zu machenden Einfluss auf das Denken der meisten Mainstream-Ökonomen in unserem Land gehabt haben.*

**Ron Paul:** *Sie haben keine Zeit, meine Frage nach der Produktivität zu beantworten, aber irgendwie hoffe ich, Sie würden sagen: Kümmert euch nicht um die österreichischen Wirtschaftswissenschaftler, denn wenn wir uns zu viel damit beschäftigen und ihre damals gemachten Voraussagen sich als richtig erwiesen, dann sollten wir uns vielleicht Sorgen machen, und ich möchte, dass Sie mir versichern, sie hätten absolut unrecht.*

**Alan Greenspan:** *Ich möchte unterscheiden zwischen den Analysen darüber, wie die Wirtschaft funktioniert, und den Vorhersagen, die aufgrund dieser Analysen gemacht werden. Das Bemerkenswerte beim Verhalten der*

*Volkswirtschaften ist ja gerade, dass es selten den Vorhersagen entspricht, so sehr man dies auch hoffen möchte. Ich weiß, dass es große Auseinandersetzungen über die Frage der Produktivitätsdaten gibt. Ich möchte nicht darauf eingehen, dann säßen wir nämlich am Ende des Monats noch hier. Nach meiner Sicht zeigt sich immer überzeugender, dass es in der Tat in diesem Land eine Veränderung in der Produktivität gegeben hat.*

Vor unseren zweimal jährlich stattfindenden Sitzungen hatten wir die Gelegenheit für ein gemeinsames Foto. Da der Termin feststand, hatte ich ein Exemplar der alten, ehemals grünen, doch inzwischen verblichenen objektivistischen Zeitschrift von 1966 mitgebracht. Während bei dem kurzen Treffen die Fotos gemacht wurden, habe ich ihm das Exemplar gezeigt und ihn gefragt, ob er sich noch daran erinnere, was er umgehend bejahte.

Ich schlug seinen Aufsatz *Gold and Economic Freedom* in der kleinen Broschüre auf; er kam meiner Bitte, ihn für mich zu signieren, sofort nach. Dabei fragte ich ihn, ob er hinzufügen wolle, er distanziere sich von dem, was er damals geschrieben habe. Ich staunte nicht schlecht, als er erwiderte, er hätte ihn erst kürzlich noch einmal gelesen und würde kein Wort darin verändern.

Bei einer Anhörung am 21. Juli 2004 kam es zu folgendem Dialog über die Blase auf dem Häusermarkt:

**Ron Paul:** *Da sich die Wirtschaft in den Jahren 2000 und 2001 abschwächte, wählte man eine aggressive Herangehensweise. Es wurde inflationiert und die Zinsen wurden auf den nie da gewesenen Satz von einem Prozent gesenkt. Aber siehe da, wenn wir zurückschauen, dann hat sich weder der produzierende Sektor erholt, noch sind die Ersparnisse wieder gestiegen, die Häuserblase wächst noch weiter, das Leistungsbilanzdefizit gerät immer mehr aus dem Gleichgewicht, genauso wie unsere Auslandsverschuldung zugenommen hat, die Verbraucherschulden wachsen ebenso wie die Staatsverschuldung.*

*So wie es aussieht, hat also das eine Prozent nicht viel ausgerichtet, außer dass es verhindert hat, dass die Blase deflationiert wird. Das ist gewiss ein einstweiliger Erfolg, aber wir haben damit das Unvermeidliche, nämlich das Leid und Elend, hinausgeschoben, zu dem es unweigerlich kommen wird, wenn sich die negativen Folgen einer längeren Inflationierungsperiode einstellen.*

*Deshalb lautet meine Frage an Sie: Für wie einzigartig halten Sie die Zeit, in der wir leben, und Ihre Arbeit? Mich überrascht es nicht, dass die einen meinen, Sie erhöhten die Steuern zu früh, und die anderen, Sie erhöhten sie zu spät. Aber da ungedecktes Papiergeld im Laufe der Geschichte nie über längere Zeiträume Bestand gehabt hat, kann es da sein, dass die Fülle der Aufgaben, vor der Sie heute stehen, etwas historisch Bedeutsames darstellt, möglicherweise den Anfang vom Ende des Papiergeldsystems, das vor 33 Jahren an die Stelle von Bretton Woods getreten ist? Und da es keinen Beweis dafür gibt, dass Papiergeld langfristig funktioniert, könnten Sie sich vorstellen, dazu zu sagen: »Wir werden uns mit der Frage der allgemeinen Geld- und Währungspolitik nicht nur im Inland, sondern international beschäftigen müssen, um wieder reales Wachstum zu erhalten«?*

**Alan Greenspan:** *Nun, Herr Abgeordneter, Sie sprechen die eher grundsätzliche Frage eines Warenstandards oder eines anderen Standards an. Sie wissen so gut wie ich, dass über diese Frage seit geraumer Zeit debattiert wird.*

*Wenn man zu dem Schluss kommt, dass ein Warenstandard wie der Goldstandard aus welchen Gründen auch immer für eine Gesellschaft nicht geeignet ist, und man entscheidet sich für eine Papierwährung, dann stellt sich automatisch die Frage: Ohne dass der Staat bestrebt ist, die Geldmenge festzulegen, ist es sehr schwierig zu schaffen, was der Goldstandard geschafft hat. Ich glaube, Sie werden – ich habe Ihnen gegenüber bereits darauf hingewiesen – zu der Erkenntnis kommen, dass die Zentralbanken in dieser Zeit des Papiergeldes deshalb Erfolg haben, weil wir das nachbilden, wozu es unter einem allgemeinen Warenstandard gekommen wäre.*

*Ich habe in der Vergangenheit gesagt und habe immer geglaubt, Papierwährungen seien ihrer Natur nach inflationär. Ich war erstaunt, zu sehen, wie Japan seit Anfang der 1990er-Jahre gezeigt hat, dass dieses Prinzip nicht allgemeingültig sein muss. Und mir wird inzwischen klar: Da wir in der Tendenz manches von dem, was ein Warenstandard bewirken würde, ebenfalls schaffen, wird es nicht zu dem langfristigen inflationären Effekt des Papiergeldes kommen. Ich kann Ihnen sagen, ich bin darüber überrascht. Aber so ist es, nach meiner besten Einschätzung.*

Am 11. Februar 2004 habe ich Greenspans Macht ganz direkt infrage gestellt:

**Ron Paul:** *Friedrich von Hayek betonte gern, dass die Planwirtschaft bedroht wäre, weil sie auf vorgespiegelter Erkenntnis basierte. Die Wirtschaftsplaner wüssten so manches nicht; er wäre mit mir einer Meinung, dass wir, Sie, der Kongress und ich, nicht wüssten, wie hoch die* Overnight Rates\* *sein sollten, trotzdem lehnten wir den Markt ab. Aber er gehört zum System. Und ich verstehe das. Aber ist Ihnen noch nie der Gedanke gekommen, dass diejenigen, die die Geldpolitik kontrollieren, vielleicht zu viel Macht haben, nämlich die Macht, Finanzblasen entstehen zu lassen, die Macht, die Blase zu verursachen, die Macht, den Wert des Aktienmarkts innerhalb weniger Minuten zu verändern? Für mich ist das eine bedrohliche Macht, sie stellt das gesamte Konzept unserer Freiheit und des stabilen Geldes infrage.*

**Alan Greenspan:** *Herr Abgeordneter, wie ich Ihnen schon früher gesagt habe, Sie spielen auf das Problem der Umstellung von einem Warenstandard auf Papiergeld an. Wir sind rechtlich zu einem Papiergeldstandard übergegangen, und infolgedessen ist es unausweichlich, dass die Institution, die die Geldmenge herstellt, dadurch unverhältnismäßig viel Macht erhält. Das ist einer der Gründe, weshalb ich darauf hingewiesen habe, dass wir – auch weil wir nicht gewählte Beamte sind – so transparent vorgehen müssen wie nur möglich und nicht vergessen dürfen, dass wir den Wählern und dem Kongress Rechenschaft schuldig sind. Unsere ganze Macht wird uns von Ihnen verliehen. Ohne die Zustimmung oder auch nur Billigung des Kongresses der Vereinigten Staaten können wir gar nichts tun. Wir sind uns dessen bewusst, nicht zuletzt stehe ich heute hier, um Ihnen zu vermitteln, warum wir tun, was wir tun. Das werde ich auch weiterhin so halten, und ich bin mir sicher, dass sich auch alle meine Kollegen der Verantwortung bewusst sind, die uns der Kongress übertragen hat. Ich vertraue darauf, dass wir die Prinzipien der Verfassung der Vereinigten Staaten umso mehr achten, als man es ohnehin tun sollte.*

Greenspan hatte am 20. Juli 2005 seinen letzten Auftritt vor dem *Financial Services Committee*. Bei dieser Gelegenheit bedrängte ich ihn hart mit meiner Frage, unter welchen Umständen er sich veranlasst sehen könnte, seine Haltung über die Nutzung von Gold im Geldsystem zu überdenken. In der Einleitung zu meiner Frage verwies ich darauf, dass die Zentralbanken immer noch Gold besitzen, offenbar, weil sie der Ansicht sind, es diene einem monetären Zweck. Sie besitzen keine anderen Waren, und trotz der Goldverkäufe der letzten Jahre besitzen

---

\* *kurzfristiger Zinssatz am Interbankenmarkt oder auch Zinssatz für Tagesgelder*

der Internationale Währungsfonds und die Zentralbanken immer noch genug davon.

**Ron Paul:** *Selbst Sie haben in den 1960er-Jahren das Papiersystem als ein System der Enteignung von Reichtum beschrieben. ... Ist es nicht so, dass das Papiersystem, mit dem wir gegenwärtig arbeiten, tatsächlich einen Plan darstellt, uns unserer Schulden zu entledigen? Und ist es deshalb nicht auch so, dass genau aus diesem Grund – irgendwann einmal – niemand mehr* Treasury Bills [kurzfristige Schatzwechsel] *kaufen will, weil man später Dollars zurückerhält, die weniger wert sind? ...*

*Verbunden mit dieser Frage möchte ich noch etwas fragen, das direkt mit Gold zu tun hat. ... Wenn Papiergeld – heute scheint es zwar ganz gut zu funktionieren – aber wenn das Papiergeldsystem nicht funktioniert, wann wird das der Fall sein? Wie werden wir erkennen, dass wir Gold in Erwägung ziehen sollten?*

**Alan Greenspan:** *Nun, Sie sagen, die Zentralbanken besäßen Gold – oder Währungsbehörden besäßen Gold. Die Vereinigten Staaten besitzen sehr viel Gold. Und man muss sich fragen: Warum haben wir Gold? Die Antwort ist im Wesentlichen und implizit das, was Sie bereits angesprochen haben – dass nämlich im Verlauf der Generationen, als das Papiergeld aufkam und tatsächlich in den 1970er-Jahren die Art von Problemen – die Sie meiner Meinung nach richtig beschrieben haben – geschaffen hat, obwohl dabei impliziert war, es hätte eine Absprache oder Verschwörung gegeben, was es viel bewusster erscheinen lässt, als es meiner Erinnerung nach war. Die grundsätzlichen Probleme sind eher aus Unachtsamkeit entstanden.*

*Aber wie ich an dieser Stelle bereits auf ähnliche Fragen geantwortet habe, wurde den Zentralbankern Ende der 1970er-Jahre allmählich klar, welch schädlicher Faktor die Inflation war. Und tatsächlich haben sich die Zentralbanker seit den 1970er-Jahren durchweg so verhalten, als hätten wir einen Goldstandard. Tatsächlich ist die infolge der verschiedenen Anstrengungen seitens der Währungsbehörden erzielte Liquiditätskontraktion ein klares Anzeichen dafür, dass wir uns darüber im Klaren sind, dass ein Übermaß an Krediten und Liquidität zur Inflation führt, die wiederum das Wirtschaftswachstum untergräbt. Die Frage ist also: Wäre es zum gegenwärtigen Zeitpunkt von Vorteil, zum Goldstandard zurückzukehren? Und die Antwort lautet: Ich glaube nicht, denn wir verhalten uns ja so, als gäbe es ihn. Wäre es, wie Sie sagen, 1971 zumindest eine offene Frage gewesen? Die Antwort ist: ja. Vergessen Sie nicht, der Goldpreis lag bei 800 Dollar pro Feinunze. Wir hatten es mit ungewöhnlichen Ungleichgewichten zu tun, die Zinsen gingen steil nach oben, das ganze System wirkte äußerst instabil, wir mussten etwas tun – und wir haben etwas getan. Wie Sie sich sicher erinnern, hat Paul Volcker 1979 sein Amt angetreten und die Kreditausweitung drastisch eingeschränkt. Das hatte viele Folgen, von denen wir bis heute profitieren.*

*Ich denke, oder besser: ich glaube, im Zentralbankwesen ist man sich der Gefahren des ungedeckten Papiergeldes bewusst, und ich bin der Meinung, wir haben uns infolgedessen so verhalten, als beruhe dieses System tatsächlich auf realen Reserven.*

Anscheinend braucht Greenspan also eine hohe Inflation der Verbraucher- und Erzeugerpreise, um Gold überhaupt in Erwägung zu ziehen. Ich glaube, dass viele Zentralbanken und der IWF vorerst am Gold festhalten werden. Wir erleben, dass die westlichen Banken, die Länder, die über ihre Verhältnisse gelebt haben, nun Gold verkaufen, während die mehr wachstumsorientierten Länder im Osten Gold kaufen.

Wenn er behauptet, die Zentralbanker verhielten sich so, als gäbe es einen Goldstandard, so lehrt die Erfahrung aus den 1990er-Jahren etwas anderes, und das Ergebnis ist die Katastrophe, die 2008 eingesetzt hat.

Greenspans Botschaft im Jahr 1966 lautete ganz anders als die Botschaft und die Politik in seiner Zeit als Vorsitzender des *Federal Reserve Board*. In einem privaten Gespräch räumte er ein, Murray Rothbard zu kennen, wollte aber kein Urteil über ihn abgeben. Möglicherweise hatte Rothbard Greenspan positiv beeinflusst, denn in der Zeit ihrer Bekanntschaft entstand der ausgezeichnete Artikel über Gold und Freiheit.

Irgendwie ist es erstaunlich. Nachdem er während seiner Amtszeit die Währung endlos bei jeder Korrektur und jeder politischen Krise inflationiert hatte, behauptete er nun, er sei sich der Gefahr, dass exzessiver Liquiditätskredit zur Inflation führe, bewusst. Jetzt, inmitten der möglicherweise größten Korrektur der Kreditschöpfung aller Zeiten, ist Greenspan nach wie vor nicht bereit zuzugeben, in welch bedeutendem Maße er zu der Krise beigetragen hat. Ich würde sagen, er hat niemals auch nur annähernd erreicht, was er behauptet hat – nämlich, dass Papier als Ersatz für Gold dienen könnte, vorausgesetzt, es wären weise Zentralbanker am Werk. Die Geschichte wird beweisen, dass dieses Ziel unmöglich zu erreichen ist; ein noch so ausgeklügelter Umgang mit ungedecktem Papiergeld kann eine Korrektur vielleicht hinausschieben, aber dadurch wird sich die Blase nur noch weiter aufblähen. Darum geht es ja bei der heutigen Krise.

Viele Libertäre haben die Theorie vertreten, Greenspan glaube noch immer, was er damals gesagt habe, und werde sich für solides Geld und Freiheit einsetzen, wenn die Umstände es erforderten. Ich habe nie an diese Möglichkeit geglaubt, und im Laufe der Zeit bin ich in der Überzeugung bestärkt worden, dass Greenspan von Pragmatismus getrieben war, einer philosophischen Haltung, die Ayn Rand so sehr gehasst hat. Am 24. Oktober 2008 stattete er dem *House Committee on Oversight and Reform* einen Besuch ab und wurde dabei als »verdienstvoller« ehemaliger Vorsitzender des *Federal Reserve Board* begrüßt.

Das war das letzte Wort über Greenspan.

Der größte Teil seiner Aussage war dem Versuch gewidmet, seinen Ruf zu schützen und sich für seine Mängel als Vorsitzender des *Federal Reserve Board* herauszureden. Seine Aussage war erbärmlich. Er erklärte, die Computerprogramme, die zur Vorausberechnung dieser Probleme verwendet worden waren, seien nicht gut genug gewesen. Seine einzige Erklärung für die massive Ausweitung der Verschuldung war, es habe eine große Nachfrage nach unseren Schuldverschreibungen gegeben, das sei nicht die Folge der Politik des *Federal Reserve Board*. Zur Krönung seiner Argumentation sagte er, er habe einen Fehler gemacht, tatsächlich sei der Markt nicht ausreichend kontrolliert. Mit anderen Worten: Man schaffe die Bedingungen für Fehlinvestitionen und gleiche diese durch mehr staatliche Regulierung aus. Gegen Ende der Anhörung kam ich zu dem Schluss: Alan Greenspan ist nicht John Galt.

Die Geschichte wird zeigen, dass Greenspan in seiner Zeit als *Fed*-Vorsitzender (1987–2006) die Saat für die Katastrophe gelegt hat, die 2007 und 2008 ausgebrochen ist. Eine Krankheit heilt man nicht dadurch, dass man noch mehr Keime heranschafft, die die Krankheit ausgelöst haben; genauso wenig kann die Inflation und Schuldenanhäufung der Obama-Jahre uns wieder aus der Lage hinaus-inflationieren. Die Depression wird sich womöglich sehr lange hinziehen. Falls sie jedoch mehr als ein Jahrzehnt währen sollte, kann man diese lange Dauer nicht Greenspan allein anlasten. Die Schuld dafür tragen dann das derzeitige *Federal Reserve Board*, der Kongress, der Präsident, das Finanzministerium, vor allem aber die keynesianische Wirtschaftspolitik, dieselbe Philosophie, die uns in den 1930er-Jahren die Große Depression beschert hat.

Der Wirtschaftsabschwung ist die notwendige Korrektur nach der Zeit des Scheinbooms, den die Politik des leichten Kredits und künstlich niedrig gehaltener Zinsen erzeugt hat. Wie lange er dauert, hängt davon ab, inwieweit sich der Staat bei der Liquidation von Schulden und Fehlinvestitionen, bei der Anpassung der Preise von Waren und Dienstleistungen oder der Festsetzung der Löhne einmischt. Man kann unmöglich von Politikern oder Bürokraten *keine* zentrale Wirtschaftsplanung erwarten, besonders wenn der Markt darum kämpft, all die Fehler zu korrigieren, die infolge der Politik des *Federal Reserve Board* begangen worden sind.

Siebtes Kapitel

# Gespräche mit Bernanke

Später kam es zu mehreren Auseinandersetzungen zwischen Ben Bernanke und mir. Das heißt, ich habe ihn bei den Sitzungen des *Financial Services Committee* jedes Mal in die Zange genommen, sodass ich zumindest mit Sicherheit sagen kann, dass er eine andere Sichtweise gehört hat. Er wurde am 1. Februar 2006 Vorsitzender der *Federal Reserve*. Am 20. Juli desselben Jahres habe ich ihn ausführlich über die Geheimniskrämerei des »Plunge Protection Team« – der *Working Group on Financial Markets* – befragt, dem der Finanzminister und die Vorsitzenden des *Federal Reserve Board*, der *Securities and Exchange Commission SEC* [US-Aufsichtsbehörde für Wertpapierbörsen] und der *Commodity Futures Trading Commission CFTC* angehören. Ich wollte von ihm wissen, warum es bestimmte Vorbehalte gegen wirtschaftliches Wachstum gab, und was die *Fed* im Falle einer Finanzkrise tun würde.

Der Wortwechsel ist im Protokoll wörtlich festgehalten:

**Ron Paul:** *Ich habe eine Frage zur* Working Group on Financial Markets. *Ich möchte mehr darüber wissen, und zwar über ihre Befugnisse und was sie eigentlich tut. Sie sind Mitglied dieser Gruppe, könnten Sie mir deshalb sagen, wie oft sie sich trifft und wie oft sie in Aktion tritt? Hat sie in jüngster Zeit etwas unternommen? Und versendet diese Gruppe bestimmte Berichte?*

**Ben Bernanke:** *Ja, Herr Abgeordneter. Die* Working Group *des Präsidenten ist, soweit ich weiß, 1987 nach dem Börsenkrach vom Präsidenten einberufen worden. Sie tritt in unregelmäßigen Abständen zusammen, ich würde sagen, etwa vier bis fünf Mal pro Jahr, ich bin da aber nicht ganz sicher. Sie übt vornehmlich beratende Funktion beim Erstellen von Berichten aus. Ich habe vorhin erwähnt, dass wir gebeten worden sind, einen Bericht über eine mögliche Versicherung gegen das Terrorismus-Risiko vorzubereiten. So sieht im Allgemeinen unsere Tätigkeit aus.*

**Ron Paul:** *In den Medien finden sich Artikel, wonach es sich um weit mehr handelt als um eine Beratergruppe, dass sie etwa im Fall eines Börsenkrachs über sehr weitgehende Vollmachten verfügt, dem Markt Beschrän-*

*kungen aufzuerlegen. Wir sprechen schließlich über viele Billionen Dollar, die zwischen den Finanzmärkten hin- und hergeschoben werden. Das betrifft das Finanzministerium und natürlich die Fed sowie die SEC und die CFTC. Da ist also so manches möglich.*

*Ich bin deshalb darauf aufmerksam geworden, weil kürzlich in einem Artikel der Vorwurf erhoben wurde, aus dieser Gruppe heraus sei eingegriffen worden, um die Preise für die* General-Motors-Aktien *zu beeinflussen. Haben Sie das gelesen, oder wissen Sie etwas darüber?*

**Ben Bernanke:** *Nein, mein Herr.*

**Ron Paul:** *Es wurde dort der Vorwurf erhoben, es gäbe ein Problem bei* General Motors, *und dann habe es einen Ausschlag bei den Preisen der GM-Aktien gegeben. Aber zurück zum Thema der Sitzung. Sie treffen sich also unregelmäßig, wie Sie sagen, aber wird dabei Protokoll geführt oder werden über diese Treffen Berichte erstellt?*

**Ben Bernanke:** *Ich glaube, der Mitarbeiterstab fertigt ein Protokoll an. Das sind hauptsächlich Mitarbeiter des Finanzministeriums, aber auch von anderen Dienststellen.*

**Ron Paul:** *Stehen die uns hier im Ausschuss zur Verfügung?*

**Ben Bernanke:** *Das weiß ich nicht. Tut mir leid, ich weiß es wirklich nicht.*

**Ron Paul:** *Meine andere Frage betrifft eine Bemerkung, die ein Mitglied des* Federal Reserve Board *kürzlich gemacht hat. Was er gesagt hat, hört man häufig. Er zeigte sich erleichtert darüber, dass sich die Wirtschaft abschwächte, weil dadurch angeblich die Inflation eingedämmt werden könne. Ich bekomme sehr oft solche Kommentare zu hören: Die Wirtschaft ist zu stark, deshalb brauchen wir eine schwächere Wirtschaft. Wenn diese Ansicht richtig ist – würden Sie dieser Ansicht zustimmen, dass eine schwächere Wirtschaft gut ist, wenn Sie eine Inflation fürchten?*

**Ben Bernanke:** *Herr Abgeordneter, ich habe in meiner Aussage davon gesprochen, dass wir ein nachhaltiges Tempo brauchen, das der zugrunde liegenden Produktionskapazität entspricht; es wird vielleicht etwas weniger stabil sein als in den letzten Jahren, aber in den letzten paar Jahren haben wir brachliegende Ressourcen wieder genutzt, und in der nächsten Zeit stehen uns solche Reserven nicht mehr zur Verfügung, die mobilisiert werden können.*

**Ron Paul:** *Aber wenn Sie dem Prinzip zustimmen, wie es aus dieser Antwort anklingt, dass man bei Sorgen über eine Inflation die Wirtschaft bremsen muss, was dann die Inflation bremsen würde, dann müsste man ja daraus folgern, die Inflation werde durch wirtschaftliches Wachstum hervorgerufen. Ich bin da nun einmal ganz anderer Meinung, denn für die meisten ist Inflation ein monetäres Phänomen. Es entsteht auch der Eindruck, Wachstum wäre schlecht, ich hingegen halte Wachstum für gut. Ob es drei, vier, fünf oder sechs sind, wenn es keine monetäre Inflation gibt, dann brauchen wir uns keine Sorgen zu machen, denn wenn es am Markt Wachstum gibt, dann führt dieses, im Gegensatz zu künstlichem Wachstum, zu einem Anstieg der Produktivität. Sie haben einen Produktivitätsanstieg, und das hilft, die Preise zu senken, weil es nichts mit Inflation zu tun hat.*

*Ich glaube, das, worüber ich hier spreche, hat vielleicht mit den Bedenken des Herrn aus Massachusetts über Reallöhne zu tun. Es gibt viele Fragen zum Thema Reallohn versus Nominallohn, aber für mich ist es charakteristisch für eine auf ungedecktem Papiergeld basierende Wirtschaft, dass es zum Wertverlust kommt und dass dies dann unweigerlich die Kürzung des Reallohns nach sich zieht. Tatsächlich hat Keynes dies befürwortet. Er hat verstanden, dass die Reallöhne bei einem Abschwung sinken müssten; er war überzeugt, dass man die Reallöhne durch Inflation senken könnte, wobei man den Nominallohn jedoch aufrechterhalten müsste. Auf diese Weise senkt man den Reallohn und betrügt die Arbeitnehmer. Aber in Wirklichkeit funktioniert das nicht, denn schließlich versteht der arbeitende Mensch, dass er dabei verliert, und verlangt eine Lohnanpassung.*

*Könnten Sie mir also helfen zu verstehen, warum in aller Welt wir etwas gegen wirtschaftliches Wachstum haben sollten? Warum können wir nicht einfach sagen, wirtschaftliches Wachstum ist gut und trägt zur Preissenkung bei, weil es die Produktivität erhöht?*

**Ben Bernanke:** *Herr Abgeordneter, ich stimme Ihnen zu. Wachstum führt nicht zur Inflation; Inflation entsteht durch monetäre oder finanzielle Bedingungen, die Anreize für Ausgaben bieten, die dann schneller wachsen, als die Wirtschaft zu produzieren fähig ist. Alles, was die Produktionsfähigkeit der Wirtschaft steigert, seien es höhere Produktivität, mehr Arbeitskräfte oder andere produktive Faktoren, kann nur gut sein. Es senkt die Inflation.*

**Ron Paul:** *Betrachten Sie die Defizite, die wir produzieren – und über die Sie Kontrolle haben – als Belastung für die Fed bei der Bewältigung ihrer monetärer Aufgaben und der Beibehaltung des Zinssatzes – zumal sie möglicherweise mit einem geringeren Anstieg der Geldmenge wird leben müssen?*

**Ben Bernanke:** *Nun, in unserer kurzfristigen Geldpolitik können wir uns an die Bedingungen unserer wie auch immer gearteten Fiskalpolitik anpassen. Ich glaube, dass fiskale Fragen wegen unserer langfristigen Verpflichtungen wie beispielsweise Versorgungsansprüche auf lange Sicht wichtiger sind. Bisher hat die Lage der Staatsfinanzen unserer kurzfristigen Geldpolitik nicht im Wege gestanden.*

Ich nahm an, dass Bernanke während dieses Wortwechsels ziemlich nervös war und sich deshalb in Fragen, über die er doch sehr gut informiert sein musste, so kurz angebunden zeigte. Er schien mir auch erstaunt darüber, sich öffentlich über solche technischen Fragen äußern zu müssen, und hatte Mühe, mehr als die üblichen Klischees über nachhaltiges Wachstum und Ähnliches von sich zu geben. Er kam zu genau dem Schluss, der von jemandem zu erwarten ist, der sich sein Leben lang der Geldmengenausweitung verschrieben hat: Wie schlecht die fiskale Lage auch immer werden mag, die *Fed* lässt sich durch nichts von ihrem Weg abbringen.

Es folgt ein Auszug aus einem Wortwechsel während einer Sitzung am 18. Juli 2007, bei der ich ihn zu warnen versuchte, die derzeitige Politik sei nicht aufrechtzuerhalten und eine Krise zeichne sich ab:

**Ron Paul:** *Ich halte es für paradox, dass die* Federal Reserve *zwar die vollständige Kontrolle über die Geldmenge ausübt, das Finanzministerium jedoch den Wert des Dollars schützen soll. Es scheint, dass auch Sie eine gewisse Verantwortung für den Wert des Dollars haben.*

*Ich habe eine Frage zum Bruttoinlandsprodukt. Im ersten Quartal hat sich das BIP bei uns nicht so besonders gut entwickelt. Es ist um weniger als ein Prozent [auf das Jahr berechnet] gewachsen. Das Bevölkerungswachstum liegt bei uns im Schnitt bei etwa 1,5 Prozent. Wenn wir also den gesamten Reichtum zur Bevölkerung ins Verhältnis setzen, dann haben wir tatsächlich negatives Wachstum. Könnte das nicht auch ein Grund dafür sein, dass sich einige ungleich behandelt fühlen und sich beklagen, weil es ihnen wirtschaftlich schlechter geht? Erklärt das nicht, warum wir uns Sorgen machen?*

**Ben Bernanke:** *Herr Abgeordneter, es war natürlich ein einzelnes Quartal und es gab eine Reihe von Faktoren, die dafür gesorgt haben, dass das Wachstum des BIP im ersten Quartal niedriger ausgefallen ist, darunter der Abbau überhöhter Lagerbestände (die ich zuvor erwähnt habe), ein Umschwung in unserer Handelsbilanz (ein vorübergehender Umschwung) und ein vorübergehender Rückgang der staatlichen Rüstungsausgaben. All dies hat sich jedoch jetzt wieder umgekehrt, sodass ich davon ausgehe, dass wir im zweiten Quartal eher drei Prozent Wachstum zu erwarten haben. Insgesamt werden wir im Verlauf des ersten Halbjahres eine gesündere Wachstumsrate erleben.*

**Ron Paul:** *Die Sparrate ist bei uns negativ. Wenn bei uns wirklicher Kapitalismus herrschte, wäre das ein sehr, sehr ernstes Problem, denn wir verfügen nicht über Ersparnisse und Kapital, das investiert werden könnte. Bei unserem heutigen Geldsystem greifen wir zu anderen Mitteln. Wir können Kredit und Geld aus dem Nichts erzeugen, die dann wie Kapital wirken und dem bestehenden Geld den Wert entziehen. Das tun wir schon seit Langem, deshalb kann der Prozess auch immer weiter ablaufen, aber es ist buchstäblich Inflation.*

*Wir können auch zu dem Mittel greifen, im Ausland Geld aufzunehmen, das können wir uns leisten, weil wir über die Weltreservewährung verfügen, die es uns erlaubt, unsere Inflation zu exportieren, wir fahren also gewissermaßen schwarz. Aber wie lange können wir die Welt zum Narren halten? Wie lange können wir mit einem Leistungsbilanzdefizit von sechs Prozent weitermachen, wenn unsere produktiven Arbeitsplätze ins Ausland verlagert werden? Und das wird uns, wie der Herr zuvor bezüglich der ins Ausland verlagerten Arbeitsplätze erwähnt hat, irgendwann einholen. Ist es vorstellbar, dass wir mit einer Kapitalbildung leben, bei der Geld und Kredit aus dem Nichts erzeugt wird? Wenn das so ist, wenn das wahr wäre, dann müssten wir alle nie mehr arbeiten. Es sieht aber doch so aus: Wir alle müssen arbeiten, sparen, investieren und diese Arbeitsplätze wieder zurückholen.*

*Aber ich betrachte so manches unserer Probleme als Folge eines Geldsystems, das uns vom Sparen abzubringen versucht und uns zum Schwarzfahren ermuntert, weil man noch immer Vertrauen in den Dollar setzt (obwohl es tagtäglich schwindet). Ich bin der Meinung, dass wir uns damit beschäftigen sollten, welche Folgen dies für uns haben kann.*

**Ben Bernanke:** *Zunächst einmal bezieht sich unsere bundesweite Sparrate sowohl auf die Ersparnisse des Unternehmenssektors als auch auf die der* *privaten Haushalte. Zählt man beide zusammen, erhält man einen positiven Wert, netto wird also in den Vereinigten Staaten gespart. Aber Sie haben vollkommen recht, Herr Abgeordneter, dass wir uns auch in ganz erheblichem Maße auf Kredite aus dem Ausland verlassen, daher unser gegenwärtiges Leistungsbilanzdefizit. Ich glaube, das lässt sich für eine Weile aufrechterhalten, denn im Ausland scheint man recht interessiert daran zu sein, amerikanische Vermögenswerte zu erwerben. Wir haben belastbare und liquide Finanzmärkte.*

*Ich stimme Ihnen aber auch darin zu, dass diese Lage langfristig nicht aufrechterhalten werden kann und dass wir uns bemühen müssen, dieses Leistungsbilanzdefizit mit der Zeit wieder zu senken. Bei meiner Antwort auf eine vorhergehende Frage bin ich darauf eingegangen, wie wichtig der Strukturwechsel ist: die Ersparnisse hier in den Vereinigten Staaten wieder zu erhöhen und uns mit unseren Handelspartnern wieder mehr um die inländische Nachfrage zu kümmern.*

**Ron Paul:** *Bei Ihrem Vortrag haben Sie davon gesprochen, Sie seien vornehmlich um die Inflation besorgt. Es ist gut zu wissen, dass Sie sich darum kümmern. Natürlich ist die Inflation, wie schon gesagt, ein monetäres Phänomen und wir müssen uns damit beschäftigen.*

*Krieg ist selten gesund für eine Währung und wenig dazu geeignet, die Preise oder zumindest die Inflation niedrig zu halten. In der Geschichte findet sich kaum ein Beispiel, wo der Krieg nicht zur Preisinflation geführt hat, denn selbst in der Antike haben die Länder zu dem Mittel gegriffen, Münzen zu entwerten, Werte zu verwässern oder Ähnliches. Man hat das Geld inflationiert, weil die Menschen im Allgemeinen nicht gern für den Krieg bezahlen. Trotzdem haben wir in den 1970er-Jahren die Folgen in Form von Kanonen und Butter erlebt. Und jetzt bekommen wir schon wieder Kanonen und Butter (d. h. die Folgen), und es sieht ganz danach aus, als würden wir noch einmal dasselbe erleben wie 1979–1980. Halten Sie es für möglich, dass wir erneut eine Dollarkrise wie 1979 und 1980 erleben werden?*

**Ben Bernanke:** *Die Federal Reserve setzt sich dafür ein, die Inflation niedrig und stabil zu halten, und ich bin sehr zuversichtlich, dass uns dies auch gelingen wird.*

**Ron Paul:** *Sie beantworten nicht die Frage, ob Sie ein Problem erwarten.*

**Ben Bernanke:** *Ich erwarte kein Problem wie in den Jahren 1979 und 1980.*

*Ron Paul: Ich nehme an, Sie drücken sich dabei selbst die Daumen. Okay, ich danke Ihnen.*

Anscheinend hat das Daumendrücken nichts genutzt. Bei dem beschriebenen Wortwechsel betont Bernanke mehrmals, er erwarte eine glänzende Zukunft mit einer wachsenden Wirtschaft, ohne erkennbare Probleme. Vergessen wir nicht: Die Anhörung findet zwei Wochen vor dem Zusammenbruch des Hedge Funds von *Bear Stearns* und ein Jahr vor dem allgemeinen Einbruch des amerikanischen Finanzsystems statt. Alle Probleme werden, so sagt er, über unsere liquiden Finanzmärkte gelöst. Warum überhaupt jemand heute seine Meinung ernst nimmt, ist mir ein Rätsel. Schließlich äußert er sich überzeugt davon, dass staatliche Ausgaben eine Quelle des Wachstums sind, ein Aberglaube der Keynesianer der alten Schule, wonach man die Menschen berauben, das Geraubte anderen geben und somit auf magische Weise Reichtum schaffen kann.

Am 8. November 2007 kam es zu einer erneuten Auseinandersetzung zwischen uns. Dieses Mal habe ich ihn ausdrücklich über die Blase am Häusermarkt befragt.

*Ron Paul: Die Probleme, mit denen wir es in diesem Land zu tun haben, und die Probleme, die sich für die* Federal Reserve *ergeben, könnte ich vielleicht so beschreiben: Wir sitzen in der Klemme, wir haben nämlich ein ernstes Problem. Wir reden nicht viel darüber, wie wir in diese Lage geraten sind, wir sprechen nur darüber, wie wir sie kurzfristig wieder kitten wollen.*

*Die Blase ist geplatzt. Wir haben gesehen, was los war, als die Nasdaq-Blase geplatzt ist. Wir fragen uns nicht, wie sie eigentlich geschaffen wurde.*

*Dann haben wir eine Blase auf dem Häusermarkt, die mal schrumpft und sich dann wieder aufbläht. Und doch fragt niemand, woher kommt sie eigentlich?*

*Und welchen Rat bekommt man allerorten? Das Geld müsse inflationiert werden. Natürlich heißt es nicht, inflationiert das Geld, oder entzieht dem Geld den Boden, entwertet das Geld, betrügt die Menschen. Es heißt: Senkt die Zinsen.*

*Aber sie fragen Sie nie und ich bekomme auch nicht allzu oft von Ihnen zu hören, dass man die Zinsen nur senken kann, wenn man mehr*

*Geld erzeugt. Man muss den Diskontsatz senken, und zwar großzügig, man muss die Reserven erhöhen, die Zinsen senken und den Zinssatz manipulieren – die* Overnight Rates.

*Das geht aber nur durch die Ausweitung der Geldmenge. Und das betrachte ich als das Problem, über das wir nicht reden wollen.*

Natürlich können wir zurzeit die Entwicklung der Geldmenge mit M3 nicht verfolgen, aber wir können eine Ihrer Statistiken verfolgen, nämlich die Geldmenge MZM – das sofort verfügbare Geld – und wir sehen, dass die Inflation blüht und gedeiht. Dieser Wert für die Geldmenge wächst auf das Jahr berechnet um etwa 20 Prozent.

*Und das bedeutet ganz einfach, dass der Dollar schwächer wird. Und alle sagen, nun, der Dollar ist [schwächer] – das ist doch toll. Schwächerer Dollar heißt steigende Exporte. Und das ist ein Trugschluss – für einen Monat vielleicht, oder zwei, aber es lädt zur Inflation ein.*

*Und wenn wir der Frage, was Inflation wirklich ist, nicht auf den Grund gehen und stattdessen nur die Preise betrachten – darüber haben die Wirtschaftswissenschaftler, die den freien Markt verteidigen, im 20. Jahrhundert stets gesprochen. Sie haben gesagt, Vorsicht: Sie werden die Geldmenge erhöhen, aber sie werden dafür sorgen, dass ihr euch auf die Preise konzentriert. Sie werden euch CPIs [Inflationsrate der Verbraucherpreise] und PPIs [Inflationsrate der Herstellerpreise] liefern und diese Werte zurechtpfuschen und über Lohn- und Preiskontrollen reden, die angeblich alle unsere Probleme lösen.*

*Wir lassen den grundsätzlichen Fehler außer Acht, dass wir nämlich nicht nur einen Subprime-Markt bei Häusern haben, sondern dass das gesamte Wirtschaftssystem subprime ist, und zwar in dem Sinne, dass wir künstlich niedrig gehaltene Zinssätze haben. Das ist nun kein Novum Ihrer Amtszeit, das gibt es seit mindestens zehn Jahren, und jetzt ernten wir die Früchte dieser Politik.*

*Also, ein Zinssatz,* Overnight Rates, *von einem Prozent, ist das etwa keine Verzerrung? Anstatt nur auf diese – die Verbraucherpreise zu starren, die ohnehin niemand in diesem Land glaubt, sollten wir über diese Verzerrung, diese Fehlinvestition und Irreführung, über die schlechte Information sprechen, die wir durch künstlich niedrig gehaltene Zinsen bekommen.*

*Auf vielfache Weise hat man Sie häufig als Preis-Fixer bezeichnet, weil Sie die Zinsraten festsetzen.*

*Der Markt ist mächtig und setzt sich normalerweise durch, aber wenn die Fed den Zinssatz auf ein Prozent festsetzt, dann ist das Preis-Fixing.*

*Am Ende Ihrer Aussage haben Sie vorgeschlagen, wir sollten uns der Krise am Häusermarkt widmen und sollten Regeln festlegen, die der betrügerischen Kreditvergabe ein Ende bereiten. Ich glaube, das ist nun überhaupt nicht die Antwort.*

*Der wirkliche Betrug liegt darin, dass wir den Wert des Geldes verzerren, wenn wir Geld aus dem Nichts erzeugen. Wir haben keine Ersparnisse. Und doch gibt es sogenanntes Kapital. Geld steht zur Verfügung. Aber es kommt von dem, was Sie tun müssen, und dem Druck, der auf Sie ausgeübt wird. Ich glaube, wir müssen zu dem Ausgangspunkt zurück, an dem dieses Problem entstanden ist. Die Blasen entstehen aufgrund dieser Fehlinvestition und der Erzeugung von neuem Geld.*

*Meine Frage ist also diese: Wie in aller Welt können wir davon ausgehen, das Problem der Inflation zu lösen, die Ausweitung der Geldmenge, mit noch mehr Inflation?*

**Ben Bernanke:** *Nun, Herr Abgeordneter, zunächst eine kleine technische Sache zum Geldmengenwachstum. Die Geldmengenausweitung war in den letzten Jahren ziemlich moderat. Der Anstieg bei der Geldmenge MZM ist wahrscheinlich auf das finanzielle Durcheinander zurückzuführen. Die Leute haben ihre Ersparnisse aus, nun, riskanten Anlagen zurückgezogen und sie auf die Bank gebracht, dadurch scheinen die Geldmenge-Daten schneller zu steigen.*

*Ich bin also nicht sicher, dass dies notwendigerweise ein Anzeichen für eine bestimmte Politik ist.*

*Wir versuchen, das Mandat zu erfüllen, das uns der Kongress erteilt hat. Und dieses Mandat, das uns der Kongress erteilt hat, heißt, die Beschäftigung und die Inflation, gemessen am Preisanstieg im Inland, im Auge zu behalten.*

*Und wie ich heute bereits gesagt habe – und ich nehme an, dass Sie mir darin zustimmen – sehen wir Risiken einer Inflation und ziehen sie in Betracht. Wir wollen sicherstellen, dass die Preise in den Vereinigten Staaten so stabil wie möglich bleiben.*

**Ron Paul:** *Wie schaffen Sie das aber und bleiben bei dieser – bei Ihrer Politik –, ohne den Dollar weiter zu schwächen? Da draußen herrscht eine Dollar-Krise, den Menschen wird das Geld gestohlen, Menschen, die gespart haben, und jetzt raubt man ihnen das Geld. Ich meine, wenn der Dollar zehn Prozent an Wert verliert, dann werden den Menschen zehn Prozent gestohlen. Aber wie können Sie diese Politik durchziehen, ohne sich der Tatsache zu stellen, dass jemand aufgrund des schwächeren Dollars sein Vermögen verliert? Es wird außerdem zu höheren Zinsen und einer Schwächung der Wirtschaft führen.*

**Ben Bernanke:** *Wenn jemand sein Vermögen in Form von Dollars besitzt und mit Dollars Konsumgüter kauft – ein normaler Amerikaner also – dann wirkt sich ein Wertverlust des Dollars nur insoweit auf seine Kaufkraft aus, als importierte Waren teurer werden.*

**Ron Paul:** *Ja, aber nicht, wenn Sie Rentner sind und schon älter und CDs [verbriefte Bankeinlagen] haben und Ihre Lebenshaltungskosten steigen, egal, was der Verbraucherpreisindex sagt. Die Lebenshaltungskosten steigen und das tut weh. Und darüber regen sich die Menschen in diesem Land auf.*

Das war unser letzter Wortwechsel vor dem Crash. Bernanke wich mir mehr aus denn je. Er ging auf keine Einzelheiten ein. Zudem zeigte er sich nicht im Geringsten besorgt über ein drohendes Problem. Ich glaube, wir hätten ihn den ganzen Tag lang befragen können und hätten doch nur Allgemeinplätze zur Antwort erhalten. Was er wirklich wusste, steht auf einem anderen Blatt. An diesem Tag gab er nur die Propagandalinie von sich.

Ein weiterer Wortwechsel am 24. März 2009, also lange nach dem Krach, verlief wie folgt:

**Ron Paul:** *Gehen Sie von der Vorstellung aus: Der Kapitalismus ist gescheitert und jetzt werden wir mehr denn je gebraucht, um diese Probleme zu lösen? Oder sagen Sie: Nein, da ist etwas dran. Es ist wahr, wir haben uns das weitgehend selbst eingebrockt, es gab zu viel Staat, wir haben bei den Zinsen zu stark eingegriffen, es gab in unserem System zu viel Risiko, moralisches Risiko.*

*Denn wenn man der Ansicht ist, dass der Markt nicht funktioniert, dann verstehe ich Ihr Vorgehen. Aber wenn ich sehe, dass Sie den Markt und die Idee, dass wir etwas daran ändern müssen, vollkommen ablehnen, dann kann ich verstehen, warum wir im Kongress und Sie im Finanzministerium und Sie bei der Fed immer so weitermachen wie gehabt.*

*Wen machen Sie also verantwortlich, den Markt oder die Vetternwirtschaft, mit der wir seit über dreißig Jahren leben?*

**Ben Bernanke:** *Herr Abgeordneter, ich lehne den Kapitalismus bestimmt nicht ab. Ich halte all dies nicht für ein Scheitern des Kapitalismus an sich, und ich bin auch der Meinung, dass der Einsatz des Kapitals hauptsächlich über freie Märkte erfolgen sollte. Seit Jahrzehnten haben die Märkte bewiesen, dass sie Geld sehr effektiv neuen Unternehmen und neuen Technologien zuweisen können, wir wollen also diese Struktur des freien Kapitalmarkts auf jeden Fall beibehalten.*

*Dennoch haben wir in den vergangenen Jahrzehnten, ja Jahrhunderten, gesehen, dass Finanzsysteme zur Panik, zum Run, zu Boom und Crash neigen, und wohl oder übel haben wir Mechanismen wie die Einlagensicherung und den Kreditgeber der letzten Instanz entwickelt, um diese Dinge zu verhindern. Doch diese Schutzmechanismen verlangen ihrerseits eine gewisse Aufsicht, um Risiken einzuschränken.*

**Ron Paul:** *Erlauben Sie eine Zwischenfrage?*

**Ben Bernanke:** *Natürlich.*

**Ron Paul:** *Das führt aber doch zum* Moral Hazard, *oder? Ist das nicht eher das Problem als die Lösung?*

**Ben Bernanke:** *Also, die Fed wurde nun einmal 1913 gegründet, weil es 1907 Probleme gegeben hatte; 1914 kam es zur Finanzpanik und es gab keine Regulierung. Das galt als großes Problem, auch schon im 19. Jahrhundert.*

Es ist etwas faul, wenn der Chef der mächtigsten Regierungsbürokratie, die eine Vollzeit-Fälschungsoperation betreibt, um monopolistische Finanzkartelle aufrechtzuerhalten, und der mächtigste zentrale Planer der Welt, der weltweit den Preis für das Geld festsetzt, den Kapitalismus in den höchsten Tönen lobt. Angesichts der schrecklichen Folgen der Risiken, die seine eigene Institution geschaffen hat, weigerte er sich, der Wahrheit ins Gesicht zu sehen, oder gab es zumindest nicht zu.

Ich erinnere mich, dass ein feines Lächeln über Bernankes Gesicht zog, als ich andeutete, dass nicht auf meine Lösung gehört würde, weil dadurch all die wichtigen Player, die Herren über Billionen Dollar, bedeutungslos würden. Denn wenn es eines gibt, das sie nicht wollen, dann ist es Bedeutungslosigkeit. Politiker müssen ihre eigene Existenz dadurch rechtfertigen, dass sie den Staat lenken. Zuerst schaffen sie die Probleme, und dann kümmern sie sich mit Freuden darum, den Staat immer mehr auszuweiten und die Probleme zu lösen, die sie selbst geschaffen haben.

Keiner von ihnen wird jemals zugeben, dass der Markt mehr Macht hat als die Zentralbanken und alle Wirtschaftsplaner zusammen. Es mag zwar manchmal etwas länger dauern, aber der Markt bleibt immer Sieger. Hin und wieder muss der Markt sogar in den Untergrund gehen um sich für das Überleben der Menschen entfalten zu können. Dieser Tag wird möglicherweise schon bald kommen.

Viele waren überrascht, wie unverantwortlich Bernanke die Geldpolitik handhabt. Es gab jedoch keinen Grund, überrascht zu sein. Er hatte, falls erforderlich, eine uneingeschränkte Inflationierung versprochen. Wenn Greenspan schon großspurig über das Genie der Zentralbanker sprach, so tut es Bernanke umso mehr.

Seine Bemerkung gegenüber Milton Friedman bei einem Abendessen aus Anlass des 90. Geburtstags von Professor Friedman am 8. November 2002 sagt alles. Er entschuldigte sich bei ihm: Friedman habe absolut recht gehabt – die Depression sei der Fehler der *Federal Reserve* gewesen. Es war nicht das Versagen der Zentralbank bei der Handhabung einer Papiergeld-Währung, bei der Ausweitung der Schulden oder der Monetisierung der Schulden; das Problem habe einzig in der Unfähigkeit oder Unwilligkeit der *Federal Reserve* gelegen, die Währung ab 1929 frühzeitig und in großem Umfang zu inflationieren.

Bernanke schloss seine Bemerkungen, indem er sich direkt an Friedman wandte: »Sie haben recht, wir waren es. Es tut uns leid. Ihnen gebührt der Dank dafür, dass wir es nicht wieder tun werden.«

Der Fehler liegt in der Tat bei der *Federal Reserve* – aber offensichtlich aus genau entgegengesetzten Gründen. Die Kreditausweitung in den 1920er-Jahren hat zu der Blase am Aktienmarkt geführt und den Crash verursacht. Der Crash wurde dann dadurch verschlimmert, dass Hoover und Roosevelt gemeinsam mit dem Kongress in die notwendigen Korrekturen eingriffen.

Bernanke glaubt vielleicht wirklich, er könne die Konsequenzen der Fehler der *Fed* aus den vergangenen Jahrzehnten verhindern. Er kann vielleicht den Enthusiasmus des Marktes für die Deflation dämpfen, aber Not und Elend durch die »uneingeschränkte Kreditausweitung«, vor der uns Greenspan in jungen Jahren gewarnt hat, erwarten uns trotzdem. Greenspan hatte nachdrücklich betont, es sei »unmöglich«, die Ersparnisse vor der Enteignung durch Inflation zu schützen.

Selbst wenn Bernanke eine echte Deflation abwenden kann, die er als alleinige Bedrohung ansieht, lässt sich die Stabilität des Finanzsystems durch die massive Ausweitung von Geld und Kredit im Rahmen des Fiat-Dollar-Reservefinanzsystems nicht wiederherstellen.

Hier liegt der Kern des Problems. Wenn Bernanke und seine Freunde behaupten, die *Fed* habe falsch gehandelt, und alle Ökonomen der Österreichischen Schule ebenfalls der Meinung sind, die *Fed* sei die Ursache für die Depression, dann müssen wir uns darüber einig werden, wie es genau passiert ist. Gab es zu viel Kreditausweitung oder zu wenig? Das ist die Frage.

Diejenigen, die ihr Vertrauen auf Papier setzen, sagen »Schütt' es aus«; man kann die Gefahren umgehen und die Probleme lösen. Wer Vernunft walten lässt, der versteht sehr schnell, dass nur ein nicht-inflationäres Warengeld die einzig mögliche Antwort auf endlose Blasenbildungen sein kann.

Selbst Geld aus Helikoptern abzuwerfen, wozu Bernanke einst geraten hat, wird – falls je erforderlich – nur dazu führen, dass der Dollar vernichtet wird, wie so viele andere Währungen in der Geschichte. Vergessen wir nicht: Geld, das aus einem Hubschrauber abgeworfen wird, wird vom Winde verweht.

Wie hat Milton Friedman über Geld gedacht? Als Ökonom und Anhänger des freien Marktes hat er sich als libertär bezeichnet und maßgeblich zum Verständnis der Funktionsweise des freien Marktes beigetragen. Es gab allerdings schwerwiegende Meinungsverschiedenheiten zwischen Milton Friedman und dem Lager der Verfechter einer harten Währung in der Österreichischen Schule. Friedman war überzeugt, die Geldmenge müsse ausgeweitet werden, um wirtschaftliches Wachstum zu unterstützen. Hin und wieder verlor er die Hoffnung auf Anreize in die richtige Richtung von Seiten der *Fed*, glaubte aber an das alte monetaristische Prinzip, die Geldmenge müsse um einen bestimmten Betrag erweitert werden.

Anfang der 1980er-Jahre habe ich hin und wieder mit Dr. Friedman über diese Frage diskutiert. Er war immer höflich und hat mir oft Komplimente für meine Arbeit gemacht. Anfang der 1980er-Jahre hatte ich in meinem Wahlbezirk eine Fernsehshow, in deren Rahmen ich ihn als Gast zu einem Interview eingeladen hatte. Als ich 1996 in die Politik zurückkehrte und wieder für einen Sitz im Kongress kandidierte, hatte ich ihn angesprochen und gefragt, ob er mir einen Brief schreiben könnte, in dem er meine Kampagne unterstützt und betont, dass wirtschaftliche Freiheit und persönliche Freiheit nicht voneinander zu trennen wären. Mein Wahlkreis lag im sehr konservativen »Bible Belt«, aber ich bezog libertäre Positionen, die vielleicht für manchen eine Herausforderung darstellten. Friedman schrieb einen reizenden kleinen Text, in dem er erklärte, diese Freiheiten wären untrennbar verbunden, und mit Nachdruck darauf hinwies, wer in religiösen Fragen oder in der Frage des Heimunterrichts persönliche Freiheit wünschte, der müsse sich auch allgemein für persönliche Freiheit und wirtschaftliche Freiheit einsetzen.

Das Friedman-Zitat, das ich bei meinem Wahlkampf benutzt habe, lautet:

> *»Wir brauchen dringend mehr Abgeordnete im Repräsentantenhaus, die grundsätzlich verstehen, wie wichtig Eigentumsrechte und religiöse Freiheiten sind, um die Freiheit der Menschen zu sichern und zu erweitern. ... Ich wünsche Ihnen von Herzen Erfolg.«*

Ich frage mich manchmal, ob Friedman es sich vielleicht anders überlegt hätte, wenn er gesehen hätte, was Greenspan und Bernanke gemacht haben. Schließlich hat sich Anna Schwartz, die Mitautorin seines Werks über die Geschichte der Geldpolitik in den Vereinigten Staaten, im *Wall Street Journal* freimütig geäußert:»Wenn die *Fed* auf Draht gewesen wäre, hätte es nie eine Subprime-Hypothekenkrise gegeben. Dafür muss sich Alan Greenspan verantworten.« Und weiter schreibt sie:»Im Allgemeinen ist es einfacher für eine Zentralbank, entgegenkommend und locker zu sein und Bedingungen zu fördern, bei denen jeder das Gefühl hat, die Dinge entwickelten sich prächtig.«

Achtes Kapitel

# Kongress und Geldpolitik

Seit Jahren beobachte ich bei den Mitgliedern des Kongresses und den Mitgliedern des *Financial Services Committee* ein völliges Desinteresse an der Geld- und Währungspolitik. Ein Vorfall hat meine Skepsis bestätigt: Nachdem ich bei einer Anhörung des *Financial Services Committee* das Thema Gold angesprochen hatte, fragte mich ein Ausschussmitglied im privaten Gespräch allen Ernstes, ob der Dollar denn nicht durch Gold »gestützt« wäre, wie er bisher angenommen habe. Ich glaube, das ist kein Einzelfall. Viele von denen, die doch das System eigentlich kontrollieren sollen, wissen so gut wie nichts darüber, wie es überhaupt funktioniert.

In Washington versteht man bis heute wenig von Wirtschaftspolitik. Die Idee, dass sich die Regierung und die *Fed* vollkommen aus der zentralen Wirtschaftsplanung heraushalten sollten, wird nicht einmal für diskussionswürdig erachtet. Und dabei verfügt der Kongress über eine Kontrollfunktion, die er doch auch ausüben sollte. Aber dazu muss man sich mit der Materie vertraut machen und sich nicht nur den hohen Tieren fügen, die in dem großen bürokratischen Apparat das Sagen haben, den der Kongress eigentlich kontrollieren soll.

Die meisten Kongressmitglieder sind nicht automatisch gegen Gold oder gar die Abschaffung der *Fed*. Sie zeigen sich eher überrascht darüber, dass man so etwas überhaupt in Erwägung ziehen könnte. Andererseits habe ich nie gehört, dass jemand Papiergeld verteidigt hätte, weil es den Staatsapparat weiter aufblähen hilft. Die meisten sehen die Verbindung überhaupt nicht. Solche Fragen wecken nicht einmal ihre Neugierde.

Die *Fed* und das Papiergeld haben im Kongress dazu geführt, dass die Abgeordneten meinen, endlos Geld ausgeben und vorschlagen und erreichen zu können, was sie wollen. Sie führen sich wirklich auf wie College-Studenten in den Frühlingsferien, die alles mit der Kreditkarte ihrer Eltern bezahlen. Sie machen sich über Geld keine Gedanken. Sie denken nicht darüber nach, wer oder was die Rechnung bezahlt. Sie nehmen es als gegeben hin, dass sie tun können, was sie wollen. Sie sind nicht einmal daran interessiert, einmal einen Blick in die Kassenbücher zu werfen. Aber sie würden an die Decke gehen, wenn sie mit ihrer Karte auf einmal nichts mehr kaufen könnten.

Es geht darum: Mit Ausnahme derer, die wirklich an die Freiheit glauben, tut es den meisten Kongressmitgliedern nicht einmal leid, dass sie vom Geld nichts verstehen. Dieses Unwissen ermöglicht es den Konservativen und Liberalen, zur Finanzierung ihrer verschiedenen in- und ausländischen Programme Geld auszugeben, Kredite aufzunehmen, Steuern zu erheben und Inflation zu entfachen.

Dazu kommt die mehr als bedenkliche Art und Weise, wie sich die *Fed* in die Politik einmischt, und das nicht nur gelegentlich, sondern ständig. Ein berühmtes Beispiel dafür stammt aus der Zeit, als Arthur Burns *Fed*-Vorsitzender war (1970–1978). Er hat während seiner Amtszeit die Geheimniskrämerei verstärkt; so wurden beispielsweise keine Wortprotokolle der Sitzungen des Offenmarktausschusses mehr angefertigt. Dass er sich in die Politik eingemischt hat, ist unbestreitbar. Als Jimmy Carter 1976 gewählt worden war, wollte er unbedingt wieder ernannt werden. Er hat deshalb den Diskontsatz gesenkt und das Geldmengenwachstum beschleunigt. Er war ja Republikaner, wollte aber als Überparteilicher in die Geschichte eingehen.

William Greider erzählt von einer kurzen Notiz eines Stabsmitarbeiters, der Burns darüber informierte, dass »Carter verführt werden [kann] ... Durch Ihre Wiederernennung würde Carter als hochgesinnter Staatsmann dastehen. ... Man muss Carter versichern, dass Sie im Fall Ihrer Wiederernennung nicht mehr öffentlich alles kritisieren, was ihm lieb und teuer ist.«[37]

Es war traurig für Burns, dass sein Werben vergeblich war. Noch trauriger aber ist es für das Land, denn sein Werben hat den Dollar noch weiter ruiniert. Dazu hat es auch der Präsidentschaft Carters schweren Schaden zugefügt, denn er hatte mit der schlimmsten Preisinflation seit über 100 Jahren zu kämpfen. Letztendlich ist die Inflation den Demokraten zum Verhängnis geworden und hat Ronald Reagan an die Macht gebracht. Solche Spätfolgen kann es haben, wenn aus kurzsichtigen Motiven versucht wird, das politische Umfeld zugunsten von *Fed*-Gouverneuren und Bankinteressen zu manipulieren. Trotz seiner Sympathie für den Goldstandard hat Reagan nichts in dieser Richtung unternommen. Seine Berater haben dafür gesorgt, dass er sich dazu nicht geäußert hat, weil sie befürchteten, man könne ihn für verrückt erklären oder ihn zumindest für einen Spinner halten. In ähnlicher Weise zeigten sich viele Abgeordnete im Kongress im privaten Gespräch offen, verstanden aber nicht genug von der Sache, um dieses Thema aufzugreifen.

Dass die *Fed* in den »politischen Konjunkturzyklus« verwickelt ist, ist mittlerweile gut belegt. Die *Fed* tendiert dazu, die Schrauben vor der Wahl zu lockern und in der Zeit zwischen der Wahl des Präsidenten und der Ernennung von *Fed*-Beamten eher einen Abschwung hinzunehmen. Das ist in Washington ein offenes Geheimnis. Wir tun zwar alle so, als wäre die *Fed* nicht politisch, aber jeder weiß, dass sie zu den politischsten Institutionen im Staat zählt.

Im Laufe der Jahre wurde es mir immer klarer, dass der Anstoß zu einer Rückkehr zu stabilem Geld niemals vom Kongress kommen würde. Natürlich könnte der Kongress die *Fed* schon morgen abschaffen, wenn er wollte. Dem steht aber im Wege, dass die Abgeordneten von Wirtschaft keine Ahnung haben und selbst von ihrer unverantwortlichen Ausgabenpolitik profitieren. Unsere Führung wird erst dann reagieren, wenn die Menschen im Lande aufstehen und Ehrlichkeit beim Geld einfordern.

Natürlich ist nicht jeder, der die *Fed* unterstützt, automatisch an einer Verschwörung zur Beherrschung der Welt beteiligt. Andersherum muss aber jeder, der die Welt beherrschen will, sei es um des Reichtums oder der Macht willen, das Geldsystem unter seine Kontrolle bringen. So war es in der Geschichte schon immer. Je mehr Freiheit die Menschen genießen, desto stabiler ist das Geld. Die Tyrannei geht immer damit einher, dass der Staat das Geldsystem zerstört.

Das Problem sind dabei nicht nur Machtgelüste, sondern paradoxerweise treiben auch Wohlwollen und humanitäre Gesinnung Menschen oft genug an, Macht über andere auszuüben. Aus humanitärer Gesinnung meinen sie, die Starken und Weisen seien verpflichtet, die Schwachen und Unwissenden den Launen der staatlichen Kontrolle unterwerfen zu müssen. Je mehr Einfluss und Macht sie gewinnen, desto mehr halten sie sich für die Retter der Menschheit. Wenn sie auf Widerstände treffen oder sich ihnen Hindernisse in den Weg stellen, halten sie rohe Gewalt für nötig, um ihren »guten Willen« den Wenigen, die sich widerspenstig zeigen, aufzuzwingen. Das Ziel der Freiheit verschwindet aus ihrem Denken.

Die französischen Jakobiner im 18. Jahrhundert waren dermaßen davon überzeugt, für die richtige Sache einzutreten, dass sie sogar den Einsatz der Guillotine für legitim hielten, um anderen angeblich zu deren eigenem Besten ihren Willen aufzuzwingen. Ähnlich dachten einige, die für den Irak-Krieg eintraten. Sie fanden auch dann noch eine humanitäre Entschuldigung für den Krieg, als schon über 4000 Amerikaner gestorben und Zehntausende verwundet worden waren. Die eine Million getöteten und Hunderttausende verwundeten Iraker, die Millionen Flüchtlinge wurden damit gerechtfertigt, die Initiatoren des Krieges hätten der Welt schließlich »Gutes« gebracht.

Aus welchen Gründen auch immer Kontrolle über andere ausgeübt werden soll, das Steuer- und Kreditsystem allein reicht dazu nie aus. Es erfordert immer die Kontrolle über das Geld durch die Regierung und das Zentralbankwesen.

Solange ihr Reichtum erhalten bleibt, beschweren sich die Leute nicht über die Übernahme des Geldsystems. Der Tag, an dem die Fed 1913 gegründet wurde, war vielleicht der Anfang vom Ende, aber erst viel später erkannten die Bürger in Amerika mit Sorge, wie viel Macht sie besaß und welchen Schaden sie angerichtet hat.

Doch jetzt ist unser Reichtum aufgezehrt, unsere Produktivität deutlich zurückgegangen. Unsere Freiheit ist untergraben, unser Imperium brüchig.

Und der Plan, der uns vor langer Zeit schließlich den *Federal Reserve Act of 1913* gebracht hat, wird mittlerweile hinterfragt. Dass die *Fed* nicht in der Lage ist, dieses zugegebenermaßen von vorneherein nicht funktionierende System zu handhaben, zeigt sich von Tag zu Tag deutlicher. Es bleibt die Frage, ob ein neues Komplott von Geld und Zentralbankwesen an die Stelle des Vorhandenen treten kann, oder ob wir uns für ein Geldsystem entscheiden, das mit einer freien Gesellschaft vereinbar ist.

Die Antwort darauf kann nur eine informierte und zornige Bevölkerung geben. Dann wird der Kongress reagieren, aber erst, wenn es gar nicht anders geht.

Es gibt noch eine andere Kraft, die man nicht außer Acht lassen kann: den Markt. Der kann sich selbst über die Macht von Zentralbankern und Regierungsbehörden hinwegsetzen. Wenn nichts mehr geht, wenn das System, das uns die Zentralbanker beschert haben, nicht mehr funktioniert, dann schlägt die Stunde der Untergrund-(der realen) Wirtschaft. So war es auch im Sowjetsystem.

Ich erinnere mich an eine faszinierende Reise in meiner Zeit als Militärarzt bei der Air Force. Nach einem Besuch in Portugal, Italien, Griechenland und Äthiopien machten wir Halt in der Türkei und im Iran und flogen dann weiter nach Pakistan, wir besuchten die Außenposten unseres Imperiums. Die leitenden Offiziere, die auf einer Basis in der Nähe von Peschawar in Pakistan stationiert waren, machten mit unserer Crew einen Ausflug an den Khyberpass, um an der Grenze zu Afghanistan – der Gegend, in der unsere Nemesis Osama Bin Laden jetzt vermutlich lebt – einkaufen zu gehen. Ich erinnere mich noch genau, wie mir während der Fahrt durch die trostlose, wilde Berglandschaft einer der Kommandeure erklärte, hier wirke zwar alles völlig ruhig, aber in der Region seien sehr viele Angehörige verschiedener Stämme aktiv.

Als wir an die Grenze kamen, konnten wir nicht nach Afghanistan einreisen, das ja damals Alliierter der Sowjets war. Doch in der Nähe gab es einen bedeutenden Ort, wo sich Ost und West trafen. Es war eine sehr große Höhle, die als Umschlagplatz für Waren diente, sie war ausgestattet wie ein riesiges Warenhaus. Dort wurden russische und östliche Waren genauso angeboten wie amerikanische und andere westliche Waren. Unter der Erde ging es friedlich und ziemlich ruhig zu. Hier durften die Menschen Handel treiben und sich unterhalten (die Behörden auf beiden Seiten wussten von dem Untergrund-Markt, er war schließlich im beiderseitigen Interesse), während oben der Kalte Krieg tobte.

Regierungen und Zentralbanken richten viel Unheil an, doch der Markt kann – vorausgesetzt, man lässt ihn gewähren – selbst unter schwierigen Bedingungen den Schlamassel wieder richten. Es wird den Untergrund, die Schmuggler und den Schwarzmarkt so lange geben, wie wir es zulassen, dass unsere Regierungen uns ausplündern und beherrschen, indem sie den freien Austausch und freie Vereinigungen verbieten. Die staatliche Kontrolle selbst führt dazu, dass ein Schwarzmarkt entsteht. Dadurch, dass Geld vernichtet und der Staat immer stärker gemacht wird, wird die Institution einer Zentralbank zum größten Förderer einer kriminellen Untergrundwirtschaft, den es je gegeben hat.

Einige unserer politischen Alliierten erheben den Vorwurf, die mächtigen Eliten, die die Fäden in der Hand halten – und die oft genug in der *Fed*, dem Finanzministerium oder gar im Präsidentenamt zu finden sind – planten ganz bewusst bestimmte Ereignisse wie den 11. September oder auch die gegenwärtige Finanzkrise. Ich glaube das nicht. Aber ich glaube, dass einige in der Elite sich solche Krisen zunutze machen, weil sie dadurch ihre Ziele leichter erreichen können. Obamas Stabschef Rahm Emanuel hat kürzlich erklärt:»Man will doch schließlich eine ernsthafte Krise nicht ungenutzt verstreichen lassen.« Obama hat sich dieser Einschätzung angeschlossen.

Während ich die gegenwärtige Krise zum Anlass nehme, mich für Freiheit und solides Geld einzusetzen, nutzen andere sie, um den Staatsapparat und dessen Wirkungskreis noch mehr zu erweitern. Physische oder wirtschaftliche Ängste können Menschen dazu veranlassen, sich autoritären Führern zu unterwerfen, die versprechen, sie zu schützen, koste es, was es wolle. Viele der nach dem 11. September verabschiedeten Gesetze hatten auch schon vorher vorgelegen, waren aber abgelehnt worden. Die Wirtschaftsplaner haben viele Pläne, unsere Wirtschaft zu sozialisieren und dies auch weltweit umzusetzen, sobald es die Stimmung in der Öffentlichkeit zulässt. Und warum? Sozialisierung bedeutet immer und überall mehr Macht für den Staat, mehr Kontrolle für die Bürokraten, mehr Sicherheit für die Eliten und das alles stets auf Kosten von uns allen. Wirtschaftliches Chaos kommt ihnen dabei zu Hilfe.

Eine katastrophale Wirtschaftslage wie die heutige jedoch bewusst herbeizuführen, wäre für alle Beteiligten schlecht, denn eine solche Katastrophe kann selbst für die Insider zur Bedrohung werden. Es kann jeden treffen, sein Vermögen durch Deflation und Inflation zu verlieren. Politisches Chaos nützt den Verantwortlichen nicht immer, sondern kann unter Umständen für sie selbst zur Gefahr werden. Dennoch werden sie keinen Moment zögern, alles zu tun, was sie für erforderlich halten, um ihre Kontrolle aufrechtzuerhalten oder noch weiter auszubauen. Dieselben Insider, die aus Eigeninteresse so sehr bemüht sind, solides Geld zu untergraben, bringen es fertig, Gold als letzten Schutz gegen das wirtschaftliche Chaos anzuhäufen, das sie selbst geschaffen haben.

Ein Rückschlag – sei es nun aufgrund einer fehlgeleiteten Außenpolitik oder einer geradezu lächerlich falschen Wirtschafts- oder Geldpolitik, kommt für viele, die diese Politik geplant hatten, überraschend, weil sie sich in ihrer Naivität selbst für unfehlbar halten. Sie glauben, sie könnten stets Bedingungen schaffen, die die Menschen ruhig stellen und ihre eigene wirtschaftliche und politische Macht festigen. Aber Ereignisse wie Vietnam, der Irakkrieg, der 11. September oder die gegenwärtige Wirtschaftskrise bringen auch ganz normale Bürger gegen die Macht der Eliten auf. Natürlich wollen die politischen Insider keine öffentliche Rebellion. Was immer sie über Kriege wie in Vietnam oder Irak denken: Mit den Protesten, die sich erheben, wenn bekannt wird, dass diese Kriege unter falschem Vorwand geführt worden und völlig aus dem Ruder gelaufen sind, wollen sie nicht konfrontiert sein. Mit einem »kleinen« 11. September können sie umgehen, aber nicht mit einem großen.

Wie dem auch sei, ich bin überzeugt: Wenn man sich zu sehr auf die
»Verschwörung« der *Fed* konzentriert, die Hand in Hand mit dem Kongress operiert, tut man dem System mehr Ehre an oder weist ihm mehr
Schuld zu, als es verdient, und lenkt dadurch nur von der wichtigen Frage einer schlechten Ideologie ab. Die wirkliche Bedrohung geht aus von
Autoritarismus, Unterstützung für Etatismus aus moralischer Überzeugung, aus welchen Gründen auch immer.

Diese geheimen Vollmachten, die die *Fed* und das Finanzministerium
vom Kongress gekapert haben, sind die Quelle mancherlei Übels. Um realistisch zu bleiben und nicht missverstanden zu werden: Zur Abschaffung
der *Fed* – und mit ihr des *Exchange Stabilization Fund* und all den anderen
damit verbundenen Vollmachten – wird es wahrscheinlich nicht kommen, bevor die Dollar-Krise in vollem Umfang ausgebrochen ist. Bis dahin ist es aber gut möglich, dass eine Koalition von prinzipienfesten Menschen aus allen politischen Lagern angesichts des wirtschaftlichen
Niedergangs den Kongress dazu bewegen kann, eine stärkere Kontrolle
auszuüben. Die Amerikaner haben solche Aufmerksamkeit verdient.

Wenn mehr Bürger und mehr Kongressabgeordnete begreifen, dass
all diese Hinterzimmerabsprachen der *Federal Reserve* nur den Interessen der Elite dienen und die Wirtschaft zerstören, dann werden bessere
politische Entscheidungen getroffen. Mit der Abschaffung der *Fed* endet
auch die Möglichkeit, die Menschen durch das Monopol im Geld- und
Bankenwesen unter Kontrolle zu halten. Ich teile zwar nicht die Meinung
derjenigen, die von einer Verschwörung zur Weltherrschaft durch die *Fed*
sprechen, aber ich verstehe, was sie zu solcher Besorgnis veranlasst. Zentralbanken und deren Tricks geben solcher Paranoia, die nicht allein auf
Mythos beruht, Nahrung. Die *Fed* loszuwerden könnte helfen, das Vertrauen in das System wieder zu stärken.

Neuntes Kapitel

# Der heutige Schlamassel

2008 traf die Amerikaner ein Schock: Die Wirtschaft hatte schon seit geraumer Zeit in der Krise gesteckt, doch im Herbst begann nun das ganze Kartenhaus tatsächlich einzustürzen. Die Regierung geriet in Panik und den Amerikanern wurde schlagartig bewusst, dass sie in einer Blasenwirtschaft lebten, die jetzt völlig auseinanderflog. Überstürzt schritt die Regierung ein, überzeugt, sie könne eine Verschlimmerung des Problems verhindern und uns wieder auf Erholungskurs bringen. Doch nachdem in nie da gewesenem Ausmaß eingegriffen wurde und Billionen ausgegeben wurden, sind die Probleme entgegen allen Versprechungen der Politiker nur noch schlimmer geworden.

Viele wurden für den Absturz verantwortlich gemacht. Es wurde und wird noch immer behauptet, darin offenbare sich die Schwäche des kapitalistischen Systems freier Märkte. Einige sagen, es sei alleine das Ergebnis von unzureichender Regulierung der Bankenaufsichtsbehörden, besonders des Derivatemarkts. Andere wollen die mangelnde Kauflust der Verbraucher verantwortlich machen. Wieder andere meinen, alle Probleme seien gelöst, wenn die Banken mehr Kredite vergäben – als ob ein Patient, der an einer Vergiftung leidet, durch noch mehr Gift geheilt werden könnte.

Der damalige Finanzminister Henry Paulson gab eine stark vereinfachte Erklärung: Der Einbruch auf dem Häusermarkt habe alle Probleme verursacht. Er und andere kamen zu dem Schluss, die Regierung sollte Anreize für den Wohnungsbau geben und alles daran setzen, dass die Preise für Eigenheime stabil blieben. Sie vertraten die Ansicht, da die Häuserpreise verfielen, seien die Hypotheken und all die Derivate, die im Rahmen der sogenannten Verbriefung [der Bündelung und Umwandlung von Krediten in handelbare Wertpapiere] entstanden waren, illiquide geworden; man müsse diesem Markt aus der Patsche helfen, dann würde der Deflationsprozess wieder umgekehrt.

Entscheidend ist aber: Die alleinige Konzentration auf den Wohnungsmarkt war nur das jüngste Glied in einer ganzen Parade von Erklärungen darüber, was eigentlich das zugrunde liegende Problem war.

Auch andere Sektoren haben Einbußen erlitten, Finanzen, der Automo-
bilsektor, Dienstleistungen, Einzelhandel und Aktien. All das sind jedoch nur Symptome des tieferliegenden Problems – und das ist die *Fed*
und ihr Versuch, ein nicht mehr aufrechtzuerhaltendes Papiergeldsystem am Leben zu halten.

Ich war fasziniert zu sehen, dass selbst der Finanzminister spürte, dass
die Krise irgendwie mit dem Zentralbankwesen zusammenhing. Timothy
Geithner erklärte gegenüber Charlie Rose vom Fernsehsender *PBS*:»Ich
würde sagen, es gibt drei Bereiche, in denen die Politik irrt, und zwar hier
und auf der ganzen Welt. Zum einen war die Geldpolitik weltweit zu lange
zu expansiv. Das hat zu dem heutigen riesigen Boom der Preise für Vermögenswerte geführt, das Risiko, weil alle dem Geld hinterherlaufen. Die Leute wollen höhere Erträge erzielen. Das hat sich einfach enorm ausgewirkt.«

Rose fragte nach:»War es zu leicht?«

Geithner fuhr fort:»Ja, es war zu leicht. In gewisser Hinsicht hier in
den Vereinigten Staaten sogar weniger, aber weltweit trifft das zu. Die realen Zinsen waren lange Zeit sehr niedrig.«[38]

In Washington erleben wir es selten, dass fundiert und ohne die üblichen Schutzbehauptungen über die wahren Ursachen der Krise gesprochen wird. Kaum jemand versteht den Konjunkturzyklus und seine Beziehungen zur Politik der *Federal Reserve*. Außerdem sind die, die sehr
wohl verstehen, wie das Geldsystem funktioniert, auch nicht gerade er-
picht darauf, dass die Öffentlichkeit dahinterkommt, wie es den Interessen von Big Government – des starken Staats –, den Großkonzernen und
Großbanken dient.

Dann gibt es aber auch noch die, die mit der Ökonomie des freien
Marktes vertraut und gut informiert sind, die deshalb auch genau verstehen, wie es zu der Krise gekommen ist. Da sich nun die Vorhersagen der
Wirtschaftswissenschaftler der Österreichischen Schule, die für den frei-
en Markt eintreten, als richtig erwiesen haben und die der anderen als völlig falsch, sollten wir bei ihnen nach Antworten suchen und zwar sowohl
bezüglich der Ursachen als auch der Lösung für die Krise.

Genauso wie Henry Hazlitt und andere österreichische Wirtschaftswissenschaftler schon 1944 – als der Grundstein für das System von Bretton
Woods gelegt wurde – wussten, dass es auf Dauer nicht funktionieren würde, war auch vielen anderen von Anfang an klar, dass auch das heutige

System, das am 15. August 1971 eingeführt wurde, scheitern würde. Der genaue Zeitpunkt stand vielleicht noch nicht fest, aber das Scheitern war vorhersehbar.

Die gegenwärtige Krise, die 2007 mit dem Einbruch auf dem Markt für Eigenheimhypotheken begann, ist jetzt voll im Gang und markiert das Ende des Fiat-Dollar-Reservesystems. Sie ist nur verständlich, wenn man das internationale Währungssystem, das von unserer *Federal Reserve* beherrscht wird, versteht.

Das Problem von heute hat seinen Ursprung im Wesentlichen im Jahr 2001, denn damals hat die *Fed* versucht, der Rezession durch niedrige Zinssätze entgegenzuwirken. Die effektiven Zinsen fielen weit unter den langjährigen Durchschnittswert und verstießen gegen sämtliche monetären Regeln, die die *Fed* doch nach eigenen Angaben befolgte.[39] Greenspan senkte die *Federal Funds Rate* drastisch von 6,5 Prozent im Januar 2001 auf ein Prozent im Juni 2003. Diesen Satz behielt er ein ganzes Jahr bei, bevor er ihn im Juni 2006 wieder auf 5,25 Prozent anhob und damit die Blase zum Platzen brachte, die er zuvor selbst erzeugt hatte.

Zusammenfassend kann man sagen: Wenn die *Fed* die Zinsen unter ihr natürliches Niveau am Markt senkt, dann hat das zur Folge, dass die Investitionen in einem nicht nachhaltigen Maße ausgeweitet werden. Plötzlich investieren die Unternehmen, als hätten die Verbraucher tatsächlich die Ersparnisse, die man bei solch niedrigen Zinsen erwarten würde. Aber reale Ressourcen stehen in Wirklichkeit gar nicht zur Verfügung. Es existiert kein neuer Reichtum, der die Investitionen rechtfertigen würde. Die niedrigen Zinssätze schaffen kein neues Kapital; sie verzerren lediglich die Signale, die die Kreditnehmer bei der Abschätzung des Risikos zugrunde legen.[40]

Wir sollten uns an die politischen Umstände der damaligen Zeit erinnern. Auf amerikanischem Boden waren Terroranschläge verübt worden, das ganze Land war in Kriegsstimmung. Man war entschlossen, es nicht zuzulassen, dass uns die Terroristen wirtschaftlich oder politisch in die Knie zwängen – ein guter Impuls, aber auch die Grundlage für törichte, kurzsichtige Entscheidungen. Teilweise sollte mit den Zinssenkungen der *Fed* im Jahr nach den Anschlägen der Eindruck erweckt werden, wir wären als Nation nicht verletzt worden – unsere Wirtschaft sei stärker denn je.

Leider hat Greenspan zu den falschen Mitteln gegriffen, um diese Botschaft zu vermitteln. Es wäre ein idealer Zeitpunkt gewesen, die Wirt-

schaft auf eine solide Grundlage zu stellen, selbst auf die Gefahr einer Deflation hin, anstatt künstliche Anreize zu schaffen, die sich später als il-
lusorisch erweisen würden. Jeder war damals darauf fixiert, einen Sieg der
Terroristen nicht zuzulassen. Nun, die *Fed* hat dazu beigetragen, die Struktur der amerikanischen Wirtschaft zu untergraben und hat damit langfristig dem wirtschaftlichen Wohlergehen in Amerika mehr geschadet als die
Anschläge vom 11. September. Greenspan hat die Gewehre auf die Terroristen gerichtet und dabei der Wirtschaft in den Fuß geschossen.

Ich möchte eines klarstellen: Die Politik der *Fed* war vollkommen ver-
kehrt. Es hätte in Greenspans Macht gelegen, eine bessere Politik zu formulieren. Er hat schreckliche Fehler begangen. Aber das heißt nicht, dass
die Antwort allein in einer besseren Politik, in strikteren Kontrollen oder
besseren Managern bei der *Fed* gelegen hätte. Seit fast 100 Jahren haben
wir immer wieder dasselbe erlebt. Es ist also an der Zeit, Einsicht zu zeigen und endlich etwas zu lernen. Solange der Regierung und dem Bankenkartell Druckerpressen zur Verfügung stehen, werden sie eher diese in
Gang setzen als das Richtige tun.

Das Problem liegt nicht bei den Entscheidungen der Zentralbanker,
sondern vielmehr darin, dass sie überhaupt die Macht haben, Entscheidungen zu fällen. Darüber hinaus können die Märkte immer nur raten,
was die *Fed* als nächstes tun wird, was nach den Worten des Historikers
Robert Higgs eine »Regimeunsicherheit« schafft.[41] Er benutzt diesen Begriff sogar, um zu erklären, warum sich Märkte manchmal nur langsam
von geldpolitischen Fehlern erholen. Marktkräfte wirken immer so, dass
die Fehler, die Einzelne oder der Staat begehen, korrigiert werden. Da sich
die Zentralbankinflation stets störend auswirkt, versucht der Markt, ihr
so schnell wie möglich entgegenzuwirken. Das folgt keinem genauen
Zeitplan.

Das Post-Bretton-Woods-System ist in den vergangenen 30 Jahren
wiederholt herausgefordert worden. Doch Regierung und Behörden haben es immer wieder geschafft, die Geldpumpe anzuwerfen, die Massen
abzulenken und dafür zu sorgen, dass weder das System deflationiert
noch die inhärenten Fehler in der Wirtschaftsplanung der Zentralbanken korrigiert wurden.

Eine Instabilität zeigte sich bereits 1987 mit einer scharfen Korrektur
am Aktienmarkt, auch Crash genannt. Die *Fed* hat damals reinflationiert
und das Vertrauen in ein brüchiges System wiederhergestellt. Der seit
1971 vorherrschenden Inflation wurde nichts entgegengesetzt. Die

Schwankungen des Dollarkurses wurden in der Weltwirtschaft immer wieder übertüncht. 1989 zeigte sich beim Crash der japanischen Märkte, dass die internationalen Ungleichgewichte es möglich machten, unsere Dollarinflation teilweise nach Japan zu exportieren, sodass sie zu Hause keinen Schaden anrichtete. In jüngster Zeit werden bei uns im Übermaß Waren aus China gekauft, sodass erneut inflationierte Dollars exportiert werden.

Die Sparkassenkrise der 1980er-Jahre war ein neuerlicher Versuch des Marktes, die systemimmanenten Fehler zu korrigieren. Die Verschuldung wurde bis zu einem gewissen Grade liquidiert, die Politik unseres Landes änderte sich jedoch nicht. Die *Federal Reserve* kehrte zur gewohnten Arbeitsweise zurück; sogar mit mehr Inflation als zuvor.

Der japanische Markt hat sich nie richtig von dem Absturz in den 1990er-Jahren erholt, weil er die Liquidation fauler Schulden der Banken verhindert hat. Im Verlauf der 1990er-Jahre rief der Markt in den Vereinigten Staaten förmlich nach Liquidation der Schulden und einem Ende der groben Fehlinvestitionen. Doch die Rezessionen bei uns, die Asienkrise und auch die Krise in Russland sind durch weitere Inflationierung übertüncht worden. Selbst der Bankrott von *Long-Term Capital Management* im Jahr 1998 war kaum mehr als ein kurzes Aufblinken auf dem ökonomischen Radarschirm.

Um das Jahr 2000 herum waren die Ungleichgewichte nicht mehr zu beherrschen. Die massive Kreditinjektion vor der Jahrtausendwende hat die Wucht der Rezession des Jahres 2000 gemildert, aber jetzt war klar, dass uns der »Große Knall« bevorstand. Und ich nehme an, dass auch Greenspan das wusste. Er setzte energisch alles daran, dass sich die damals bereits enorm große Blase am Häusermarkt weiter aufblähte, indem er die Zinsen weiter senkte und mehrere Jahre lang auf sehr niedrigem Niveau hielt. Er gewann dadurch für sich und die Institution, der er vorstand, wertvolle Zeit.

Als der Aktienmarkt im Jahr 2000 einbrach und besonders, als die Nasdaq-Blase platzte, bedeutete das den Beginn der heutigen Krise, obwohl ihn viele erst im Jahr 2007 sehen, als die Hypothekenkrise offensichtlich wurde. Die Aktien-Hausse war bereits lange vorbei. Durch die massive, auf den Häusermarkt gerichtete Inflation sollten sich die Menschen besser fühlen; die Verbraucher wurden wieder einmal dazu verführt, weit über ihre Verhältnisse zu leben und dafür ihre Häuser zu beleihen, deren Wert zumindest nominell durch inflationierte Erwartungen gestiegen war.

Geldpolitik war schon immer gegen das Sparen gerichtet. Die Sparer wurden mit niedrigen Zinsen betrogen. Als ich Greenspan meine Besorgnis darüber vortrug, war seine Antwort so etwas wie: »Richtig, aber das heißt eben, Pech gehabt.«

Doch mit billigem Kredit lässt sich kein Wohlstand erzeugen. Wenn das ginge, dann müsste niemand mehr für seinen Lebensunterhalt arbeiten. Inflationierte Preise führen lediglich zu der Illusion, echter Wert sei geschaffen worden. Aber wie gewonnen, so zerronnen. Es mag schön sein, wenn sich Blasen bilden und viele über ihre Verhältnisse leben können, aber es ist etwas ganz anderes, wenn sie unter ihren Verhältnissen leben müssen, um die Schulden aus ihrem früheren verschwenderischen Leben zu bezahlen. Wie der Einzelne, so muss auch ein ganzes Land eine Senkung des Lebensstandards hinnehmen, wenn die Illusion von Reichtum durch systematisches Schuldenmachen und Inflation finanziert wird.

Zwar ist vorrangig die *Fed* für die Finanzblasen, Fehlinvestitionen und übermäßige Verschuldung verantwortlich zu machen, doch hatten auch andere politische Schritte in erheblichem Maße zu der Verzerrung beigetragen, die nun korrigiert werden musste.[42] Künstlich niedrig gehaltene Zinsen der *Fed* haben Investoren, Sparer, Kreditnehmer und Verbraucher zu einer Fehleinschätzung der Lage verleitet. Vielfältige Fehler sind begangen worden. Der scheinbare Wohlstand, der auf der Illusion von Reichtum und Ersparnissen beruhte, hat zu fehlgeleiteter und exzessiver Nutzung von Kapital geführt. Der falsche Eindruck, den die Politik der *Federal Reserve* vermittelte, hat zu dem irrigen Vertrauen geführt, alles werde gut. Diese Illusion bezeichnet man auch als *Moral Hazard*.

Jeder vermeintliche Schutz vor einem Risiko verleitet die Menschen dazu, weniger Vorsicht walten zu lassen. Auch wenn ihr Vorgehen riskant erscheinen mag, so hat doch immer jemand anders die Folgen zu tragen; der *Moral Hazard* wird zu schlechtem wirtschaftlichen Verhalten ermuntern.

In dem Wissen, dass man keine Ersparnisse mehr brauchte, um einen Kredit von der Bank zu bekommen, da die *Federal Reserve* billigen Kredit bereitstellte, ließ sich mancher Banker und mancher Kreditnehmer dazu verleiten, bei geschäftlichen Unternehmungen zu »zocken«. Es ist einfach, dieses Risiko auf sich zu nehmen, besonders in der Aufschwungphase des Konjunkturzyklus, wenn der Nominalwert von Aktien, Grundstücken und Häusern steigt. Unter der Oberfläche kauften sie sich in einen *Moral Hazard* ein, das heißt, sie wurden kurzfristig für ein Verhalten belohnt, das sich langfristig als nachteilig für alle erweisen würde. Aufgrund des Wettbewerbsdrucks in der Bankenbranche konnte kaum jemand widerstehen, wenn sich die Chance auf einen schnellen Profit bot.

*Moral Hazard* ist immer schädlich, egal, aus welcher Quelle er stammt, weil er das Gefühl für die Verantwortlichkeit für das eigene Handeln untergräbt. Je mehr sozialisiert unsere Gesellschaft ist, desto weniger fühlt sich der Einzelne für sein Handeln verantwortlich, die Verantwortung wird auf das Kollektiv übertragen. Der Interventionismus konditioniert Geschäftsleute dazu, zu glauben, sie könnten die Segnungen des Marktes genießen, die Strafen aber anderen aufbürden. Genau das erleben wir heute.

Obwohl ich hier über *Moral Hazard* im finanziellen Sinne spreche, setzt bereits der Begriff des Sicherheitsnetzes einen Wohlfahrts- oder sozialistischen Staat voraus, der zur Sorglosigkeit und Abhängigkeit von einem Staat verleitet, der sich um alle Probleme kümmert, die infolge unklugen wirtschaftlichen oder persönlichen Verhaltens auftreten. Diese Aufgabe als Beschützer der letzten Instanz kann der Staat nur um den Preis der völligen Preisgabe jeglicher persönlicher Freiheit erfüllen.

Der schwerste Fehler, den einige sogenannte »Progressive« begehen, die sich gemeinsam mit uns für eine Beschränkung der Macht der *Fed* einsetzen und gegen die steigende Zahl von Großunternehmen, den Militarismus und gegen die Sozialmachiavellisten eintreten, liegt darin, dass sie bei persönlichen wirtschaftlichen Entscheidungen von ihrer Position abweichen. Sie verteidigen das Recht, über unsere gesellschaftlichen und religiösen Werte selbst zu bestimmen, verstehen aber nicht, dass es dabei um dasselbe Recht geht wie bei der Entscheidung, wie wir unser Geld ausgeben und ob wir eine geschäftliche Vereinbarung abschließen oder nicht.

Es ist verwirrend zu beobachten, dass manche, die den Staat nachdrücklich und richtigerweise aus allen gesellschaftlichen, religiösen und intellektuellen Entscheidungen heraushalten wollen, gleichzeitig aber davon ausgehen – aus welchen Gründen auch immer –, dass der normale Bürger ohne zentrale Wirtschaftsplanung, die jeden seiner Schritte lenkt, nicht existieren könnte. Durch solche Widersprüchlichkeit können Institutionen wie die *Federal Reserve* Macht über Geld und Kredit und leider auch über die gesamte Wirtschaft erlangen.

Wenn man davon ausgeht – und das hat man jahrzehntelang getan –, dass der Staat seine Bürger vor ihren eigenen Handlungen schützen und ihnen jeden erlittenen Schaden erstatten muss, dann sind der vorbeugenden Regulierung und unkontrollierten Einschränkung Tür und Tor geöffnet. Natürlich schlägt niemand vor, alle religiösen oder geistigen Aktivitäten durch Moral-Ingenieure aus Washington überprüfen zu lassen – obwohl es tatsächlich Versuche dazu gibt –, aber wir lassen bereitwillig zu, dass die Wirtschaftsplaner unser gesamtes wirtschaftliches Vorgehen überprüfen. Wir erwarten, dass der Staat uns beisteht, wenn wir einen Fehler begangen haben oder wenn unser Tun unvorhergesehene Folgen gehabt hat.

Man hat viel über die *Subprime-Kredite** gesprochen, die aufgrund von staatlichen Bestimmungen vergeben worden sind, Jahre bevor die Immobilien-Blase platzte. Aber man könnte durchaus sagen, dass alle Kredite, die aufgrund des Prinzips der Krediterzeugung aus dem Nichts entstanden sind, ein Element von Subprime aufweisen, was so viel heißen soll, dass hier Kapital sehr unklug eingesetzt wird. Deshalb herrscht während des Booms überschäumende Euphorie, die sich erst beim Crash als solche – und als verheerend erweist. Immer mehr Risikokredite wurden vergeben, während sich eine Finanzstruktur ohne jedes Fundament entwickelte. Man brauchte kein Prophet zu sein, um den Zusammenbruch vorhersagen zu können; mit Logik und Verstand war der Zusammenbruch absehbar.

Diejenigen, die ihn nicht haben kommen sehen und immer noch nicht verstehen, warum es dazu gekommen ist, begreifen eben nicht, wie der Markt funktioniert. Sie wollen die Unzulänglichkeiten der Geldpolitik der *Fed* einfach nicht sehen. Die Weltwirtschaft ist nicht durch dieselben Leute und deren Philosophie zu retten, die dieses Chaos über uns gebracht haben.

*Moral Hazard* bedeutet Abhängigkeit, Nachlässigkeit und die Aufgabe der Freiheit, die Duldung falscher monetärer Doktrinen und Versprechungen von Reichtum ohne Arbeit. Utopische Wünsche sind Träume, die sich notwendigerweise in Albträume verkehren. Die Verfechter des Papiergeldes machen der breiten Bevölkerung gegenüber Versprechungen, um sie zu beschwichtigen, sind aber gleichzeitig von ihrer eigenen Überlegenheit überzeugt und denken, sie könnten selbst reich werden, den Staat zum Wohle der Menschen kontrollieren und das Paradies auf Erden schaffen.

Künstlich niedrige Zinssätze erreicht man durch eine Inflationierung der Geldmenge, sie bestrafen die Bescheidenen und betrügen die, die spa-

---

* *Kredite an Haushalte mit geringer Kreditwürdigkeit*

ren. Sie fördern Konsum und Kreditaufnahme auf Kosten von Sparen und Investitionen. Die Zinsraten zu manipulieren ist unmoralisch, es zerstört die Wirtschaft.

Der Zinssatz am Markt liefert wichtige Aussagen über den reibungslosen Ablauf in der Wirtschaft. Eine Zentralbank, die den Zinssatz festsetzt, betreibt auch Preisfixing und wirkt wie eine Art zentraler Wirtschaftsplanung. Preisfixing ist ein Werkzeug des Sozialismus, es zerstört die Produktion. Zentralbanker, Politiker und Bürokraten können nicht wissen, wie der richtige Satz aussehen sollte. Ihnen fehlt das Wissen, und sie sind Opfer ihrer eigenen Selbstverherrlichung.

Die Geldmenge und die Zinssätze zu manipulieren, verstößt gegen alle Prinzipien des freien Marktes. Deshalb ist es falsch zu behaupten, der freie Markt habe zu diesem Schlamassel geführt. Der Markt war nicht frei. Er war manipuliert und verzerrt. Paradoxerweise führen auch freie Märkte und solides Geld zu niedrigen Zinssätzen, aber im Gegensatz zu den künstlich von der *Fed* festgesetzten niedrigen Zinsen werden hier die richtigen Signale für Investoren und Sparer gesetzt. Nur die *Federal Reserve* kann das Geld inflationieren, neues Geld und neuen Kredit aus dem Nichts schöpfen, und zwar im Verborgenen, ohne jegliche Aufsicht. Die Inflation macht Defizite, unnötige Kriege und exzessive Wohlfahrtsausgaben möglich.

Wenn man darüber nachdenkt, wird deutlich: Einer Währung den Boden zu entziehen, ist Betrug. Denn dadurch wird jedem Dollar, der verdient oder gespart wird, etwas von seinem Wert geraubt. Die Leute werden bestohlen und ärmer gemacht. Es ist der Feind des arbeitenden Menschen. Die Inflation ist die hinterhältigste und rückschrittlichste Form der Besteuerung. Sie bewirkt die Umverteilung von Vermögen von der Mittelschicht auf die privilegierten Reichen. Das wirtschaftliche Chaos, das aus einer Politik der Zentralbankinflation resultiert, führt zu politischer Instabilität und Gewalt. Es ist ein uraltes Werkzeug aller autoritären Herrscher.

Die Inflation ist für freiheitsliebende Menschen niemals von Nutzen. Sie vernichtet den Wohlstand und heizt Kriege an. Sie ist verantwortlich für Rezessionen und Depressionen. Sie ist trügerisch, macht süchtig und führt zur Illusionen von Größe, in Bezug auf Reichtum und Wissen. Reichtum lässt sich nicht schaffen, indem man ungedecktes Papiergeld erzeugt, denn das zerstört ihn, es belohnt Sonderinteressen und ist vor allem nicht real.

Das Wohlergehen unseres Landes von monetärem Schwindel abhängig zu machen oder auf eine Umkehr der Abwärtsspirale zu hoffen, ist riskanter, als Lotterie zu spielen.

Seit den Tagen des alten Roms hat man die Inflation genutzt, um Kriege und Imperien zu finanzieren. Es geht immer böse aus. Inflationismus und Korporativismus führen zu Protektionismus und Handelskriegen. Man sucht und findet Sündenböcke: Ausländer, illegale Einwanderer, ethnische Minderheiten und allzu oft die Freiheit selbst werden für die absehbaren Folgen und all das entstehende Leid verantwortlich gemacht.

Der Kongress, die Bürokraten und Gerichte haben sich für ein instabiles Geldsystem entschieden, das unserer Wirtschaft schweren Schaden zugefügt und alles nur noch schlimmer gemacht hat. Programme, die zum Teil noch aus den 1930er-Jahren stammen, haben Kreditgeber dazu veranlasst – in vielen Fällen geradezu gezwungen –, *Subprime-Kredite* zu vergeben. Der Markt ist zwar nicht perfekt, verhindert aber eine unsolide Praxis der Kreditvergabe. Kreditnehmer wie Kreditgeber halten sich zurück, wenn die beteiligten Parteien das Risiko tragen müssen und nicht durch das sprichwörtliche Sicherheitsnetz geschützt sind.

In einem interventionistischen Wohlfahrtsstaat ist niemand allein für sein Tun und Lassen verantwortlich. Die Konsequenzen werden verwässert und sind für die Betroffenen nicht erkennbar. Man sieht den Nutzen, die Kosten werden aufgeschoben und sind zudem nicht leicht zu ermitteln. Politiker haben damit Erfolg; zumindest so lange, bis die Wahrheit in einer langen Phase der Korrektur ans Licht kommt.

Wenn der Einzelne nicht für sein Handeln verantwortlich ist, während sich die Blase bildet, dann wird die Verantwortung anderen oder zukünftigen Generationen aufgebürdet. Letztendlich muss der Steuerzahler die Zeche bezahlen. Hohe Preise infolge der inflationären Politik wirken wie eine allgemeine Steuer, treffen jedoch die Armen und die Mittelschicht am stärksten. Bei allen Bailouts muss die *Fed* aus dem Nichts neuen Kredit erzeugen. Das ist genau die Methode, durch die der Schlamassel überhaupt erst zustande gekommen ist.

Der *Community Reinvestment Act of 1977* (CRA) und der *Equal Credit Opportunity Act of 1974* haben maßgeblich zu den Exzessen auf dem Markt für *Subprime-Kredite* beigetragen, denn aufgrund dieser Gesetze waren die Kreditinstitute ausdrücklich verpflichtet, Kredite zu vergeben, die sie andernfalls verweigert hätten. Das falsche Konzept der verordneten wirtschaftlichen Gleichheit, ein sozialistischer Begriff, hat zu Gesetzen wie dem *Community Reinvestment Act* geführt. Dadurch wurde die sogenannte *Affirmative Action** im Finanzsektor durchgesetzt. Denn zu den Kreditnehmern, die vorübergehend davon profitierten (oder, besser gesagt, dadurch ausgebeutet wurden), zählten überproportional viele Angehörige von Minderheiten. Man könnte bestenfalls einräumen, die *Affirmative Action* bei der Kreditvergabe habe auf den guten Absichten der Unterstützer dieses Programms beruht. Aber wie bei allen Formen der staatlichen Einmischung gab es auch hier unbeabsichtigte Folgen und neue Probleme.

Das Problem liegt darin, dass die staatliche Wirtschaftsplanung und *Affirmative-Action*-Kreditvergabe anfänglich attraktiv erscheint. Mehr Häuser werden gebaut und mehr Menschen kaufen Häuser, die sie sich sonst nicht hätten leisten können. Die Eigenheimpreise steigen rasant; die Regierung und die entsprechenden Bestimmungen laden dazu ein, diese inflationierten Preise als Sicherheit für neue Kredite zu hinterlegen. Mit gepumptem Geld leben die Hausbesitzer weit über ihre Verhältnisse. So etwas hätte es bei einem freien Markt mit solidem Geld niemals geben können. Aber das jähe Ende dieser Illusion von Reichtum und Hausbesitz ist vorprogrammiert. Bei den Armen wird zwangsvollstreckt; viele landen auf der Straße. Mehr Inflation und staatliche Hilfen werden das Problem nicht lösen. Die Regierung ist pleite und jeder Versuch, allen aus der Patsche zu helfen, macht die Rückkehr zu einer soliden Wirtschaftspolitik unmöglich. Das Elend wächst genauso, wie während der Aufschwungphase die Euphorie zugenommen hatte. Die Wahrheit setzt sich durch: Das betrügerische Spiel ist aus. Jetzt muss genau analysiert werden, wenn wir nicht noch mehr verlieren wollen.

Den Armen wurde vorgegaukelt, die staatliche Macht könnte ihnen zu einem Haus verhelfen, selbst wenn sie keinen Penny gespart hatten – das konnte nicht gut gehen. Doch viele haben profitiert, als sich die Blase aufblähte. Den Direktoren der [halbstaatlichen Hypothekenfinanzierer] Fannie Mae und Freddie Mac ging es blendend, sie »entkamen« mit Millionen. Auch noch nach dem Zusammenbruch haben es viele geschafft, sich aus Steuermitteln finanzierte Pensionszahlungen zu sichern. Bauunternehmer haben mit dem Häuserbau enorme Gewinne gemacht, die sie beiseiteschaffen konnten, ihnen kamen die stetig steigenden Preise gerade recht. Die Verkaufspreise lagen nämlich häufig weit höher, als die zu Baubeginn kalkulierten Preise.

---

* *staatliche Maßnahmen gegen die Diskriminierung von Minderheiten*

Hypothekenmaklern, Banken, Versicherungen, den sogenannten »Flippern« [die Häuser kaufen, um sie kurz darauf mit Gewinn wieder zu verkaufen], Grundbesitzern und Entwicklern ging es prächtig, viele konnten ihre Schäfchen ins Trockene bringen. Die Armen hatten weniger Glück. Nachdem die Ungleichgewichte, die durch den Traum vom leichten Reichtum entstanden waren, den Zusammenbruch herbeigeführt hatten, wurden die Armen, die sich von den Politikern das Blaue vom Himmel hatten versprechen lassen, arbeitslos und verloren ihr Haus. Das Letzte, was sie retten könnte, ist ein staatliches Beschäftigungsprogramm. Denn wenn die Regierung mit der übermäßigen Bereitstellung von Geldern für den Wohnungsbau, die zur größten Finanzblase aller Zeiten geführt hatte, schon völlig schief gelegen hatte, dann wird sie wohl kaum in der Lage sein, darüber zu entscheiden, in welche Bereiche das Kapital in den nächsten zehn Jahren gelenkt werden soll.

Es gibt viele ähnliche Programme wie den *[Community Reinvestment Act]* CRA, die Öl ins Feuer von Verschwendung, Betrug, Schulden und Fehlinvestitionen gegossen haben. Zum *Moral Hazard*, d. h. den Fehleinschätzungen, haben auch die [staatliche Einlagensicherung] FDIC, die SEC, Fannie Mae und Freddie Mac, die Richtlinien und Regulierungen des [Ministeriums für Wohnungsbau und Städteplanung] HUD, Gerichtsurteile, die [US-Steuerbehörde] IRS und eine grenzenlose Kreditkarten-Mentalität erheblich beigetragen.

Sogenannte GSEs *(Government Sponsored Enterprises)** wie Fannie Mae und Freddie Mac haben Investoren und Kreditnehmern suggeriert, das Finanzministerium und die *Fed* würden einspringen, falls es Probleme geben sollte. Ausländische Investoren waren dadurch definitiv eher geneigt, in verbriefte Hypotheken zu investieren, weil sie wussten, dass Fannie Mae und Freddie Mac beim Finanzministerium über offene Kreditlinien verfügten. Aufgrund der *Fed*-Politik lagen die Zinsen bereits unter dem marktüblichen Niveau. Durch die Kreditlinie wurde der Satz nun noch weiter gesenkt, was zu noch höherem Risiko einlud. Die subventionierte Hypothekenversicherung lieferte den Anreiz zur Vergabe von *Subprime-Krediten,* die sonst abgelehnt worden wären. Hätte es die *Fed* nicht gegeben, hätten sich alle, die jetzt ein hohes Risiko eingingen, viel mehr Gedanken darüber gemacht, welche Folgen ihr Handeln haben könnte.

---

* *Halbstaatliche Finanzinstitute; sie sind zwar privat organisiert, aber vom Staat geschaffen und sie haben einen öffentlichen Auftrag.*

Das Sarbanes-Oxley-Gesetz, das als Reaktion auf den Bankrott von *Enron* und *Long-Term Capital Management* erlassen worden war, hat den amerikanischen Unternehmen zwar erhebliche neue Kosten aufgebürdet, die derzeitige Krise jedoch nicht verhindern können. Unsere heutigen Probleme sind nicht entstanden, weil es keine Kontrollen von Unternehmen und Banken gab. Viele, darunter auch Greenspan, behaupten heute, der größte Schwachpunkt des Systems sei das Fehlen angemessener Gesetze gewesen, mit denen der »ungehemmte Kapitalismus« hätte unter Kontrolle gebracht werden können. Hätten wir nur genauer hingesehen, was auf dem »Derivate«-Markt vor sich ging, so heißt es, dann hätten wir den Einbruch verhindern können. Keineswegs! Weder staatliche Programme noch eine Politik des Inflationismus seitens der *Fed*, die zu krassen Ungleichgewichten in der Wirtschaft führt und gleichzeitig ein dauerhaftes Sicherheitsnetz bietet, sodass die Schuldigen die Verluste nicht zu spüren bekommen, lassen sich durch bürokratische Regelungen kompensieren.

Einzig die Regierungsvertreter, die sich rücksichtslos über das Volk und die Verfassung hinweggesetzt haben, hätten reguliert werden müssen.

Wenn man die *Fed* schon nicht abschaffen wollte, dann hätte man sie zumindest daran hindern müssen, Geld und Kredit aus dem Nichts zu erzeugen und eine monopolistische Kontrolle über das System auszuüben, einschließlich der Vollmacht, den Zinssatz festzulegen. Solche unkontrollierten Vollmachten haben mit Freiheit und solider Wirtschaftspolitik nichts zu tun.

Das Finanzministerium sollte sehr viel sorgfältiger reguliert werden. Wie es mit seiner Macht umgeht, wird vom Kongress kaum überprüft oder auch kaum verstanden. Die geheime Verwendung von mehreren Milliarden Dollar im seit 1934 bestehenden [staatlichen Börsenstabilisierungsfonds] *Exchange Stabilization Fund* werden im Haushalt nicht erfasst; das Finanzministerium kann Milliarden Dollar nach eigenem Gutdünken verwenden. Es verfügt auch über die »legale« Macht, in den Goldpreis einzugreifen. Das Finanzministerium hat es zwar nie zugegeben, aber ich war schon immer überzeugt davon, dass der *Exchange Stabilization Fund* durch Preismanipulationen an Aktien-, Rohstoff- und Währungstransaktionen beteiligt ist.

Als Teil der wenig beachteten *President's Working Group on Financial Markets* (»Plunge Protection Team«) wird das Finanzministerium auch weiterhin gemeinsam mit der *Fed*, der SEC und der CFTC den Markt mit

allen Mitteln zu retten versuchen. Leider ist zu vermuten, dass sie ihre
Macht dazu verwenden, Freunden auf Kosten der Allgemeinheit aus der
Patsche zu helfen.

Die Wall Street wird keine Einwände erheben. Sie will vor Abstürzen
geschützt werden; wirklich freie Märkte kümmern sie wenig. Die Wall
Street erwartet und freut sich über klammheimliche Hilfe genauso wie
über offene Bailouts, die heute an der Tagesordnung sind. Es gab kühne
Pläne zur Kontrolle der Märkte zugunsten des Establishments; es hat sich
aber immer wieder gezeigt, dass die Märkte stärker waren als die mit falschen Ideologien ausgerüsteten Eliten.

Die Bailout-Wirtschaft nach dem Crash zählt zu den beängstigendsten
Erfahrungen meiner gesamten Washingtoner Zeit. In dem Bemühen,
nicht wie ein zweiter Hoover angesehen zu werden (obwohl dieser – ganz
im Gegensatz zu dem, was die heutigen Geschichtsbücher über ihn verbreiten – ein fürchterlicher Interventionist war), setzte Präsident Bush ein
verrücktes Programm in Gang. Er fand sich plötzlich in der Bewilligung
von etwa 700 Milliarden Dollar für Bailouts wieder. Die *Fed* hat Billionen
Dollar zugesichert. Obama machte mit einem noch umfangreicheren Stimulierungspaket weiter.

Diese Ausgaben stimulieren nur die Bereiche der Wirtschaft, die vor
dem Bankrott stehen. Es ist gerade so, als wollte man die Welt von der
Schwerkraft befreien, indem man Gegenstände in die Luft wirft. Die Ausgaben behandeln die Symptome, nicht die Ursachen. Sie rauben dem Privatsektor Reichtum, der für eine Erholung genutzt werden könnte. Sie
verfestigen die Illusion des Besitzes eines Eigenheims. Sie subventionie-
ren die Vergangenheit, ohne sich um die Zukunft zu kümmern.

Das Defizit für 2009 hat inzwischen eine Höhe von fast zwei Billionen Dollar erreicht. Der vorgeschlagene Haushalt wird etwa 10 Billionen
Dollar an neuen Risiken erzeugen. Nach Schätzungen des Ökonomen
Michael Boskin wird all dies zu einer zusätzlichen Steuerbelastung von
163 000 Dollar für eine typische amerikanische Familie führen – das
heißt, wenn der Betrag nicht weginflationiert wird.[43] Selbst Mainstream-
Ökonomen wie Joseph Stiglitz bezeichnen das als Diebstahl an den Amerikanern. Je mehr Bailouts es gibt, desto mehr greift die Regierung in den
Betrieb von Unternehmen wie *General Motors* ein, stellt Direktoren ein
und entlässt sie wieder. Hält es denn wirklich irgend jemand für die Aufgabe der Regierung in Washington, Direktoren für Unternehmen einzu-
stellen oder zu entlassen?

Die Schuldverpflichtungen der USA sind aberwitzig, sie nähern sich dem Wert von zwölf Billionen Dollar. Man könnte sagen, die gesamte Bundesregierung ist gegenwärtig ein einziger riesiger fauler Kredit. Sie ist in schlechterer wirtschaftlicher Verfassung als alle Unternehmen im Privatsektor zusammengenommen.

Und doch, irgend jemand bekommt das Geld. Hauptsächlich sind es die mächtigen Player am Markt, Institute, die als wesentlich für das nationale Wohlergehen erachtet werden, wie beispielsweise *Goldman Sachs* und die Versicherungsgesellschaft AIG. Tatsächlich hätte man diese Unternehmen ohne Schaden für die Allgemeinheit bankrottgehen lassen können, so wie man *Lehman Brothers* hat untergehen lassen. Natürlich wäre das schmerzhaft gewesen, aber zumindest nur vorübergehend. Der gegenwärtig eingeschlagene Weg verlängert und verstärkt das Leiden – und führt zu einem langsamen Tod in eleganten Kleidern.

Zehntes Kapitel

# Warum die *Federal Reserve* abgeschafft werden muss

Die *Federal Reserve* sollte abgeschafft werden, weil sie unmoralisch, verfassungswidrig und unbrauchbar ist, schlechtes Wirtschaften fördert und die Freiheit untergräbt. Ihr destruktives Wesen macht sie zu einem Werkzeug einer tyrannischen Regierung.

Von der *Federal Reserve* ist nichts Gutes zu erwarten. Sie ist der größte Besteuerer überhaupt. Den Wert des Dollars zu mindern, indem man die Geldmenge erhöht, bedeutet eine heimtückische, hinterhältige Steuer für die Armen und die Mittelschicht.

Die Geldpolitik der *Federal Reserve* hat uns in unsere heutige Lage gebracht – ein geradezu tragischer wirtschaftlicher Schlamassel. Obwohl der Dollar einstweilen noch überlebt, haben Marktkräfte das in den vergangenen 38 Jahren aufgebaute internationale Finanzsystem in die Knie gezwungen. Der Fiat-Dollar-Reservestandard, der sich seit dem Zusammenbruch von Bretton Woods im Jahr 1971 entwickelt hat, ist an sein Ende gekommen. Das ist die Wahrheit hinter der heutigen Wirtschaftskrise.

Dieselbe inflationäre Politik fortzuführen, die uns in dieses Desaster gebracht hat, kann weder das heutige System am Leben erhalten noch das 1944 in Bretton Woods vereinbarte System zurückbringen. Die sind am Ende. Ein Weitermachen wie bisher kann höchstens den Dollar ganz zerstören. Leider haben Kongress und *Fed* seit dem Platzen der Immobilienblase – dem Signal für das Ende einer monetären Ära – den Weg für eine Dollarkrise freigemacht. Das ist schlecht, denn die Ablehnung des Dollars wird, vornehmlich aus Furcht und in Ermangelung anderer Ideen, zu einer noch tieferen Krise als nur dem Zusammenbruch des internationalen Finanzsystems führen.

Eindeutig trägt die *Fed* die Schuld; sie sollte deshalb abgeschafft werden. Bisher hat ihr der Kongress jedoch als wichtigster Instanz zentraler Wirtschaftsplanung nur noch mehr Vollmachten eingeräumt. Punkt fünf in Karl Marx' *Manifest der Kommunistischen Partei* lautet:»Zentralisation des Kredits in den Händen des Staats durch eine Nationalbank mit Staatskapital und ausschließlichem Monopol.« Das heißt nun nicht, dass jeder, der eine einflussreiche Zentralbank befürwortet, automatisch auch Kommunist ist. Es heißt vielmehr, dass für jeden, der eine autoritäre Herrschaft anstrebt, eine Zentralbank höchst nützlich ist.

Eine Zentralbank ist ihrem Wesen nach etwas völlig anderes als ein Warengeldstandard. Ein Goldstandard braucht keine Behörde, die ihn verwaltet. Wird eine Zentralbank trotz eines bestehenden Goldstandards geschaffen, dann sollen damit die Beschränkungen umgangen oder ganz beseitigt werden, die der Goldstandard für das Bestreben darstellt, den Staat gegen den Willen des Volkes auszuweiten. Damit ein Goldstandard funktionieren kann, wird der Staat lediglich gebraucht, um sicherzustellen, dass geltende Gesetze gegen Betrug oder zur Einhaltung von Verträgen befolgt werden.

Inflation und Wertminderung von Währungen gibt es schon seit langer Zeit. Bevor es moderne Zentralbanken gab, konnte ein König oder Tyrann mit monopolistischer Macht über das Geldsystem entscheiden und den Wert der Währung aus niederen Beweggründen schmälern. Oft genug geschah dies, um die Kosten für Kriege oder die Erweiterung eines Reiches zu decken.

Das Paradox liegt darin: Sobald die Macht über das Geld dazu benutzt wird, den Staat aufzubauen, wird dieser Prozess der Geldentwertung selbst das ganze Imperium durch eine hausgemachte Wirtschaftskrise zerstören.

Seit der Zeit von Konstantin I. hat der internationale Handel des Byzantinischen Reiches sechs Jahrhunderte lang auf Grundlage des Goldstandards floriert. Byzanz war nicht nur vom Wert ehrlichen Geldes überzeugt, sondern setzte sich für freien Handel ein und lehnte die Prinzipien des Merkantilismus ab. Die Goldmünze, der Byzant, wurde im gesamten Mittelmeerraum verwendet und war in der ganzen Welt bekannt.

Der Byzant hat seinen Wert tatsächlich über 600 Jahre bewahrt, die Inflation wurde in Schach gehalten, die Wirtschaft blühte. 1071 hat dann Nikephoros III. Botaniates den Goldanteil in den in der damaligen Welt am meisten benutzten Münzen reduziert. Diese Abwertung wurde damit entschuldigt, dass man einen Krieg gegen die Türken führen musste. Mit der Niederlage gegen die Türken hat Byzanz auch seine eigene Währung eingebüßt; das anschließende finanzielle Chaos bedeutete das Ende des Byzantinischen Reichs. Historiker nennen als Grund für das Ende von Byzanz »eine finanzielle Tragödie«.

Die Eliten der heutigen Welt sind zwar sehr mächtig und reich und kontrollieren die Zentralbanken, aber genauso wie Byzanz vor beinahe 1000 Jahren sind auch ihnen Grenzen gesetzt. Die Bankenelite mag Pläne schmieden, ihre Macht durch Globalisierung des Handels und finanzielle Kontrolle durch eine Weltzentralbank, die über eine neue Fiat-Währung herrscht, weiter auszubauen, doch den Gesetzen der Wirtschaft werden auch sie sich nicht entgegenstellen können.

Die Dauerhaftigkeit von Gold als Zahlungsmittel ist im Dezember 2008 erneut unter Beweis gestellt worden, als Archäologen fast 300 Goldmünzen aus der Zeit um 600 n. Chr. entdeckten. Die Münzen waren vom byzantinischen Kaiser in Umlauf gebracht worden. Die Münzen waren noch genauso viel, ja sogar wesentlich mehr wert als vor 1400 Jahren.

Man muss sich fragen, wie viel die Noten der *Federal Reserve* wohl wert sein werden, wenn sie in 100, in 50 oder sogar schon in einem Jahr in irgendeinem Versteck gefunden werden. Keine Gesellschaft kann ein dauerhaft florierendes Wirtschaftssystem ohne Geld mit realem Wert aufbauen.

Um genau zu verstehen, warum die *Fed* abgeschafft werden sollte, muss man verstehen, dass eine Gesellschaft, die frei sein will, eine Ware benötigt, die als Zahlungsmittel verwendet wird. Dies ist zugleich ein Argument *für* das Gold wie *gegen* eine Zentralbank.

Wir brauchen nicht vorzuschreiben, welche Ware in einer freien Gesellschaft als Zahlungsmittel verwendet werden soll, aber in der bisherigen Geschichte hat man sich zumeist für Gold oder Silber als Geld entschieden.

Gold haben die Menschen ganz natürlich über 6000 Jahre lang für Tausch und Handel verwendet. Schon im Jahr 4000 v. Chr. besaßen die Ägypter Goldbarren, die den Stempel des Pharaos trugen und als Geld verwendet wurden. Die ersten wirklichen Goldmünzen haben die Lydier ungefähr 750 v. Chr. eingeführt.

Bestimmte Eigenschaften machen Gold zum natürlichen Kandidaten bei der Wahl des Zahlungsmittels. Es ist nicht zum Zahlungsmittel geworden, weil irgendeine Regierung es so entschieden hat. Man brauchte einen erkennbaren Stoff, der leicht zu transportieren war und einen Eigenwert besaß. Einige formulieren es so: Geld solle als eine Art Wertspeicher dienen können, leicht teilbar, selten und begehrt sein. Seine wichtigste Funktion ist die eines Tauschmittels, das den Handel erleichtert. Die meisten Menschen erkennen, dass die Preise aller Waren Schwankungen unterliegen und dass der freie Markt diese Veränderungen sehr effizient ausgleicht. Manche halten den Wert des Goldes fälschlicherweise für starr und denken, er führe zu »stabilen« Preisen für Waren und Dienstleistungen. Da die Goldvorkommen begrenzt sind, während Regierungen nach Belieben Geld drucken können, sorgt Gold tatsächlich für stabilere Preise. Doch der Wert von Gold, Silber oder von Noten der *Federal Reserve* ist abhängig vom Angebot und der Beziehung zu anderen Waren. Aus diesem Grund war das bimetallische System, d. h. die Festlegung des Verhältnisses von Gold zu Silber, in der Anfangsphase unseres Landes unbefriedigend.

Geld ist schon in der Frühzeit der Geschichte entstanden, um den Handel zu erleichtern und die mühseligen Transaktionen, die der Tauschhandel erforderte, zu vermeiden. Der heutige komplexe Welthandel wäre ohne Geld undenkbar; Tauschhandel funktioniert nur in einer primitiven Wirtschaft. Doch auch eine moderne Volkswirtschaft kann gelegentlich auf das Niveau des primitiven Tauschhandels zurückfallen, beispielsweise nach Kriegen oder Finanzkrisen. Wenn wir nicht aufpassen, ist es hier auch bald wieder so weit.

Die Bedeutung des Geldes ist offensichtlich, und Gold mag zwar nicht starr in seinem Wert sein, aber es bietet sich wegen seiner Knappheit und seiner Effizienz beim Handel an.

Die monetäre Recheneinheit stellt die eine Hälfte aller wirtschaftlichen Transaktionen dar, die andere Hälfte sind natürlich Waren und/oder Dienstleistungen. Ein Verständnis über die Natur des Geldes ist auch deshalb unbedingt erforderlich, weil jede Transaktion nicht nur davon abhängt, wie viel das Geld im Augenblick wert ist, sondern auch davon, wie der Wert sich in der Zukunft möglicherweise ändern wird. Sich mit wirtschaftlichen Fragen zu beschäftigen, bedeutet eine enorm wichtige Aufgabe für eine Gesellschaft, die gezwungen ist, sich einer nicht definierbaren Papierwährung zu bedienen, die plötzlich ihren Wert verlieren kann, wenn es den monetären Institutionen, die eine Monopolmacht über dessen Menge ausüben, gefällt.

In einer modernen Volkswirtschaft, so hoch entwickelt sie sein und so lange sie bereits bestehen mag, wird das System stets fragil sein, wenn ein unberechenbares ungedecktes Papiergeld als Reservewährung dient und nicht ein unabhängiges Gut wie Gold, das der Staat nicht kontrolliert. Da die Verantwortlichen über Jahrzehnte hinweg solchen Betrug ungestraft begehen können, werden die Ungleichgewichte immer stärker, bis schließlich das gesamte System lahmgelegt wird. Je definierbarer die Recheneinheit, desto reibungsloser und länger wird eine Wirtschaft funktionieren. Papiergeld, Politiker und Zentralbanken erweisen sich stets als nicht von Dauer.

Als die *Federal Reserve* gegründet wurde, sollte sie gemäß dem *Federal Reserve Act of 1913* »eine elastische Währung garantieren, die es erlaubt, Wechsel zu rediskontieren, eine bessere Aufsicht über das Bankwesen in den Vereinigten Staaten zu gewähren und anderen Zwecken zu dienen.« Das war ziemlich breit angelegt. Schauen wir uns an, was es uns in 95 Jahren gebracht hat: keinerlei Stabilität und viele Krisen von historischen Ausmaßen.

Eine *elastische Währung!* Dieser Begriff hat mich schon immer fasziniert. Für mich bezeichnet er eher eine Methode, es der Regierung und dem Bankwesen zu gestatten, zu jedem ihnen genehmen Zweck elastischer von ihren Vollmachten zur Inflationierung der Währungen Gebrauch zu machen. Sie präsentieren die *Federal Reserve* als Kreditgeber der letzten Instanz zum Schutz von Arbeitnehmern und Einlegern, aber das ist nicht der Hauptzweck einer elastischen Währung.

In einem interessanten und guten Sinne ist Gold elastisch. Man könnte es als flexibel und effizient im Umgang mit den Faktoren, die die Preise für Waren und Dienste sowie den Wert des Geldes betreffen, bezeichnen. Es passt sich den Marktkräften an. Seine Menge ist stets adäquat; vorausgesetzt, sie wird nicht reguliert. Gold kann Ungleichgewichte bei der Leistungsbilanz weit besser und reibungsloser ausgleichen als eine Fiat-Währung.

Greenspan und Bernanke haben mir gegenüber stets eingeräumt, dass die angehäuften Ungleichgewichte beim Leistungsbilanz- und Handelsdefizit ein ernstes Problem darstellen. Niemals hätten sie jedoch eingestanden, dass dies ein Zeichen für die Mängel des Fiat-Dollar-Reservestandards ist. Sie würden auch nie zugeben, dass bei einem Goldstandard solche Probleme niemals aufgetreten wären.

Gold passt sich umgehend an und kann »gestreckt« werden, um als Geld benutzt zu werden, wenn die Preise aufgrund hoher Produktivität fallen. Die Kaufkraft des Goldes steigt und wird gestreckt, um mehr Transaktionen zu ermöglichen. Man macht sich viel zu viel und grundlos Sorgen über eine unzureichende Menge Gold. Papier kann vielleicht in dem

Sinne »elastisch« sein, dass inflationiert wird und alte Schulden ausgeglichen werden; es wird aber auch zum Bumerang, wenn sich die »gestreckte« Geldmenge in Form von Inflation und Deflation auswirkt.

Es ist entscheidend, das Geld in die richtige Perspektive zu rücken. Geld ist nicht gleich Reichtum, ebenso wenig wie Gold an sich. Viele meinen, es führe zu Reichtum, wenn mehr Papiergeld hergestellt wird, doch das verwässert nur den Wert des umlaufenden Geldes. Einfach die Menge des umlaufenden Goldes zu verdoppeln, mag im Vergleich zur Verdopplung der Papierwährung viel angenehmer sein, es ist aber kein Ersatz für Produktivität und die Steigerung von Handel und Geschäft. Wenn die Produktivität nicht gleichzeitig steigt, dann wird eine Verdopplung der Goldmenge lediglich die in der Goldwährung gemessenen Preise in die Höhe treiben.

Greenspan und ich sind uns bei einer Anhörung über die Definition von Ersparnissen in die Haare geraten. Ich hielt es für ein schlechtes Zeichen, dass bei uns nicht mehr gespart wird, dass wir nur noch Kredite aufnehmen und konsumieren (und diese Kreditaufnahme erfolgte ja allzu oft auf der Grundlage des durch die Inflation scheinbar gestiegenen Wertes der Häuser). Er hielt dagegen: Da der Wert der meisten Häuser steige, stelle diese Bewertung durchaus »Ersparnisse« dar. Ich widersprach mit Nachdruck und warf ihm vor, Schulden mit wirklichen Ersparnissen zu verwechseln. Er hielt es für völlig in Ordnung, mit dem gestiegenen Wert der Häuser als Sicherheit Kredite aufzunehmen, um damit den Konsum zu bestreiten.

Bemäße sich dagegen der Wert eines Hauses auf der Grundlage von Ersparnissen und nicht von künstlich inflationierten Preisen, dann hätten wir keine Eigenheimblase. Werden 20 bis 30 Prozent des Kaufpreises angezahlt, dann kann der Wert des Hauses im Rahmen der wirtschaftlichen Entwicklung vielleicht schwanken, aber diese Veränderungen können nicht zu einer Blase führen, die mit Sicherheit platzen wird.

Es kann kein Reichtum entstehen, wenn der Wert eines Hauses in der Boomphase eines Konjunkturzyklus nach oben getrieben wird. Ein »Flipper«, der sein Haus zum richtigen Zeitpunkt verkauft, wird vielleicht reicher; der Reichtum des Landes steigt dadurch aber nicht. Einige schaffen es, von den steigenden Preisen zu profitieren, weit mehr aber werden darunter zu leiden haben, dass die Preise am Ende der Boomphase wieder fallen. Weder der eine noch der andere Prozess ist ein Ersatz für wirkliche Ersparnisse. Dazu muss man nach seinen Verhältnissen leben und darf nicht sein gesamtes Einkommen verbrauchen. Unser Problem als Nation besteht natürlich darin, dass nicht nur unsere Einkommen, sondern auch die Kredite, die wir aufgenommen und zur Befriedigung unserer unmäßigen Konsumlust verwendet haben, inzwischen aufgezehrt sind.

## Elftes Kapitel

## Aus philosophischer Sicht

In einer moralischen Gesellschaft ließen sich mit Leichtigkeit moralische Einwände gegen die *Fed* vorbringen. Ich habe einmal darauf hingewiesen, dass bei Plenardebatten im Repräsentantenhaus nur äußerst selten moralische und verfassungsmäßige Argumente ins Feld geführt
werden. Das hat sich bis heute nicht geändert. Eine wirklich moralische
Gesellschaft brauchte wohl kaum eine Verfassung. Die moralischen Prinzipien, die solides Geld garantieren und eine Zentralbank zu dessen Verwaltung überflüssig machen würden, sind Aufrichtigkeit, die keinen Betrug toleriert, und Verlässlichkeit. Verträge sollten von der Regierung
geschützt und nicht untergraben werden.

In der Frage des Geldes kommt man schnell zu dem Schluss, dass diejenigen, die die Währung inflationieren und davon profitieren, nicht besser sind als einfache Geldfälscher. Trotzdem hat es inzwischen fast den
Eindruck, als dienten die Inflationierer dem Gemeinwohl, da sie das Geld
ja nur verwalten.

Heute reden wir davon, dass die *Federal Reserve* Geld druckt. Es ist aber
weit komplizierter, denn die Geldfälscherei in großem Stil geschieht heute am Computer, nicht mit der Druckerpresse. Wir gestehen der *Federal
Reserve* eine monopolistische Kontrolle über Geld, Kredit und Zinsen zu.
Das Gesetz erlaubt es dieser geheimnistuerischen privaten Bank, Kredit zu
erzeugen und nach eigenem Gutdünken zu verteilen.

Der Vorsitzende der *Federal Reserve* kann bei einer öffentlichen Anhörung unverfroren einwerfen, er denke nicht daran, offenzulegen, wohin
der neu erzeugte Kredit fließe und wer davon profitiere. Seine Botschaft
auf eine entsprechende Frage lautete dem Sinne nach: »Das geht Sie gar
nichts an«, wörtlich sagte er, es sei »kontraproduktiv«.

Der gesamte Betrieb der *Fed* beruht auf einem unmoralischen Prinzip.
Der Kongress trägt zu dieser Unmoral bei, indem er zulässt, dass der ganze Prozess ohne wirkliche Aufsicht weiterläuft. Die Unmoral im Umgang
mit Geld kann sich sowohl in Taten zeigen wie in Unterlassungen.

Kongressabgeordnete, die dieses betrügerische System persönlicher Vorteile wegen bewusst unterstützen, handeln unmoralisch. Die Finanzierung von Ausgaben in unverantwortlicher Höhe – sei es durch Maßnahmen der *Fed* oder sei es, dass dadurch zukünftigen Generationen mehr Schuldenlast aufgebürdet wird – bringt Politikern unmittelbaren politischen Nutzen.

Der Kongress ist jedoch nur ein Spiegel der Bevölkerung. Würden die Menschen das moralische Problem erkennen und von ihren Vertretern in der Regierung Moral in Geldfragen einfordern, dann wäre Schluss mit diesen Prozessen. Doch da die Menschen von der Regierung Leistungen verlangen und erwarten, die anders nicht zu gewährleisten sind, unterstützen sie das System. Reichtum kann nur in beschränktem Umfang übertragen werden, wenn den Politikern lediglich Steuern und Kreditaufnahme zur Verfügung stehen. Man muss also Geld drucken. Das Zusammenwirken der Menschen, der Politiker und der Geldfälscher bei der *Fed* beruht auf Betrug, Täuschung und Unwissen. Der französische Bischof Nikolaus von Oresme hat schon im 14. Jahrhundert geschrieben:»Nach meiner Meinung liegt die hauptsächliche und letzte Ursache dafür, dass der Fürst die Befugnis zur Münzveränderung beansprucht, im Profit oder Zugewinn, den er daraus ziehen kann; ansonsten wären so viele und große Veränderungen nutzlos. ... Abgesehen davon entspricht die Höhe des fürstlichen Gewinns notwendigerweise der des Verlusts der Gemeinschaft.«[44]

Da der Prozess von verschiedenen Umständen abhängig ist, kann er unterschiedlich lange dauern, aber irgendwann ist immer Schluss. Wie bei jeder unmoralischen Handlung, so steht auch hier am Ende Leid und Elend. Das große Problem ist jedoch, dass viele lange Zeit mit immoralischen Handlungen wie einer zentralbankgesteuerten Inflation durchaus zufrieden sein können.

In guten Zeiten, in denen man sich der Leistungen erfreut, stört niemand gerne die Party oder schert sich in Geldfragen groß um Moral. Die *Fed* ermuntert ja auch dazu, sich in unverantwortlicher Weise privat hoch zu verschulden. Die expansionistische Geldpolitik erlaubt es den Menschen, über ihre Verhältnisse zu leben. Für das Heute setzen sie ihre Zukunft aufs Spiel. Zugunsten ihres steigenden Konsums halten sie das Sparen nicht mehr für nötig. In diesem Sinne ist die *Fed* die größte Förderin des Konsumdenkens und des Lebens für den Augenblick. Das bedeutet eine fürchterliche kulturelle Verzerrung, bei der kurzfristiges Denken über langfristige Planung triumphiert.

Doch jede Party hat einmal ein Ende, und die Freizügigkeit, mit der man sich seine kurzfristigen Wünsche erfüllt hat, beschert einem nun viel Kummer und eine lange Phase der Rückzahlung. Das Familienleben wird ruiniert, Ehen zerbrechen. Die Menschen sind nicht mehr frei, den Wohnort oder den Job zu wechseln. Sie sind Sklaven ihrer hohen Kreditkartenschulden, der Kredite für das Studium, das Haus und das Auto. Solche Dinge und solche Art von erzwungener Abhängigkeit waren unbekannt, bevor es die *Fed* gab. In einer freien Gesellschaft mit stabilem Geld wäre so etwas undenkbar. Wir würden im Rahmen unserer Verhältnisse leben, denn das würde von unserem Geld- und Bankensystem belohnt.

Moral beim Geld und Moral in der Politik sind nicht voneinander zu trennen. Big Government führt zur Korruption. Wenn der Staat nichts zu vergeben hat, dann ist Bestechung nutzlos. Aber selbst unter den heutigen Umständen wäre jeder Bestechungsversuch reine Zeitverschwendung, wenn unsere gewählten und nicht gewählten Vertreter Männer und Frauen von Charakter wären. Ein schnell verdienter Dollar wird mit der Floskel »so läuft eben das Geschäft« gerechtfertigt, während man gleichzeitig beteuert, den Interessen der Wähler zu dienen, wenn man bei diesem Prozess mitmache.

Routinemäßig kauft man Wählerstimmen, indem man bestimmte Leistungen verspricht. Um einen Sitz in einem exklusiven Ausschuss zu erobern, muss man »Team Player« sein, der Sitz im Ausschuss ermöglicht es, das nötige Geld zu bewilligen. Die Stimme im Ausschuss ist noch wichtiger als die Stimme im Plenum, wo ja erst abgestimmt wird, nachdem man sich einig geworden ist. Wer an Konferenzen teilnimmt, bei denen die strittigen Fragen zwischen Repräsentantenhaus und Senat beigelegt werden, der rückt noch mehr ins Blickfeld der Geldgeber, die sich Einfluss in dem Prozess erkaufen wollen.

Geldspenden für Wahlkämpfe sind an der Tagesordnung, ganz besonders für Ausschussvorsitzende, die meist überhaupt keinen nennenswerten Wahlkampf veranstalten. Es ist eine Art Quidproquo, eine stillschweigende Anerkennung, und alles ist völlig legal. An Moral denkt dabei niemand.

Im Präsidentschaftswahlkampf hat Barack Obama über 750 Millionen Dollar an Spenden zusammengebracht und damit alle Rekorde gebrochen. Dieser Kandidat galt als Mann des Volkes, der sich für die Armen und Entrechteten einsetzte. Dabei hatte er doch einmal versprochen, staatliche Unterstützung anzunehmen, um die Kosten seines Wahlkampfs in Grenzen zu halten. Am Ende saßen die Wall Street, die Banken, der militärisch-industrielle Komplex und der medizinisch-industrielle Komplex alle mit im Boot.

Als klar war – das war schon ziemlich bald –, dass die Medien ihren Kandidaten gefunden hatten, war alles gelaufen und die Hähne wurden aufgedreht. Die Talfahrt der Wirtschaft beeinflusste das Geschachere um Einfluss nicht im Geringsten. Tatsächlich lassen sich die Rekorde bei der Wahlkampfunterstützung darauf zurückführen, dass der Anteil der Staatsausgaben am BIP rapide zunimmt und das voraussichtlich auch noch auf Jahre hinaus. Es gibt also noch mehr zu verschachern.

Angesichts der vielen Bailouts und Verstaatlichungen ist es wichtiger denn je, Zugang zu den Mächtigen zu haben. Der Prozess befeuert sich selbst. Genauso wie sich inflationäre Blasen aufblähen, so türmen sich auch politische Machtstrukturen auf, wenn der Staat eine immer größere Rolle spielt.

Mit einfachen Worten: Das ganze System ist moralisch bankrott. Trotzdem sollten Politiker der Versuchung, dabei mitzumachen, widerstehen. Die Rechtfertigung, die anderen machten es schließlich genauso – so funktioniere das System eben – ist inakzeptabel. Bedauerlicherweise ist es das Markenzeichen des erfolgreichen Politikers, sich nicht erwischen zu lassen.

Nur wenige verstehen oder verurteilen die Unmoral der Umverteilung von Reichtum durch staatliche Gewalt. Dass viele nur den Hilflosen helfen und eine wirtschaftlich »faire und gleiche« Gesellschaft schaffen wollen, ist dabei nicht von Belang.

Wenn Politiker Leistungen verteilen oder damit drohen, sie zurückzuhalten, falls sie keine Gegenleistung dafür erhalten, dann empört sich alle Welt darüber, sobald die Sache ruchbar wird. Viel weniger empört man sich jedoch darüber, dass die verteilten Geschenke den produktiven Mitgliedern der Gesellschaft zuvor gestohlen wurden. Der gesetzlich geschützte Transfer von Reichtum ist ein viel größerer Skandal, der allerdings nur höchst selten zur Sprache kommt.

Die größte Unmoral stellt ein Regierungssystem dar, das stillschweigend über den erzwungenen Transfer von Reichtum hinwegsieht. Es gilt nur dann als unmoralisch, wenn man sich bei der Verteilung der Beute erwischen lässt. Es ist relativ einfach zu erkennen, wie durch das Steuersystem der Reichtum von einer Gruppe zu einer anderen transferiert wird. Aber man hat uns dazu gebracht zu glauben, die Moral sei auf der Seite der Umverteiler, denn schließlich kümmerten sie alleine sich um die Benachteiligten und sorgten für Fairness im System. Ohne dieses System würde, so behaupten sie, furchtbares und unfaires Leiden herrschen. Natürlich wird jeder, der versteht, auf welche Weise die Freiheit für die Mehrheit der Menschen sorgt, solche Vorstellungen zurückweisen.

Der Prozess der monetären Wertminderung durch Inflationierung der Geldmenge führt zu einer unfairen und gefährlichen Umverteilung des Reichtums von der Mittelschicht zu den Reichen. Er beruht prinzipiell auf Betrug und ist schlicht und einfach Geldfälschung. Seine Ziele, die für die Massen nicht leicht zu durchschauen sind, erreicht er auf verborgenen Wegen. Stattdessen sind die Menschen so konditioniert, dass sie meinen, leicht verfügbare Kredite, die Monetisierung der Schulden und *Affirmative-Action*-Kredite seien ein Zeichen für gute Wirtschaftspolitik und moralisch motiviert.

Die Tragödie wird erst offenbar, wenn der Betrug einer unmoralischen und nicht aufrechtzuerhaltenden monetären Inflation endet. Das ist es, was wir heute erleben.

Wenn ich mich für solides Geld einsetze, dann wird mir von den Keynesianern immer die Besorgnis vorgehalten, dadurch ginge der »Nutzen« der Inflation verloren; die Menschen und die Sonderinteressen verlangen sogar noch mehr Inflation. Das moralische Prinzip beim Geld kümmert sie wenig, davon wollen sie nichts hören. Viele, die angeblich für den Markt und wenig Staat eintreten, verkünden lauthals, jetzt sei nicht die Zeit für Ideologen, die von den Prinzipien des freien Marktes, solidem Geld und einem ausgeglichenem Haushalt besessen wären. Jetzt sei es an der Zeit zu handeln, um die zusammenbrechende Wirtschaft zu retten.

Dabei erkennen sie nicht, dass sie selbst, die jede Ideologie verdammen, in einer grundsätzlich fehlerbehafteten Ideologie gefangen sind.

Pragmatismus, Dringlichkeit, Wohlwollen, Fairness, Kompromisse, Zukunftsangst und das Bestreben nach Sicherheit dienen als moralisches Deckmäntelchen für autoritäre Methoden, die angeblich zum Wohle der Menschen eingesetzt werden. Wer so denkt, der scheut auch nicht davor zurück, es für moralisch gerechtfertigt und notwendig zu erklären, bestimmte Freiheiten zu opfern, um diese Ziele zu erreichen.

Die Verfechter zentraler Wirtschaftsplanung machen sich kaum je Gedanken darüber, ob nicht die falsche Politik des Interventionismus die Ursache der Krise ist. Sie wollen nicht zugeben, dass das Loch nur noch tiefer wird, wenn man so weitermacht wie bisher. Einige betrachten das Chaos gar als Chance, um ihre seit Langem gehegte Idealvorstellung einer autoritären Regierung umzusetzen. Aus Angst vor der Zukunft und aus mangelndem Verständnis darüber, was uns in den Schlamassel geführt hat, verschieben wiederum andere ihre Absicht, sich für weniger Staat und freie Märkte einzusetzen, auf später.

Die Befürworter von Bailouts verunglimpfen ihre Widersacher als engstirnige und selbstsüchtige Ideologen. Natürlich haben dieselben Leute, die heute steuerfinanzierte Bailouts fordern, in der Zeit, als sie Profite einstreichen konnten, es für vollkommen rechtens gehalten, dass diese ihnen auch zuständen, das sei die Philosophie des freien Marktes.

Es ist nicht die Frage, ob man Ideologe ist, sondern vielmehr, welcher Ideologie man anhängt. Es ist praktisch unmöglich, keine Ideologie zu verfechten. Moralisch prinzipienfeste Menschen werden als Ideologen abgestempelt, um sie als streitsüchtig und gefühllos darzustellen. Dann erscheint die unmoralische Philosophie, die auf staatlicher Gewalt beruht, moralisch überlegen. Die wiederum präsentiert sich so, als kümmere sie sich um die Benachteiligten. Kein Wort davon, dass hier denen aus der Patsche geholfen wird, die von einem Wirtschaftssystem profitiert haben, das künstlich durch eine inflationierte Währung stimuliert worden ist, und die Vorstandsgehälter sowie die Löhne und Leistungen für die Arbeiter in einigen Branchen in die Höhe getrieben hat.

Ein unmoralischeres Geldsystem als eines, welches auf einem Bankenmonopol beruht, das ohne jede Aufsicht und Schutz für die Allgemeinheit insgeheim Geld fälschen kann, ist kaum vorstellbar. Der moralische Einwand gegen die *Fed* sollte für einigermaßen informierte Menschen schon ein hinreichender Grund dafür sein, sie auf schnellstem Wege loszuwerden.

Selbst die Bibel erklärt es eindeutig für unmoralisch, die Qualität des Geldes zu verändern. Uns wird beigebracht, die Regeln von »rechtem Gewicht und Maß« zu achten. »Ihr sollt nicht unrecht handeln im Gericht, mit der Elle, mit Maß. Rechte Waage, rechtes Gewicht, rechter Scheffel und rechtes Maß sollen bei Euch sein« (3. Mose 19:35-36). »Zweierlei Gewicht ist dem Herrn ein Gräuel und eine falsche Waage ist nicht gut« (Sprüche 20:23). Das allgemeine Prinzip lässt sich in die kurzen Worte fassen: »Du sollst nicht stehlen« (2. Mose 20:15).

Die Bibel setzt voraus, dass Geld ein wertvolles Metall sein muss und dass mit Gewichten und Maßen ehrlich verfahren wird. In den Worten Jesu klingt sogar ein Kern der Österreichischen Theorie des Konjunkturzyklus an, die sich dem Problem nicht nachhaltiger Investitionen widmet: »Wer ist aber unter euch, der einen Turm bauen will, und sitzt nicht zuvor und überschlägt die Kosten, ob er's habe, hinauszuführen? Auf dass nicht, wenn er den Grund gelegt hat und kann's nicht hinausführen, alle, die es sehen, anfangen, sein zu spotten« (Lukas 14:28-29).

Manche behaupten, die Liebe zum Geld selbst sei die Wurzel allen Übels; für andere hingegen ist die Unredlichkeit im Umgang mit Geld die Hauptquelle des Übels.

Ayn Rands Verteidigung des ehrlichen Geldes bedeutete die vollständige Ablehnung von Papiergeld. In der Frage der »objektiven Standards« beim Geld bezog sie einen fast biblischen Standpunkt. Eine Gesellschaft in Wohlstand setzte für sie ehrliches Geld voraus. In Franciscos Rede in *Atlas Shrugged [Wer ist John Galt?]* warnte sie vor dem Tag, an dem das Papiergeldsystem zusammenbrechen würde. Rand schrieb, wenn man wissen wolle, wann eine »Gesellschaft versinkt ... behaltet das Geld im Auge.« Wenn »Zerstörer unter den Menschen erscheinen, dann beginnen sie damit, das Geld zu zerstören, denn das Geld ist der Schutz des Menschen und die Grundlage moralischen Daseins. Zerstörer bemächtigen sich des Goldes und geben seinem Besitzer dafür ein wertloses Bündel Papier.« Papiergeld war für sie ein »Pfandbrief auf nicht vorhandene Werte.«[45]

Alle großen Religionen verbieten staatlichen Betrug beim Geld. Sie alle lehren, Versprechen einzuhalten und Pflichten zu erfüllen, den Nächsten und sein Eigentum zu respektieren. Zentralbanken, und ganz besonders die *Fed*, setzen sich rücksichtslos über dieses Prinzip hinweg, das seit Jahrtausenden praktisch alle religiösen und weltanschaulichen Führer unterstützen. Dagegen liegt in der »Liebe« der Mächtigen zur Kontrolle über das Geld die Wurzel des Übels dieser Welt.

Dass keine Klarheit über die Moral in Politik und Wirtschaft oder beim Geld besteht, verführt manche, die sich selbst für Unterstützer der freien Marktwirtschaft halten, dazu, eine Partnerschaft mit dem Staat zu akzeptieren.

Ich erinnere mich an einen meiner ersten Wahlkämpfe für einen Sitz im Kongress im Jahr 1976, bei dem ich erstmals die Chance auf einen Sieg hatte. Als Anfänger war ich wirklich noch naiv. Aber die Zeit und die Umstände brachten es mit sich, dass die Geschäftswelt von Houston es tatsächlich für möglich hielt, dass ich gewann. Das war an sich schon bemerkenswert, schließlich waren damals nur drei der 24 Kongressabgeordneten aus Texas Republikaner. Der 22. Kongressbezirk war nie zuvor von einem Republikaner erobert worden. Dazu war es kurz nach Watergate, was es für die Republikaner noch schwerer machte.

Da man davon ausging, dass ich gewinnen könnte, wurde ein Treffen mit Vertretern der Houstoner Geschäftswelt anberaumt. Damals lagen 70 Prozent des Wahlkreises im Bezirk Harris County, zu dem auch Houston gehört; ein kleiner Abschnitt lag in Brazoria County, wo ich meinen Wohnsitz hatte.

Ich erinnere mich lebhaft an ein Gespräch mit George R. Brown von der Firma *Brown & Root,* aus der später *KBR (Halliburton)* wurde. Er war Demokrat und enger Verbündeter Lyndon B. Johnsons. Die beiden hatten neue politische Methoden entwickelt, wie Fundraising und die Unterstützung für Kandidaten, die sie in der Hand hatten, wenn diese erst einmal gewählt worden waren. Brown unterstützte mich aus zwei Gründen. Zum einen war er ein Gegner der Gewerkschaften, zu denen mein Gegenkandidat, der liberale State Senator Bob Gammage, gute Beziehungen unterhielt. *Brown & Root* waren im Distrikt stark vertreten. Zum anderen war meine Glaubwürdigkeit in ihren Augen gestiegen, nachdem ich es bei der Nachwahl völlig unerwartet in die Stichwahl geschafft hatte.

Ich wurde herzlich empfangen, etwas Geld wurde gesammelt – keine große Summe. In meiner kurzen Ansprache verteidigte ich den freien Markt und äußerte mich dabei so deutlich wie heute. Als ich mich beim Weggehen noch kurz mit Mr. Brown unterhielt, ermahnte er mich: »Vergessen Sie nicht, ein funktionierendes Wirtschaftssystem braucht die Partnerschaft von Geschäftswelt und Regierung.« Die Betonung lag auf Partnerschaft. Mich schauderte, ich machte mich schnell aus dem Staube.

Nach meinem Wahlsieg riet mein Kampagnenmanager mir dringend zu einer Spendengala mit denselben Stadtvätern. Der Zweck der Veranstaltung war angeblich die »Deckung der Schulden aus dem Wahlkampf«; ich sollte ihnen für ihre Unterstützung danken und ihnen versichern, wie bedeutsam diese für mich gewesen sei. Tatsächlich gab es überhaupt keine Schulden aus dem Wahlkampf, denn schon damals hielt ich mich an die strikte Regel: Beende nie eine Kampagne mit Schulden. Denn wenn du verlierst, bleibst du, nicht die Kampagne, auf den Schulden sitzen.

Wieder tauchte Mr. Brown auf; beim Hinausgehen hörte ich ihn fragen: »Wir hoch ist mein Anteil, was bin ich schuldig?« Für mich, und möglicherweise auch für ihn, klang es so, als habe er in mich investiert und wollte nun, wie jeder gute »Kapitalist«, seinen gerechten Anteil zahlen.

Als ich mein Amt angetreten hatte und als meine Standpunkte und mein Verhalten bei Abstimmungen bekannt wurden, war klar, was von mir zu erwarten war. Ich habe nie wieder von Brown gehört.

Die Idee einer Partnerschaft von Geschäftswelt und Regierung ist nicht neu. Selbst als Mr. Brown davon sprach, klang es nicht hinterhältig. Ich bin sicher, er hielt es für ein ziemlich gutes System und rechtfertigte es so: Wenn *Brown & Root* davon profitierte, dann sei dies eine beiläufige Auswirkung der Philosophie, nicht Zweck der Partnerschaft. Verträge im Auftrag der amerikanischen Regierung in aller Welt *kamen zufällig zustande,* nicht aufgrund der engen Freundschaft mit Lyndon B. Johnson.

Diese Haltung greift immer mehr um sich. Im Laufe der Jahre habe ich immer wieder gehört, wie Geschäftsleute Big Government preisen und versichern, Geschäft und Regierung müssten zusammenarbeiten. Solche Partnerschaft entwickelt sich auf allen Ebenen – in den Gemeinden, bundesstaatlich und auf internationaler Ebene (UNO, Weltbank, IWF und multinationale Entwicklungsbanken). All dies geschieht im Namen des Kapitalismus und wird von einer korrupten und selbstgefälligen Geldmaschine der *Federal Reserve* finanziert. Bauunternehmer, Straßenbaufirmen, Brückenbauer und so weiter und so fort, sie alle unterstützen Projekte von Big Government.

Traurig ist dabei nur, dass zumeist der freie Markt verantwortlich gemacht wird, wenn es zu Mauschelei, Korruption und Finanzkrise kommt. Die Probleme werden dann ins Feld geführt, um weitere Inflationierung und die Ausweitung des Regierungsapparats zu rechtfertigen. Nutznießer sind die Sonderinteressen. Die mangelnde moralische Orientierung und das fehlende ökonomische Verständnis unserer Unternehmerklasse hat der Verstaatlichung des amerikanischen Systems des freien Unternehmertums den Boden bereitet. Sie steht uns nun unmittelbar bevor.

Besonders seit den 1930er-Jahren ist die Marktwirtschaft von Jahr zu Jahr weiter geschrumpft, während sich die staatlich geführte oder subventionierte Wirtschaft weiter ausgedehnt hat. Kaum jemand kümmerte sich darum, denn wir waren kreditwürdig und der Dollar galt als stark; uns ging es ja noch gut, während die Defizite sprunghaft anstiegen.

Jetzt stehen die Dinge anders. Das Abrücken von dem moralischen Prinzip, das den freien Markt und solides Geld verteidigt, hat die Grundlagen unseres Wirtschaftssystems unterhöhlt. Das Scheitern der Wirtschaft und der Verlust der moralischen Grundlagen hat den Weg für Verstaatlichung frei gemacht. Kommen die Direktoren der Automobilkonzerne nach Washington, um Freiheit zu verlangen – tarifliche Freiheit; Freiheit der technischen Modernisierung, wenn sie es für richtig erachten; Freiheit, zu entscheiden, welche Autos sie bauen; Freiheit von zentralen Wirtschaftsplanern, die jeden ihrer Schritte regulieren; Freiheit, Gewinne zu machen und zu behalten; Freiheit zu scheitern? Verlangen sie eine stabile Währung, die die Ungleichgewichte im internationalen Handel beseitigt?

Oh nein: Sie kommen nach Washington mit der Forderung, dass ihnen unschuldige Amerikaner aus der Patsche helfen und ein System schützen, das keinen Schutz verdient. Sie verlangen nie, die Regierung solle bestehende Verträge schützen, sondern bestehen darauf, dass sie neu formuliert werden. Sie betteln förmlich darum, übernommen, verstaatlicht und zu Partnern gemacht zu werden, einem Autozar gehorchen zu dürfen und auch noch den letzten Rest von Selbstrespekt aufzugeben, den sie sich vielleicht noch bewahrt haben.

Viele werden dafür verantwortlich gemacht, dass es bei uns so weit kommen konnte: die *Fed*, der Kongress, die Gerichte, die Blutsauger. Das Abscheulichste ist, dass keiner dieser Wirtschaftsgrößen den freien Markt verteidigt. Sie sind bereit, Juniorpartner des Staates zu werden; sie denken, sie hätten sich nicht ausverkauft und die Zeiten würden sich wieder bessern. Sie sind fest davon überzeugt, dass sie bald wieder reich sein werden und die Früchte ihrer Arbeit und die Segnungen der Freiheit genießen können – wenn man ihnen nur diesen einen Bailout gewährte. Faschismus kommt ihnen nicht in den Sinn. Sie rationalisieren, die Märkte scheiterten eben von Zeit zu Zeit, deshalb sei es völlig legitim, dass ihnen der Staat ein wenig helfe. Freundlich sprechen sie von Überbrückungskrediten, die ihnen über momentane Schwierigkeiten hinweghelfen. Doch ihre selbstsüchtige, kurzsichtige Gier und ihre verqueren Vorstellungen von der Beziehung zwischen Staat und Geschäftswelt in einer freien Gesellschaft haben einer Veränderung der politischen Strukturen in Amerika den Boden bereitet.

Im Plenum des Repräsentantenhauses habe ich es als »Verstaatlichung ohne ein Wort der Klage« bezeichnet; die Geschäftswelt bittet geradezu darum. Für mich ist die Verstaatlichung der Industrie, die das Privateigentum nur dem Namen nach beibehält, nur ein anderes Wort für Faschismus. Heute herrscht krasse Unehrlichkeit, und wenn das nicht für jeden zutrifft, dann versuchen Sie es einmal mit dem Wort *Leugnung* für die, die es eigentlich besser wissen sollten.

Als Harry Truman vermittels einer Exekutivorder während des Koreakriegs die Stahlindustrie übernahm, war er wesentlich ehrlicher über seine Pläne zur Verstaatlichung. Glücklicherweise haben die Gerichte diesen Schritt wieder rückgängig gemacht. Heute leistet niemand grundsätzlichen Widerstand gegen Bailouts von Unternehmen und die neuen Billionen-Kredite der *Fed* oder gegen die Übernahme von Versicherungen und Hypotheken, des Gesundheitssystems, der Banken und der Autoindustrie. Gestritten wird jeweils nur über die Höhe, die Finanzinstrumente und darüber, welche politische Gruppe wirtschaftlich das Sagen haben soll. Wenn schon keine moralischen Einwände gegen die wirtschaftliche Übernahme Amerikas erhoben werden, dann wird es auch keinen Widerstand gegen einen Diktator geben, der mit eiserner Faust über unser Leben bestimmt. Ich sehe schon einen Arbeitsdienst für alle 18-Jährigen auf uns zukommen, wobei erwartet wird, dass ihn die Amerikaner aus Patriotismus unterstützen.

Im Laufe der Jahre habe ich mich oft gefragt, wie es dazu kommen konnte, dass sich die Wirtschaftskapitäne in Deutschland und Italien auf die Seite der faschistischen Diktatoren schlugen. War ihnen denn nicht klar, wie das ausgehen würde? Ich bin sicher, dass viele das Beste gehofft haben; in Partnerschaft mit der Regierung Geld zu verdienen – eine solche philosophische Position konnten beide teilen. Sie waren so naiv zu glauben, sie könnten die Kontrolle über ihr eigenes Schicksal bewahren.

Wenn einmal das Prinzip erzwungener staatlicher Wirtschaftslenkung gilt, dann wird gleichzeitig dem Staat auch das Recht zugestanden, über das Leben jedes Einzelnen zu bestimmen. Es hat nicht lange gedauert, bis sich aus der Art von Geschäftspartnerschaft, die uns die Verstaatlichung und einen unkontrollierbaren Militarismus beschert hat, der Faschismus entwickeln konnte. Die Vorstellung eines *Autozars* scheint kaum jemanden zu beunruhigen.

Seit der ersten Partnerschaft zwischen Staat und Unternehmen im 19. Jahrhundert haben sich diese marktfeindlichen Institutionen stetig weiter ausgebreitet. Die Saat für einen Faschismus in Amerika wurde vor langer Zeit bei der Planung für den Ersten Weltkrieg gelegt. Diese Pläne reifen jetzt zu einer gefährlichen politischen und wirtschaftlichen Krise heran. Wenn wir nicht aufpassen, werden wir erleben, wie der Faschismus blüht und die Freiheit geopfert wird.

Richter Louis Brandeis hat uns daran erinnert, dass Verbrechen ansteckend wirken, besonders, wenn sie von der Regierung begangen werden. Wenn die Regierung sich über das Gesetz hinwegsetzt und die Verfassung mit Füßen tritt, liefert sie der Gesellschaft ein Vorbild, es ihr gleichzutun. Wenn Regierung und Politiker das Gesetz missachten, ist es ein Signal dafür, dass es alle anderen auch dürfen. Das wirkliche Paradox liegt darin: Wenn sich Einzelne nach der Verfassung richten und Regierungsvertreter zur Rechenschaft ziehen wollen, werden sie wie Gesetzesbrecher behandelt. Wenn das nicht schleunigst korrigiert wird, muss es notwendigerweise zur Gewalt führen. Die Worte auf einer Plakette (in Wirklichkeit ein Aufkleber) auf dem Schreibtisch in meinem Kongressbüro erinnert jeden Besucher an die moralische Krise, in der wir uns befinden: »Stehlen Sie nicht, die Regierung wünscht keine Konkurrenz.«

Zwölftes Kapitel

# Aus Sicht der Verfassung

Eigentlich hätte der Verfassungskonvent von 1787 auf einen engeren Rahmen begrenzt bleiben sollen. Laut dem Mandat der Einzelstaaten waren die Delegierten befugt, die Konföderationsartikel zu ändern. Ganz oben auf der Tagesordnung standen der freie Handel der Staaten untereinander sowie eine stabile Landeswährung. Einige wollten es zwar nicht eingestehen, aber ursprünglich war beabsichtigt, die Konföderationsartikel gänzlich zu verwerfen und eine völlig neue Verfassung zu schreiben.

Die *Federalists* wünschten sich eine stärker zentralisierte und mächtige Regierung. Sie bemängelten, dass der Kongress nicht die Macht besaß, die inneren Angelegenheiten zu regeln und Steuern für nationale Zwecke zu erheben. Die *Anti-Federalists* wie Patrick Henry befürchteten, die Freiheit werde untergraben, falls man sich auf eine zentralisierte Regierung einigte.

Doch als die Delegierten in Philadelphia versammelt waren, standen schon bald andere Pläne zur Debatte als der zwischenstaatliche Handel und eine Landeswährung. Denen, die um die Freiheit fürchteten, wurde die *Bill of Rights* als zusätzlicher Schutz gegen den Eingriff der Bundesregierung in die Angelegenheiten der einzelnen Staaten zugestanden.

Hätte man die ursprüngliche Absicht der Verfassung beibehalten, dann sähe die Lage heute anders aus. Der Schutz vor einer zentralisierten Regierung hat versagt, weil es in der Verfassung zu viele Schlupflöcher gab – vor allem aber deswegen, weil im Laufe der Jahre zu viele Stimmen in Staat und Gesellschaft gefordert haben, der Staat solle statt der Freiheit die Sicherheit garantieren.

Den Vätern der Verfassung war bewusst, welche Gefahr eine Inflation darstellte und wie dringend man ein Warengeld brauchte. Die Zerstörung des *Continental Dollar* war ihnen schließlich noch frisch im Gedächtnis. In den Protokollen des *Continental Congress* war zu lesen: »Eine Papierwährung ... wird weit stärker vermehrt, als bei einer guten Politik zulässig ist. Nichts ist offensichtlicher, als dass in dem Fall, wo die Menge des Geldes ... größer ist als für ein Mittel zum Handel erforderlich, sein relativer Wert ent-

sprechend gesenkt werden muss.«Darüber hinaus bewirke die Inflation ge-
wöhnlich»die Verderbtheit der Moral und den Niedergang der öffentlichen
Tugend, die Schmälerung der Mittel für einen Krieg, die Minderung des Ver-
trauens der Öffentlichkeit, Ungerechtigkeit gegen Einzelne sowie die Zerstörung von Ehre, Sicherheit und Unabhängigkeit der Vereinigten Staaten.«[46]

Die Verfassung sagt eindeutig: kein Papiergeld. Nur Gold und Silber sollten gesetzliches Zahlungsmittel sein. Da die Staaten sich durch die Ausgabe einer eigenen Papierwährung selbst Schaden zufügten, wurde ihnen in
Artikel 1, Abschnitt 10 der Verfassung ausdrücklich untersagt, Papiergeld
in Umlauf zu bringen:»Kein Einzelstaat darf ... etwas anderes als Gold- und
Silbermünzen zum gesetzlichen Zahlungsmittel erklären.«Da steht es klipp
und klar: Papiergeld ist verfassungswidrig, Punkt und Schluss.

In der Verfassung steht nichts über die Frage einer Zentralbank, aber
jedem, der die Absicht der Verfassung beherzigt, ist der Zehnte Zusatz eindeutig. Machtbefugnisse, die von der Verfassung den Vereinigten Staaten
nicht übertragen werden, bestehen nicht. Von der Ermächtigung einer
Zentralbank ist nirgendwo die Rede. Selbst wenn eine solche zulässig wäre, dann wäre sie nicht über das Mandat erhaben, dass nur Gold- und Silbermünzen als gesetzliche Zahlungsmittel erlaubt sind.

Theoretisch wäre eine Zentralbank bei einem Goldstandard zwar möglich, aber ein Goldstandard braucht keine Zentralbank, die ihn verwaltet.
Angesichts dessen ist zweifelhaft, ob eine Zentralbank nötig ist. Man
kommt unschwer zu dem Schluss, dass eine Zentralbank bei geltendem
Goldstandard nur dazu da ist, diesen loszuwerden.

Während des Verfassungskonvents wurde ausführlich darüber debattiert, Kreditbriefe (d. h. konvertierbares Papiergeld) auszugeben; entsprechende Vorschläge wurden aber abgelehnt. Weder der US-Regierung noch
den Einzelstaaten sollte es erlaubt sein, Papiergeld in Umlauf zu bringen,
allein Gold und Silber sollten gesetzliches Zahlungsmittel sein. Die Erfahrung der galoppierenden Inflation des *Continental Dollar* in den 1780er-
Jahren bestärkte die Gründerväter in ihrer Geringschätzung des Papiers –
bis zum Bürgerkrieg wurde von der US-Regierung offiziell kein Papiergeld
ausgegeben.

Das Verbot von Papiergeld betraf konvertierbare Zertifikate. Selbst das
galt als zu große Versuchung, um die Regierung damit zu betrauen. Die
Idee von ungedecktem Papiergeld war dermaßen abwegig, dass sich die
Gründerväter damit gar nicht erst befassten. Was würden sie wohl dazu

sagen, dass wir heute Billionen Dollar aus dem Nichts erzeugen und uns nicht einmal die Mühe machen, das Geld zu *drucken*? Heute passiert das alles am Computer, ohne die geringste Aufsicht durch den Kongress.

Schon bald erhob sich ein Streit über eine Zentralbank. Die *Federalists* plädierten dafür, die *Anti-Federalists* dagegen. Auch in dieser Frage waren Hamilton und Jefferson uneins; Hamilton hatte den Streit jedoch schon bald für sich entschieden, und 1791 wurde die *First Bank of the United States* gegründet. Jefferson, ein leidenschaftlicher Verfechter einer harten Währung, ließ 1811 den Konzessionsvertrag auslaufen. Der Krieg von 1812, dessen enorme Ausgaben zu hohen Schulden geführt hatten, brachte so gewaltige finanzielle Probleme und Defizite, dass wir erneut vor der Wahl zwischen Zentralisierung und Liquidation standen. Für die Politiker ist die Entscheidung einfach: kurzfristige Lösung statt langfristigen Wohlergehens. Also gründete Madison 1816 die *Second Bank of the United States*. 1819 entbrannte über diese Bank ein sehr wichtiger Verfassungsstreit. In dem Verfahren *McCulloch versus Maryland* entschieden die Richter zugunsten des Zentralbankwesens, was nicht nur einen schweren Rückschlag für solides Geld bedeutete. Die Begründung der Richter für diese Entscheidung hat der Verfassung einen nicht wiedergutzumachenden Schaden zugefügt.

Die eine Seite vertrat wie Jefferson die Ansicht, die Verfassung habe dem Kongress keine ausdrückliche Vollmacht zur Einrichtung einer Zentralbank verliehen. Die andere Seite, bei diesem Verfahren die Mehrheit, erklärte – durchaus überraschend –, der Kongress verfüge über jede gewünschte Vollmacht, die die Verfassung nicht ausdrücklich verwehre. Die Absicht hinter den Bestimmungen von Artikel 1, Abschnitt 8 und dem Zehnten Verfassungszusatz wurde völlig ignoriert. Hätten die Richter mit ihrer Auslegung recht gehabt, dann hätte überhaupt kein Grund bestanden, diese Bestimmungen in die Verfassung aufzunehmen.

Man einigte sich darauf, die Klausel »notwendig und zweckdienlich« [»*necessary and proper*«] aus Artikel 1, Abschnitt 8 der Verfassung erlaube es dem jeweiligen Kongress, jedes Gesetz zu verabschieden, das als »notwendig und zweckdienlich« erachtet wurde. Dass die besagte Klausel »notwendig und zweckdienlich« für die Durchführung von explizit im Artikel 1, Abschnitt 8 der Verfassung aufgezählten Aufgaben galt, wurde missachtet.

Durch dieses Urteil im Verfahren *McCulloch versus Maryland*, das die Verfassung in krasser Weise verzerrt und ihre Absicht untergräbt, ist im weiteren Verlauf unserer Geschichte schwerer Schaden angerichtet worden. Es ist ein Grund dafür, dass ein derartig aufgeblähter Regierungsapparat wie der heutige entstehen konnte. Diese Entscheidung ebnete den Weg zur Gründung der *Second Bank of the United States;* sie bildete auch die rechtliche Grundlage für die Gründung der *Federal Reserve* im Jahr 1913.

Damit hat der Oberste Gerichtshof das Prinzip der »impliziten Kompetenzen« *[»implied powers«]* etabliert, ein völlig subjektiver Begriff. Kaum jemand würde wohl noch Jeffersons Mahnung beherzigen: »Lasst uns daher nicht mehr von Vertrauen auf den Menschen hören, sondern haltet ihn durch die Ketten der Verfassung von Unheilstiftung ab.«

So gut sie auch geschrieben ist, die Verfassung selbst kann unser Ziel der Begrenzung der staatlichen Macht nicht erreichen. Dafür sind die Moral des Volkes sowie der Charakter und die Weisheit unserer gewählten Amtsträger gefordert. Doch selbst mit dieser Einschränkung sind wir aufgerufen, mit rechtsstaatlichen Mitteln »Unheilstiftung abzuhalten«, damit die »Ketten« nicht denen angelegt werden, die sich gegen solch heimtückischen Gebrauch staatlicher Macht wehren.

Das 1819 so eindeutig etablierte Prinzip der impliziten Kompetenzen hat die Büchse der Pandora geöffnet, unsere Freiheiten immer mehr zu beschränken. Das gilt ganz besonders für das vergangene Jahrhundert.

Mit *McCulloch versus Maryland* haben wir gleich zweimal verloren, und wir leiden noch immer an den Folgen. Denn dieses Urteil hat den Weg für den *Federal Reserve Act* von 1913 frei gemacht und die Bedeutung von »notwendig und zweckdienlich« neu definiert. Der Oberste Gerichtshof ist nie ein Freund des stabilen Geldes gewesen und hat nur in seltenen Fällen unsere Verfassung verteidigt.

Der Oberste Gerichtshof hat die Verwendung von »Greenbacks« als gesetzliches Zahlungsmittel während des Bürgerkriegs für rechtens erklärt und sich dabei derselben Argumentation bedient wie der Vorsitzende Richter John Marshall in *McCulloch versus Maryland.* Die Gerichte sind fast immer dem Wunsch des Kongresses nach der Festlegung eines gesetzlichen Zahlungsmittels gefolgt – und haben sich nie an das klare Mandat der Verfassung gehalten, die nur Gold- und Silbermünzen als gesetzliche Zahlungsmittel zulässt und es untersagt, »Kreditbriefe auszugeben«. Ich bezweifle, dass die Gerichte bei unserem Bemühen, wieder verfassungsgemäßes Geld einzuführen und uns vom *Federal-Reserve*-System zu befreien, jemals hilfreich sein werden.

In dem Verfahren *Hepburn versus Griswold* hat der Oberste Gerichtshof 1869 ein weises Urteil gefällt und die Zahlungsmittelgesetze für ungültig erklärt:»Weder ist vorgetragen worden noch würde irgendjemand – sei er mit den Grundlagen des Verfassungsrechts vertraut oder nicht – vortragen, dass die Verfassung den Gesetzgeber in irgendeiner Weise dazu ermächtigt, eine auf Kredit basierende Währung als gesetzliches Zahlungsmittel zur Rückzahlung von Schulden zu verwenden.« Und später heißt es:»... dass ein Gesetz, das bloße Versprechungen zur Zahlung in Dollar zu einem gesetzlichen Zahlungsmittel zur Begleichung früher vertraglich vereinbarter Schulden macht, kein angemessenes, in offenkundiger Weise angepasstes und wirklichkeitsgemäß abgewogenes Mittel darstellt, um jedwede dem Kongress übertragene ausdrückliche Befugnisse zu verwirklichen, und dass ein solches Gesetz dem Geist der Verfassung widerspricht und durch die Verfassung untersagt ist.«

Dieses Urteil hatte allerdings keinen Bestand; es wurde schon ein Jahr später durch eine andere Entscheidung des Obersten Gerichtshofs im Fall *Knox versus Lee* (1870) überholt, bei dem die Mehrheit der Richter unter offensichtlicher Missachtung der Verfassung urteilte:»Es wäre zu bedauern, wenn der Nation eine Macht genommen würde, die für den Schutz des eigenen Bestehens von solcher Wichtigkeit ist.«

Doch hier lag William Graham Sumner absolut richtig:»Das Urteil über gesetzliche Zahlungsmittel hat genauso viel Schaden angerichtet wie das Urteil im Fall Dred Scott. Der letztgenannte Fall zeigt, dass es sich durchaus lohnt, eine Verfassungsfrage zu diskutieren, selbst dann, wenn das Gericht bereits darüber entschieden hat. Das Prinzip des Zahlungsmittelgesetzes aufzuheben, erfordert wahrscheinlich keinen Krieg, wohl aber möglicherweise einen Staatsbankrott.«[47]

Das Urteil des Obersten Gerichtshofs von 1933, als dieser über die Beschlagnahme von Gold beriet und die Aufhebung aller Goldkontrakte für rechtens erklärte, war genauso verheerend. Der Staat und private Emittenten von Goldanleihen waren nicht verpflichtet, diese in Gold einzulösen. Die Idee, dass der Staat Verträge einhalten und über die Einhaltung von Verträgen wachen muss, wurde zu Grabe getragen; ganz besonders in Fragen, die Geld betreffen.

Die fehlende Achtung vor der Verfassung, die sich im 19. Jahrhundert abzeichnete, ebnete den Weg für den *Federal Reserve Act* von 1913. Angst, falsche Berichterstattung und Unwissen machten es möglich, dass die Regierung dem amerikanischen Volk eine schlechte Politik aufzwingen konnte. Es ist eigentlich nichts anderes, als den Präsidenten zu ermächtigen, Krieg zu erklären und denen aus der Patsche zu helfen, die in einer Wirtschaftskrise Hilfe am wenigsten verdient haben. Die Interessen des Staates rangierten vor den Interessen und Rechten des Volkes – mit dieser Begründung wird auch gefordert, die Amerikaner müssten es sich gefallen lassen, dass die Gegner des Warengelds und Befürworter des Zentralbankwesens den Ton angeben.

Die *Fed* wurde aufgrund der von der Öffentlichkeit und vom Bankwesen lautstark erhobenen Forderung nach einer elastischen Währung gegründet.»Elastische Währung« bedeutet, dass die Geldmenge nach Gutdünken der Währungsmanager willkürlich erhöht werden kann. Hin und wieder erhebt sich ein Streit über die Frage, wer genau dazu befugt ist: die Zentralbank, der Kongress oder gar die Privatbanken selbst. Die richtige Definition des Begriffs »Inflation« lautet, die Geld- oder Kreditmenge zu erhöhen. Mit der Forderung nach einer elastischen Währung wollte man sich also nur das Recht verschaffen, das Geld zugunsten bestimmter momentaner Sonderinteressen zu inflationieren.

Inflation wird immer mit noblen Absichten gerechtfertigt – die wirklichen Beweggründe sind aber alles andere als nobel. Den Nutzen haben diejenigen, die die Kontrolle über das Geld erhalten, nicht das ganze Volk.

Bevor John Maynard Keynes zum Verfechter der Inflation wurde, hat er sehr richtige Dinge über die Gefahren der Inflation geschrieben. Genauso wie Greenspan hat auch er später andere Positionen vertreten. In seinem Buch *Krieg und Frieden – Die wirtschaftlichen Folgen des Vertrags von Versailles* schreibt er:[48]

> »*Lenin soll erklärt haben, daß der beste Weg zur Vernichtung des kapitalistischen Systems die Vernichtung der Währung sei. Durch fortgesetzte Inflation können Regierungen sich insgeheim und unbeachtet einen wesentlichen Teil des Vermögens ihrer Untertanen aneignen. ... Es gibt kein feineres und sichereres Mittel, die bestehenden Grundlagen der Gesellschaft umzustürzen als die Vernichtung der Währung. Dieser Vorgang stellt alle geheimen Kräfte der Wirtschaftsgesetze in den Dienst der Zerstörung, und zwar in einer Weise, die nicht einer unter Millionen richtig zu erkennen imstande ist.*«

Ähnlich eindeutig äußert er sich in seinem Traktat über Währungsreform aus dem Jahr 1923:

*»Eine Regierung ... kann sich lange durch den Druck von Papiergeld am Leben erhalten. Das heißt, sie kann sich dadurch die Verfügung über effektive Mittel verschaffen; Mittel, die genauso effektiv sind, wie die durch Steuern aufgebrachten. ... Eine Regierung kann durch dieses Mittel leben, wenn sie durch kein anderes mehr leben kann. Es ist diejenige Form der Besteuerung, der das Publikum am schwersten auszuweichen vermag, und die selbst die schwächste Regierung durchsetzen kann, auch wenn sie sonst nichts mehr durchsetzen kann.«*[49]

In Punkt fünf des *Manifests der Kommunistischen Partei* fordert Marx ein zentrales Bankenmonopol. Es wurde als notwendig erachtet, um die Macht über die Gesamtwirtschaft aufrechtzuerhalten und das Vordringen des Kapitalismus zu verhindern.

Mit dem *Federal Reserve Act* wurde 1913 das *Federal-Reserve*-System etabliert, dem die verfassungswidrige Vollmacht zur Aufsicht über das nunmehr elastische und leicht angreifbare Geld verliehen wurde. Nicht nur die *Fed* würde Geld aus dem Nichts erzeugen können, sondern durch das Teildeckungsbankwesen machten auch die Banken mit, natürlich zu ihrem Vorteil.

Leider – aber ganz bewusst – ist zwischen der *Federal Reserve* und dem Kongress eine Mauer errichtet worden. Der Kongress hat das System geschaffen und könnte es genauso gut wieder abschaffen. Viele halten es für das Schlimmste, dass die *Federal Reserve* eine private Bank ist; alleine diese Meinung ist schon problematisch. Denn wenn das das einzige Problem wäre, dann müssten doch nur die Gesetze gegen die *Fed* angewendet werden, die auch für alle anderen Privatunternehmen gelten. Für mich genießt die *Fed* einen viel größeren Vorteil als nur den eines privaten Instituts: Sie ist vom Staat sanktioniert, genießt seinen Schutz und verfügt über das Privileg der vollständigen Geheimhaltung.

Die Berichte, die die *Fed* für den Kongress oder für Anhörungen erstellt, sind öffentlich zugänglich. Wirklich informiert werden jedoch weder die Öffentlichkeit noch der Kongress noch das *Financial Subcommittee* noch das *Domestic Monetary Policy Subcommittee* noch ich als Mitglied von allen drei Ausschüssen. Man würde mir niemals gestatten, an einer Sitzung des Offenmarktausschusses teilzunehmen, wo alle wichtigen Entscheidungen gefällt werden. Sie finden hinter verschlossenen Türen statt.

Das Geheimhaltungsprivileg ist gesetzlich garantiert. Wenn die Einrichtung auf nicht verfassungskonforme Weise entstehen konnte, dann

kann sie sich auch der Aufsicht entziehen, der alle anderen Regierungsbehörden unterliegen. Selbst die CIA muss vor einem kleinen Kreis aus-
gesuchter Kongressmitglieder Rechenschaft über ihre Aktivitäten able-
gen – obwohl der Kongress auch hier mit Sicherheit weitgehend im
Dunklen gelassen wird.

Das *Government Accounting Office* ist zur Bilanzprüfung bei allen staatlichen Behörden verpflichtet. In Titel 31, Kapitel 7 über Geld und Finanzen in dem entsprechenden Kodex wird die Pflicht und Ermächtigung zur
Bilanzprüfung bei allen Finanzinstitutionen beschrieben, darunter »das
*Federal Reserve Board*, die *Federal Reserve Banken*, die *Federal Deposit Insu-
rance Corporation* und die Behörde des *Comptroller of the Currency*.«

Das klingt umfassend und eindeutig. Allerdings gibt es in dem Gesetz
eine Vorbehaltsklausel, es heißt nämlich:

> »*Bilanzprüfungen beim* Federal Reserve Board *und den* Federal Reser-
> ve Banken *erstrecken sich* nicht *auf: Transaktionen an oder mit einer
> ausländischen Zentralbank, einer ausländischen Regierung oder nicht-
> privaten internationalen Finanzorganisationen;*

> *Beratungen, Beschlüsse oder Vorgänge zu monetären Angelegenheiten,
> darunter Diskontfenster-Operationen, Reserven der Mitgliedsbanken,
> Wertpapierkredit, Einlagezinsen und Offenmarktoperationen;*

> *Transaktionen, die unter der Leitung des Offenmarktausschusses erfolgen;
> sowie Auszüge der Kommunikation unter oder zwischen den Mitgliedern
> des* Board of Governors *und Beamten oder Angestellten des* Federal Re-
> serve System *entsprechend Absatz (1) bis (3) dieses Abschnitts.*«

Wenn Bernanke uns also Auskünfte über die Billionen Dollar verweigert, die er in jüngster Zeit im Rahmen der vielen Bailouts verteilt hat, weil
dies angeblich »kontraproduktiv« wäre, dann sagt er im Klartext: »Das
geht euch gar nichts an.«

Vom Gesetz mag er dabei zwar gedeckt sein, aber er verstößt gegen die
Verfassung. Unter den heutigen Umständen wird kein Gericht den Vorsitzenden des *Federal Reserve Board* zur Offenlegung der vom Kongress und
der Öffentlichkeit verlangten Informationen verpflichten.

In Washington wird die Forderung nach Transparenz in dem ganzen
Schlamassel von Tag zu Tag lauter erhoben. Man will nicht länger zuse-

hen, wie Hunderte Milliarden Dollar, d. h. die sogenannten TARP-Gelder, an das Finanzministerium fließen, ohne dass der Kongress erfährt, wie das Geld verwendet wird.

Einige Kongressabgeordnete, unter ihnen Louis McFadden, Wright Patman und Henry Gonzales, verlangen zum Teil schon seit Jahrzehnten über eine Bilanzprüfung durch das GAO Einsicht in die Bücher der *Fed* für den Kongress. Es hat zwar einige Zugeständnisse gegeben, wie beispielsweise die Überlassung der Protokolle jeweils drei Wochen nach den Sitzungen des Offenmarktausschusses oder die Veröffentlichung bestimmter Buchhaltungsstatistiken, doch im Kern sind die Transaktionen der *Federal Reserve* dem prüfenden Blick der Kongressmitglieder nicht zugänglich.

Bei meinen Nachforschungen ist mir eines aufgefallen: Je mehr Macht der *Fed* übertragen wird, desto mehr Geheimhaltung verlangt sie. Auch heute macht die *Fed* keine Angaben selbst über relativ einfache Geldmengenaggregate wie die Geldmenge M3. Dabei wird doch nur gezählt, wie viel Geld sie drucken (die Zählung kann auf unterschiedliche Weise geschehen). Die lächerliche Begründung der *Fed* lautet, man wolle Geld sparen – Geld sparen, indem man es nicht zählt? Vielleicht meinen sie, niemand würde merken, wie viel Geld sie eigentlich erzeugen, wenn sie einfach keine Angaben machen.

Heute, wo die *Fed* insgeheim mit Krediten und Garantien in Höhe von Billionen Dollar umgeht und ihre Bilanzen massiv ausweitet, erfahren wir weder etwas über die Vereinbarungen mit anderen Zentralbanken noch darüber, welchen Ländern und Währungen aus der Patsche geholfen wird. Natürlich sagt man uns erst recht nicht, welche »Freunde« in der Geschäfts- und Bankenwelt »fairer« behandelt werden als andere.

Transparenz ist zurzeit ein heißes Thema im Kongress, denn die Öffentlichkeit ist aufgewacht und verschafft sich Gehör. Davon zeugen die spontanen »Tea Parties« im ganzen Land. Es ist unerheblich, ob einer konservativ oder liberal, Republikaner oder Demokrat ist. Die Frage brennt allen auf den Nägeln.

Ich habe einen Gesetzesvorschlag für eine Bilanzprüfung der *Fed* eingebracht, den *Federal Reserve Transparency Act*, HR 1207; der Progressive/Sozialist (und Freund) Senator Bernie Sanders aus Vermont hat ihn beim Senat vorgelegt. Ich bin überzeugt, dass es bei einer direkten Abstimmung im Repräsentantenhaus nur wenige Gegenstimmen gäbe. Darin zeigt sich, dass die Mitglieder des Kongresses allmählich verstehen, welche Besorgnis in der Bevölkerung herrscht. Es mag zwar oft so aussehen, als ignoriere der Kongress die Menschen, aber wenn diese sich nur laut und deutlich äußern, dann reagieren die Politiker in Washington.

Seit der Gründung der *Federal Reserve* im Jahr 1913 haben zumindest einige Kongressabgeordnete unablässig darauf hingewiesen, welches Unheil die *Fed* anrichtet. Eine Bilanzprüfung der *Fed* wurde zumeist mit dem Argument abgelehnt, in bestimmten Bereichen sei Geheimhaltung erforderlich; außerdem brauche die Öffentlichkeit auch gar nicht so viel über die *Federal Reserve* zu wissen. Bis 1978 besaß das GOA keine ausdrückliche Vollmacht zur Prüfung der Bücher der *Federal Reserve*, was zur Rechtfertigung dafür diente, dass keine Bilanzprüfung durchgeführt wurde. Als der Kongress dann 1978 auf entsprechende Anträge hin endlich ein Gesetz verabschiedete, das die GOA zur Bilanzprüfung bei der *Fed* ermächtigte, wurden diese Vollmachten sehr stark begrenzt; alle wichtigen Fragen wurden ausdrücklich von der Bilanzprüfung ausgenommen.

Die *Fed* wird es natürlich bestreiten, aber da sie durch die Kontrolle über Geldmenge und Zinssätze so ungeheuer viel Macht besitzt, hat sie allen Grund, Stillschweigen über ihre Aktivitäten zu bewahren. Das ist seit der Zeit ihrer Gründung bekannt und hat dazu geführt, dass zumindest einige wenige Kongressmitglieder immer wieder eine Rechenschaftspflicht gefordert haben.

1964 hat der Abgeordnete Wright Patman als Vorsitzender des *House Banking Committee* den mächtigen Präsidenten der *Federal Reserve Bank of New York*, Alfred Hayes, vor seinen Ausschuss zitiert. Verärgert über die vielen Phrasen über Transparenz, sagte Patman Hayes offen ins Gesicht: »Sie können gegen alle Entscheidungen des Präsidenten ein Veto einlegen. Sie haben das Recht, ein Veto gegen Beschlüsse des Kongresses einzulegen und haben davon auch wiederholt Gebrauch gemacht. Sie gehen zu weit.«

Ich selbst halte das noch für untertrieben, denn im Verlauf des letzten Jahres hat die *Fed* im Rahmen der vielen Bailouts so unglaublich viel Macht übertragen bekommen, dass sie weltweit über weit mehr Einfluss verfügt, als der Kongress oder der Präsident je hatten.

Patman hat der *Fed* vorgeworfen, sie operiere geheimniskrämerisch, sie genieße zu viel Unabhängigkeit und sei ein Werkzeug der Wall-Street-Banker. Er hatte mit seinen Anschuldigungen recht; die Einführung des Goldstandards als Alternative hat er jedoch nicht gefordert.

Patman wollte, dass dem Kongress die Vollmacht zur Gelderzeugung
und zur Festsetzung des Zinssatzes übertragen wurde, er wollte die Lage der Armen, der kleinen Geschäftsleute und Farmer verbessern. Damals wie heute wollen die Populisten, dass dem Kongress wieder die Verantwortlichkeit über Geld und Kredit erteilt wird. Das ist zwar ein
lobenswertes Ziel, doch bietet es keine Lösung für das Problem der stän-
digen Geldentwertung – die bietet nur Gold.

Dennoch, Patman hat während seiner gesamten Laufbahn (1929–1976)
immer wieder vor den Gefahren der exzessiven Macht der Fed gewarnt
und eine Bilanzprüfung aller ihrer Aktivitäten gefordert. Ich kam zwar
erstmals im April 1976 in den Kongress, doch unsere Wege haben sich damals leider nicht gekreuzt, weil er während seines letzten Jahres als Abgeordneter ziemlich krank war. Aber ich kannte Henry Gonzales und habe
von 1979 bis 1984 in Fragen des IWF und des Bankwesens eng mit ihm zusammengearbeitet. Er war Vorsitzender des *Banking Committee* (1989–1995)
und über dreißig Jahre lang (1961–1999) Sprecher der populistischen Gruppe im Kongress. In dieser Eigenschaft hat er unablässig eine Bilanzprüfung
und eine Beschneidung der Macht der *Fed* verlangt. Lange bevor Patman
Vorsitzender des *Banking Committee* wurde, hatte sich der Abgeordnete
Louis McFadden aus Pennsylvania auf dieselbe Art bemüht, den Amerikanern bewusst zu machen, welche Gefahr es bedeutete, dass so viel
Macht in der Hand einer kleinen Gruppe liegt, die die *Federal Reserve* und
das Bankensystem kontrolliert.

Auch wenn die Populisten keine Verfechter des harten Geldes waren
und sind, so haben sie doch stets unsere Überzeugung geteilt, dass Transparenz für jede vernünftige Reform entscheidend ist. Selbst heute, wo sich
sogar viele liberale und konservative Politiker der Forderung der Populisten nach billigem Geld und niedrigen Zinsen anschließen, sind wir uns
alle in der Forderung einig, dass die Geheimniskrämerei bei der *Fed* ein
Ende haben muss. Reformen werden folgen und wir werden uns dabei für
verfassungskonformes solides Geld einsetzen.

Ich glaube, dass die Chancen für eine Bilanzprüfung heute günstiger
stehen denn je seit der Gründung des *Federal-Reserve*-Systems im Jahr
1913. Wenn es dazu kommt, dann werden die Ergebnisse hoffentlich vom
Standpunkt unserer Verfassung aus ernsthaft bewertet.

# Dreizehntes Kapitel

## Aus wirtschaftlicher Sicht

Eigentlich sollte man meinen, moralische Einwände gegen die *Fed* oder der Hinweis auf die Verfassung seien ausreichend, doch leider reagieren der Kongress und auch die Öffentlichkeit nur in den seltensten Fällen auf solche Argumente. Durch gezielt geschürte Ängste vor wirtschaftlichen Problemen gelingt es den Verfechtern des Zentralbankwesens und des ungedeckten Papiergeldes immer wieder, ihre gepriesenen Allheilmittel an den Mann zu bringen. Um allerdings die breite Mehrheit bei der Stange zu halten, müssen schon einige Täuschungsmanöver, wenn nicht gar dreiste Lügen aufgetischt werden.

Mich beeindruckt immer wieder von Neuem, wie die Gesellschaft durch die technischen Errungenschaften seit der industriellen Revolution und durch die brillanten Leistungen in Physik und Chemie, im Computerwesen, in der Medizin, Elektronik und der Raumfahrt vorangebracht worden ist. Von der Fülle dieser Leistungen profitieren sogar Länder, die die Funktionsweise freier Märkte nur teilweise verstehen. Doch bei all diesem Wissen und Können sind die einfachsten Grundlagen über das Geld kaum bekannt. Seit Generationen unterzieht man uns einer regelrechten Gehirnwäsche: Eine Zentralbank sei nötig, die unser Geld elastisch hält. Wir akzeptieren eine reichlich bizarre Idee, ohne sie groß zu hinterfragen. Denken Sie einmal nach, was das bedeutet: Wenn man Geld braucht, dann *streckt* man es einfach. Das heißt doch: Man druckt einfach mehr.

Das ist etwa so, als wenn wir noch immer glaubten, das Geld wüchse auf Bäumen, und nicht bedächten, dass es in diesem Falle jedes Jahr das Schicksal der Blätter ereilte: Es würde kompostiert oder auf die Mülldeponie gebracht. Kurz, es wäre wertlos.

Warum kluge Menschen in einer entwickelten Gesellschaft auf die Idee kommen können, Reichtum könne durch eine Erhöhung der Geldmenge vermehrt werden, ist mir unerfindlich. Die echten Befürworter von Zentralbank und ungedecktem Papiergeld sind in meinen Augen mehr von Macht und Gier motiviert als von einer soliden Wirtschaftstheorie. Andere sind einfach nur selbstgefällig und gutgläubig oder haben diese Fragen nicht gründlich genug durchdacht.

Ich bin sicher, dass ich einem Zwölfjährigen leichter vermitteln kann, wie das Geld funktioniert, als einem wesentlich Älteren. Junge Menschen sind neuen Ideen gegenüber aufgeschlossen; Ältere in ihrem Denken oft schon sehr fixiert. Dass nun aber das 1971 über uns gekommene System völlig gescheitert ist – was die Theorien all derer bestätigt, die an solides Geld glauben und ein solches Ergebnis vorausgesagt haben –, hat bei einer ganzen Generation junger Menschen das Interesse an solchen Fragen geweckt.

Ihnen ist bewusst, dass sie einen riesigen Schlamassel erben; sie verstehen dabei ohne Schwierigkeiten die Rolle des ungedeckten Papiergelds und der *Federal Reserve*. Trotz der geradezu tragischen Folgen der *Fed*-Politik der vergangenen Jahrzehnte kann man davon ausgehen, dass schon allein aus Notwendigkeit in den nächsten Jahren ernsthaft über solides Geld nachgedacht wird.

Ludwig von Mises hatte schon vor vielen Jahren recht mit seiner präzise begründeten Prognose vom Untergang aller sozialistischen Systeme, einschließlich des Sowjetsystems. Ohne das System der Preisfestsetzung durch den freien Markt lassen sich keine richtigen wirtschaftlichen Entscheidungen hinsichtlich Angebot und Nachfrage von Produkten und Dienstleistungen fällen. Im Sozialismus sind die Wahlmöglichkeiten des freien Marktes nicht gestattet; die Regierung legt die Preise fest und plant die Produktion. Staatsbürokraten können aber nicht wissen, was nur die Märkte bestimmen können. Entscheidend ist der Mechanismus von Gewinn und Verlust, der den Erfolg belohnt und das Scheitern bestraft. Befinden sich die Produktionsmittel in Staatsbesitz, dann fällt die nützliche Erfahrung weg, dass sich falsche Entscheidungen einer Unternehmensführung rächen. Bei unserem heutigen Sozialismus und Interventionismus werden die Erfolgreichen bestraft, denn sie sind gezwungen, den Erfolglosen aus der Patsche zu helfen.

Noch herrscht auf unseren Märkten kein Sozialismus. Wenn wir jedoch der Wirtschaft Lohn- und Preiskontrollen auferlegen, dann gerät unsere Marktwirtschaft ins Schlingern oder bricht gar zusammen. Solche Kontrollen sind in der Vergangenheit zumeist wieder aufgehoben worden, die Wirtschaft hat sich wieder erholt. Sozialismus herrscht allerdings bei Geld, Kredit und der Festlegung des Zinssatzes. Das gilt besonders seit 1971, als das Bretton-Woods-Abkommen aufgekündigt und der Dollar vom Gold abgekoppelt wurde.

Durch das Manipulieren der Geldmenge und das Festsetzen der Zinssätze betreibt die *Fed* eine Hinterzimmer-Wirtschaftsplanung. Die *Fed* hält die Zinssätze durchweg künstlich niedrig. Bei einem freien Markt wären niedrige Zinssätze ein Anzeichen für ausreichende Ersparnisse und ein Signal für Unternehmer, jetzt in neue Anlagen zu investieren. Doch die *Fed* ermuntert nicht zu Ersparnissen; vielmehr ist der aus dem Nichts geschöpfte Kredit das Signal für Investoren, Geld auszugeben, zu investieren und im Übermaß Kredite aufzunehmen; ganz anders als bei einem System, in dem der Markt den Zinssatz bestimmt.

Dadurch entsteht ein erhebliches Problem. Die Folge ist ein Boom. Überinvestition und Exzesse sind in das System eingebaut und führen zu einer Blase. Rezessionen oder Depressionen entstehen nicht aufgrund äußerer Ursachen, sondern sind das vorhersehbare Resultat exzessiver Kreditvergabe und künstlich niedrig gehaltener Zinsen durch die *Federal Reserve*.

Je länger die guten Zeiten andauern, desto größer werden später die Korrekturen sein. Unser derzeitiger Boom währt mit einigen kurzen Unterbrechungen bereits seit 1971. Meiner Meinung ist er 2000 zu Ende gegangen. Danach ist es der *Fed* gelungen, die Immobilienblase zu schaffen, aber das hat sich als ihre letzte Trumpfkarte erwiesen. Heute stehen wir vor den Folgen dieser törichten Politik.

Die meisten Ökonomen und Politiker definieren Inflation ausschließlich als Anstieg des Preisniveaus. Steigende Preise sind eine Folge der Geldinflation und sie sind schädlich. Von Mises hat immer betont, die Konfusion über die Definition des Begriffs Inflation sei in böswilliger Absicht herbeigeführt worden. Handelt es sich nämlich nur um ein Preisproblem, dann kann man Profiteure, Gewerkschaften, Ölgesellschaften und Preistreiber verantwortlich machen. Damit wird die Aufmerksamkeit von der wahren Ursache des Problems, der *Federal Reserve* und ihrer Geldmaschine, abgezogen. Angesichts der weitverbreiteten Überzeugung, der Anstieg der Verbraucher- und Herstellerpreise entstünde durch solche äußeren Ursachen, werden Lohn- und Preiskontrollen verhängt; die Rolle der *Fed* bei der Inflation wird völlig außer Acht gelassen.

Dieser törichten Logik zufolge wird eine gesunde Wirtschaft für einen unerwünschten Preisanstieg verantwortlich gemacht. Bei einem freien Markt führt eine gesunde Wirtschaft zu fallenden Preisen. Auf einem gesunden Handy- oder Computermarkt werden selbst in Inflationszeiten die Preise fallen. Doch die Lösung der *Fed* besteht darin, zur Senkung der

Preise die Wirtschaft zu bremsen und die Nachfrage absichtlich zu senken, was große Schwierigkeiten verursacht. Hier zeigen sich die Mängel des Papiergeldsystems der *Fed.*

Die *Federal Reserve* ist für die Zyklen von Boom und Crash verantwortlich, für die Preisinflation, Rezession und Depression sowie für exzessive Verschuldung. Die Zentralbank kann zwar mit einem Missmanagement der Wirtschaft lange Zeit ungestraft davonkommen, doch wirkt ihre Politik stets destruktiv. Ungezügelt führt die Politik einer Zentralbank ins Finanzchaos, wie wir es zur Zeit erleben.

Dadurch, dass die *Fed* den Politikern in die Hände spielt, stellt kaum jemand ihre Vollmachten infrage. Öffentliche Ausgaben ermöglichen die Wiederwahl in den Kongress, sie erlauben die Wahlgeschenke, von denen die Wähler inzwischen abhängig sind. Ständige Steuererhöhungen würden kaum hingenommen werden. Der Staat kann auch nicht unbegrenzt Kredit aufnehmen, ohne dadurch die Zinsen in die Höhe zu treiben. Dass die *Fed* die Schulden monetisiert, kommt vielen sehr gelegen – bis zu dem Tag, an dem wir die Folgen mit einem Wirtschaftsabschwung und steigenden Preisen zu spüren bekommen.

Höhere Preise bedeuten die Entwertung des Dollars und stellen eine Besteuerung der Menschen dar. Die Last dieser Steuer tragen die Mittelschicht und die Armen. Die Erstnutzer dieses Geldes sind die Gewinner: Regierung, Banken und große Konzerne.

Solch ein System ist betrügerisch, unfair und korrupt. Denn es bewirkt nicht nur den Transfer von Vermögen von der Mittelschicht zu den Reichen, es macht es auch möglich, die Rückzahlung auf die nächste Generation zu schieben, wie bei einer Kreditaufnahme. Die in den letzten 20 bis 30 Jahren aufgelaufenen Rechnungen werden jetzt fällig. Die riesige Schuldenlast muss abbezahlt oder liquidiert werden. Dass Aktien und Häuser ihren Wert verlieren, ist leicht einzusehen. Aber der diesen Anlagen zuvor beigemessene *Wert* stellt eine massive Fehlleistung des Systems dar – eine Folge der Politik der *Federal Reserve.*

Wenn die exzessive Verschuldung eines Landes oder Volkes ein bestimmtes Maß erreicht hat, wird sie unbezahlbar und muss liquidiert werden. Wann dieser Punkt erreicht ist, lässt sich nicht genau vorhersagen, je nach Lage und Land ist es auch verschieden. Aber eines ist gewiss: Für unser Land und wahrscheinlich für die ganze Welt ist es jetzt so weit.

Personen und Unternehmen können zahlungsunfähig und die Schulden liquidiert werden. In einem solchen Fall ist die Liquidation erforderlich und nützlich. Sie wird heute vom Markt verlangt. Politiker und *Fed* tun alles Erdenkliche, dies zu verhindern, doch damit verlängern sie nur die Agonie.

Regierungen werden nicht auf die übliche Weise zahlungsunfähig. Sie werden es vielmehr, indem sie die Währung zerstören, das heißt durch Inflation deren Wert mindern. Verliert das Geld 50 Prozent seines Werts, dann nimmt auch die reale Verschuldung des Staates um den gleichen Betrag ab. Das ist der Plan: Unter dem Vorwand der Wirtschaftsförderung und Schuldenliquidation werden massiv Schulden gemacht und es wird inflationiert, um den Freunden aus der Patsche zu helfen. So etwas geht jedoch niemals nach Plan. John Maynard Keynes wusste, dass bei einer Korrektur auch eine Lohnsenkung erforderlich ist. Deshalb war er für Inflation, um die Reallöhne zu drücken, ohne den Arbeitern erklären zu müssen, dass ihre Nominallöhne gesenkt werden müssten.[50]

Es kommt zu unbeabsichtigten wirtschaftlichen Folgen, die selbst die zentralen Planer nicht vorhergesehen hatten. Die schlimmste ist wirtschaftliches Chaos, das zu politischem Chaos führt und nicht nur für die Armen und die Mittelschicht, sondern auch für das reiche Establishment zur Bedrohung wird. Viele wohlhabende Unternehmer im faschistischen Deutschland oder Italien haben die tragischen Ereignisse der 1930er- und 1940er-Jahre nicht überlebt.

Die inflationäre Politik der *Fed* hat kaum absehbare, weitreichende Folgen. So sind die Immobilienpreise aufgrund des billigen Kredits auf ein völlig unvernünftiges Niveau gestiegen. Die Verbraucher wurden geradezu bedrängt, den überhöhten Wert ihrer Häuser als Sicherheit für neue Kredite einzusetzen. Dadurch entwickelte sich zwangsläufig eine Blase, die irgendwann platzen musste. Jetzt wenden *Fed*, Finanzministerium und Kongress Billionenbeträge auf, um den Wohnungsbau zu stimulieren und die Immobilienpreise wieder in die Höhe zu treiben. Und das, obwohl die Marktkräfte wegen des Überangebots weniger Häuser verlangen.

Die zentralen Planer sind auch zu Preisfixern geworden. Es ist eigentlich nichts anderes als Lohn- und Preiskontrollen zur Bekämpfung der Preisinflation. Einerseits versucht man, einen Preisverfall, andererseits einen Preisanstieg zu verhindern. In jedem Fall wird der wichtigste Mechanismus ausgeschaltet, Angebot und Nachfrage aneinander anzupassen und dem Markt neue Impulse zu verleihen. Das bringt erhebliche Gefahren mit sich. Denn wenn die Interventionisten zu stark in die Preisgestaltung des freien Marktes eingreifen, bewegen wir uns auf ein sozialistisches System hin, das sich doch gerade im 20. Jahrhundert als nicht praktikabel erwiesen hat.

Der Betrugsfall Bernie Madoff hat viel Staub aufgewirbelt, und das mit Recht. Es gibt die entsprechenden Strafgesetze, jeder Bundesstaat weiß mit Betrugsfällen umzugehen. Das Betrugsverfahren im Fall Enron wurde nach geltendem Recht des Staates Texas verhandelt. Man war sich jedoch einig darüber, dass es für solche Fälle keine ausreichende Kontrolle der SEC gab, obwohl aktive Händler und nicht Regulatoren als Erste auf das Problem aufmerksam geworden waren. Entsprechend verabschiedete der Kongress in aller Eile das Sarbanes-Oxley-Gesetz. Genauso wie die SEC-Regulierung in den 1930er-Jahren die Depression verschlimmert und zu ihrer Verlängerung beigetragen hatte, wurde auch die im Jahr 2000 einsetzende Börsenbaisse durch Sarbanes-Oxley verschlimmert und verlängert.

Als Madoffs 50-Milliarden-Schneeballsystem ruchbar wurde, gab es erhitzte Auseinandersetzungen über die Unzulänglichkeit des SEC. Noch mehr Regulatoren wurden gefordert. Schon jetzt beschäftigt das SEC 3500 Mitarbeiter – und da heißt es, wir hätten nicht genug. Natürlich ist das genug, und selbst 20 000 SEC-Regulatoren würden nicht ausreichen, da sie ja nicht jeden einzelnen Geschäftsvorgang überwachen und jeden Betrug verhindern können. Wir erwarten ja auch nicht, dass vor jeder Haustür in unserem Land ein Polizist aufgestellt wird, damit nicht eingebrochen wird.

Die Vorstellung, die SEC und weitere Gesetze wie Sarbanes-Oxley würden uns vor Ganoven am Markt schützen, wird uns nicht weiterhelfen. Die Vorstellung, wir könnten uns auf den Schutz der SEC verlassen, verstärkt den *Moral Hazard*. Man geht höhere Risiken ein, wenn man davon ausgehen kann, dass einen die Regierung schon schützen wird. Wir werden leichtsinniger.

Der billige Kredit der *Fed* ermöglicht Exzesse, ehrliche und unehrliche. Staatliche Versicherungen wie FDIC und die Hypothekenversicherungen vermitteln uns und den Banken den Eindruck, alles sei sicher, wir seien geschützt. Die derzeitigen endlosen Bailout-Programme für alles und jeden verführen zu Risiken, auf die sich sonst kaum jemand eingelassen hätte.

Die Regierung kann vielleicht unsere Bankkonten bis zu einer Höhe von 250 000 Dollar garantieren, aber sie kann uns nicht vor den verheerenden Folgen platzender Finanzblasen oder einer Geldentwertung schützen. Probleme wie Deflationierung von Finanzblasen und Inflationierung der Lebenshaltungskosten können uns nur Schurken bei der *Fed* einbrocken. Irgendwann müssen die Regulierungen gegen diejenigen gerichtet werden, die es mehr verdient haben: die *Fed*, das Finanzministerium, die FDIC, SEC und der *Exchange Stabilization Fund*.

Das gesamte System von ungedecktem Papiergeld und Mindestreservebankwesen stellt ein einziges riesiges Schneeballsystem dar (wenn wir nicht zurückzahlen können, erzeugen wir einfach noch mehr Geld!), das ist die Quelle aller unserer Probleme. Wenn die Regierung selbst ein Schneeballsystem betreibt, sollten wir dann überrascht sein, wenn einige sich moralisch berechtigt fühlen, es genauso zu machen? Wann haben wir die Vorstellung akzeptiert, Regierungen dürften ohne moralische Einschränkung tun, was sie wollen, und die Menschen müssten nach anderen Wertmaßstäben leben? Die Antwort ist natürlich: Die Regierung muss sich genauso an die Regeln halten, wie es von moralischen Menschen erwartet wird.

Eine der größten Gefahren liegt darin, dass der Ruf nach Protektionismus ertönt, sobald die Probleme, die platzende Finanzblasen mit sich bringen, offenkundig werden. Das 1930 erlassene Smoot-Hawley-Zolltarif-Gesetz hat die Große Depression nur verschlimmert und verlängert.

Heute ist man sich einig darüber, dass Schutzzölle schlecht sind. Kein Kandidat fordert in seinem Wahlprogramm die Einführung von Schutzzöllen, wie es Hoover 1928 getan hat. Das heißt nun aber nicht, dass kein Schutz gefordert würde, sei es für Stahl, Autos, Textilien oder die Landwirtschaft. Man kann nur hoffen, dass keine signifikanten Zölle geplant sind.

Auch die Probleme von Handelsungleichgewichten sind eine Folge der Politik der *Federal Reserve*. Unsere Handelsdefizite, ein schwerwiegendes Problem, sind dadurch verschlimmert worden, dass der Dollar die Weltreservewährung darstellt. Das verschafft uns die Lizenz zu inflationieren und Dollars zu exportieren, als wären sie Gold. Im Verbund mit exzessiven Steuern, übertriebenen Regulierungen und einem zu hohen Lohnniveau führt dies zur Verlagerung unserer Arbeitsplätze ins Ausland.

Wir können unsere Handelsprobleme nicht mit Zöllen lösen, sie machen alles nur noch schlimmer. Diese Ungleichgewichte können nur gelöst werden, wenn wir uns der Frage des Geldes und der Macht der *Federal Reserve* über die Wirtschaft annehmen.

Man versteht den Ursprungsgedanken von Zöllen, wenn man sich vor Augen hält, dass die Menschen in einem freien Land das Recht haben, ihr Geld auszugeben, wie sie wollen. Wenn es den Armen hilft, Tennisschuhe aus China kaufen zu können, dann sollten sie auch das Recht dazu haben.

Gemäß der Verfassung sind Zölle zulässig. Hätten wir einen Staat in verfassungsgemäßem Umfang und keine Wohlfahrts- und Kriegsausgaben, dann wäre ein einheitlicher Zoll zur Deckung der Kosten sicherlich besser als eine Einkommen- oder Mehrwertsteuer.

Zölle, die exzessive Direktorengehälter und zu hohe Löhne schützen, Unternehmen, die unter exzessiver Besteuerung und Vorschriften leiden, oder falsche unternehmerische Entscheidungen fördern nur die Ineffizienz. Wir müssen die Probleme beseitigen, die zur Ineffizienz beitragen. Wir sollten dem Schlamassel nicht noch ein Problem und noch eine Steuer hinzufügen. Zölle sind Steuern.

Heute ist es eher unwahrscheinlich, dass Zölle erhoben werden; aber Abwertungen, die den Exporteuren einen Vorteil vor der Konkurrenz verschaffen, sind an der Tagesordnung. Bei solidem Geld und ohne Zentralbank gäbe es solche Probleme nicht, auch Protektionismus wäre überflüssig.

Wenn eine Zentralbank ausschließlich mit ungedecktem Papiergeld operiert, dann hat das vielfältige wirtschaftliche Folgen. Die Geldmanager können der Versuchung zur zentralen Wirtschaftsplanung nicht widerstehen, was durch das aufgeblähte Ego eines *Fed*-Vorsitzenden noch gefördert wird.

Durch die Beihilfe der *Federal Reserve* bei der Finanzierung der vom Kongress bewilligten Ausgaben sind riesige Defizite von vorneherein garantiert. Kurzfristig erscheint es *billiger,* zum Ausgleich der Schulden zu inflationieren, als Kredite aufzunehmen, es ist attraktiver als die sofortige Besteuerung. Wenn ein Land keine Kredite aufnehmen oder seine Währung nicht inflationieren könnte, dann wäre der Regierungsapparat viel kleiner, es herrschte mehr Wohlstand und Sicherheit im Land. Überflüssige Kriege müssten und könnten natürlich auch nicht geführt werden.

Auf lange Sicht führt der verlockende Weg, die verschwenderischen Ausgaben des Staats zu finanzieren, ins Verderben. Es ist niemals billiger, die realen Kosten sind sogar erheblich höher. Zunächst scheint es ein cleverer Trick zu sein, auf diese Weise seine Schulden zu begleichen, und es ist auch politisch akzeptabler. Aber auf die Kosten der wirtschaftlichen Zerstörung durch inflationäre Blasen und anschließende Korrekturen ist niemand vorbereitet. Die realen Kosten sind weit höher als erwartet, wenn man all das Leid, das eine Depression verursacht, mit einrechnet. – Kurz gesagt: Es gibt nichts umsonst.

Jeder sieht, dass wirtschaftlich schwere Zeiten herrschen, wenn die vorhersehbare Rezession oder Depression eintritt. Doch die Amerikaner, die eine gründliche wirtschaftswissenschaftliche Gehirnwäsche bekommen haben, erkennen zumeist nicht, wo die Wurzel des Problems liegt und welche Politik zum Wiederaufbau der Wirtschaft erforderlich ist. Allzu oft verlangen Bürger, Politiker und Zentralbanker noch mehr desselben Mittels – mehr Ausgaben, höhere Defizite, mehr Regulierungen, und vor allem eine weitere Inflationierung der Währung –, was alles nichts nützen wird. Solche Maßnahmen machen alles nur noch schlimmer.

Viele fragen sich voller Sorge, was in einer Welt ohne die *Federal Reserve* geschehen würde. Meine Antwort: Sie könnten alle Vorzüge des modernen Wirtschaftslebens genießen ohne die von der *Fed* erzeugten Nachteile der Konjunkturzyklen, Blasen, Inflation, ausufernder Handelsungleichgewichte und die explosive Ausweitung des Staatsapparats. Das geheimniskrämerische Kartell der mächtigen Geldmanager, das unverhältnismäßig viel Einfluss auf unsere Politik ausübt, würde entmachtet. Ohne die *Fed* gäbe es auch die keynesianische makroökonomische Planung nicht mehr, die so viel Schaden angerichtet hat. (Darauf gehe ich im Schlusskapitel noch ausführlicher ein.)

Das sind die Vorteile. Aber noch immer sind viele besorgt, wie das Bankwesen funktionieren würde. Es würde funktionieren wie jedes andere private Unternehmen auch. Walmart könnte auf den Markt kommen, wie das Unternehmen es vorhatte, aber nicht durfte. Es wäre ein wirkliches Wettbewerbssystem, an dem sich jeder Unternehmer beteiligen würde. Aber wäre das nicht das berüchtigte »Wildcat Banking« wie im 19. Jahrhundert? Nein, genauso wenig, wie es »Wildcat-Restaurants« oder »Wildcat-Schuhfabriken« gibt. Märkte sind selbstregulierend und reagieren auf die Wünsche der Verbraucher. Das gilt genauso für das Bankwesen.

Im Übrigen sind die meisten Geschichten über das Bankwesen im 19. Jahrhundert frei erfunden. Die Probleme des damaligen Währungs- und Bankensystems hatten die Regierungen geschaffen. Immer wieder wurden Zahlungen ausgesetzt, es gab inflationäre Kriege, verrückte Vorschriften zum Preisfixing unter dem Bimetall-System und andere Formen der Schuldenfinanzierung. Das waren Probleme der Regierungen, nicht des freien Marktes. Das System des freien Marktes hat sehr gut funktioniert. In einer von der Minneapolis *Fed* herausgegebenen Studie haben zwei Forscher das Bankensystem zwischen 1830 und 1860 untersucht und sind dabei zu dem Schluss gekommen, dass es bemerkenswert stabil und sicher war, es gab nur vereinzelte Fälle von Betrug. Die Zahl der Bankenzusammenbrüche war weit niedriger als allgemein angenommen, und es gab vor allem keinen »Ansteckungs«-Effekt, das heißt, ein Bankzusammenbruch führte nicht zum Zusammenbruch weiterer Banken.[51]

Das kommt nicht ganz unerwartet. Der schlechte Ruf des amerikanischen Bankwesens im 19. Jahrhundert – in der Zeit des größten je gesehenen Anstiegs von Wohlstand – ist hauptsächlich auf die Propaganda aus der Zeit der Jahrhundertwende, im Vorfeld der Gründung der *Fed*, zurückzuführen. Wir müssen bei den Tatsachen bleiben. Und die überraschen uns nicht, wenn wir berücksichtigen, dass Geld und Bankwesen bei einem freien Markt wie jedes andere Unternehmen funktionieren würde, d. h. dem Test von Gewinn und Verlust ausgesetzt wäre und am Markt je nach Verbraucherverhalten belohnt oder bestraft würde.

Wir brauchen uns um das Bankwesen in einer Post-*Fed*-Ära nicht mehr Sorgen zu machen als heute über Lebensmittelläden, Schuhe oder Software. Der Markt kümmert sich darum und kein entlegener zentraler Planungsapparat, der weder über Wissen noch über entsprechende Erfolgsanreize verfügt.

Um uns vor dem wirtschaftlichen und politischen Desaster zu schützen, müssen die wirtschaftspolitischen Denkgewohnheiten unserer Führung eine drastische Veränderung erfahren. Glücklicherweise werden wir immer mehr, und mehr denn je sind sich vor allem junge Leute heute bewusst, was uns von der *Federal Reserve* droht. Ihnen ist klar, wie wichtig solides Geld ist.

Vierzehntes Kapitel

# Aus libertärer Sicht

Die Existenz der *Federal Reserve* ist nach meiner Überzeugung weder aus wirtschaftlicher Sicht noch vom Standpunkt der Verfassung aus länger zu rechtfertigen. Bei ehrlicher Betrachtung spricht aus wirtschaftlicher Sicht sogar alles *gegen* sie. Abgesehen von einigen Sonderinteressen, die es gar nicht verdient haben, nutzt sie niemandem. Wer alle Argumente gegen die *Fed* in den Wind schlägt, der verkennt ihre schlimmste Auswirkung, nämlich die unvermeidliche enorme Aufblähung des Staates – die niemand hinnehmen kann, der für den Schutz der Freiheit eintritt. Eine Seite bleibt immer auf der Strecke: Wenn der Staat wächst, leidet die Freiheit. Es ist ganz unausweichlich so, auf welche Weise man die Finanzierung von staatlichen Programmen auch immer zu rechtfertigen versucht.

Alle, die (vielleicht unbewusst) für Sozialismus, Faschismus, Interventionismus oder Korporativismus eintreten, unterstützen stets das Zentralbankwesen. Einige wünschen sich allen Ernstes eine Zentralbank als Werkzeug der Wirtschaftsplanung, die die angeblichen Mängel des freien Marktes ausgleicht. Manche Befürworter einer Zentralbank beteuern, sie wollten keine Ausweitung des Staatsapparats, aber genau die ist die unausweichliche Folge. Es liegt in der Natur der Sache.

Vergessen wir nicht: Auch die Direktoren der *Fed* sind Menschen, die Fehler haben wie jeder andere auch. Nur verfügen sie über die Macht, die Zivilisation zugrunde zu richten. Jede Institution, die das vermag, ist ihrem Wesen nach tyrannisch. Genau das wollte die Verfassung ausdrücklich verhindern. Die Vollmacht zur Gelderzeugung verleiht der legalisierten Geldfälscherei Glaubwürdigkeit. Einige Befürworter halten den Geldmanagern gar zugute, sie hielten sich bei der Gelderzeugung zurück, ausgenommen seien höchstens humanitäre Zwecke. In aller Regel hofft man allerdings vergeblich auf solcherlei Selbstbeschränkung.

Wir haben immer wieder erlebt, dass Zentralbanker ein übersteigertes Selbstbewusstsein aufweisen und sich sehr schnell ihrer potenziellen Macht entsprechend verhalten. Außerdem stehen sie unter dem politischen Druck, sich den Defiziten anzupassen, die den Politikern zum Erfolg verhelfen. Apropos *Moral Hazard*: Durch diese korrupte Methode,

Rechnungen zu bezahlen und eine direkte Besteuerung zu umgehen, wird ein System institutionalisiert, das Freiheit und Selbstständigkeit verachtet und der Ausweitung von Big Government Vorschub leistet.

In der oft mehrjährigen Entstehungsphase einer inflationären Blase bringt sie einer Zentralbank mehr ein, als sie kostet. Wenn dann aber die Rechnung fällig wird, ist es gar nicht so leicht, die Opfer auszumachen. Die Leidtragenden an der Inflation, die ihre Arbeit verloren haben, erkennen schwerlich den Zusammenhang zwischen der Geldpolitik der *Federal Reserve* und dem Leid, zu dem die Finanzierung von Big Government geführt hat.

Das Geldsystem dient zur Finanzierung von Wohlfahrtsunterstützung für Arm und Reich und von unpopulären Kriegen. Wenn bekannt wäre, welche Summen der Staat für Wohlfahrt und Kriegsführung aufwendet, gäbe es einen Aufstand. Aber während der Aufschwungphase des Konjunkturzyklus scheint es ja gar keine Kosten zu geben, weil der Wert von Häusern und Aktien künstlich in die Höhe getrieben wird. Dann platzt die Blase und die Wahrheit kommt ans Licht: Der vermeintliche Wohlstand beruhte auf einer Fiktion.

Doch zu diesem Zeitpunkt hat der Staat die Wirtschaft und unser Leben bereits vollständig in der Hand und ist ausländische Verpflichtungen eingegangen, die nicht eingehalten werden können. Es bestehen extrem hohe Verbindlichkeiten im In- und Ausland. Jetzt fehlt das Geld für die Sozialleistungen; das weltweite Imperium kann nicht mehr aufrechterhalten werden. Wie oft müssen wir so etwas eigentlich erleben, bevor wir grundsätzlich etwas ändern?

Jedes neu eingeführte Wohlfahrtsprogramm und jeder neu begonnene Krieg gehen zulasten der Freiheit. Wann immer es aufgrund unserer Politik gefährlich wird, nehmen die autoritären Herrscher, die das Heft bereits in der Hand halten, die selbst geschaffenen Probleme zum Anlass für weitere Eingriffe in das Leben der Menschen und in die Wirtschaft.

Der Terrorismus ist ein ernstes Problem, aber solange wir nicht erkennen, dass er eine Reaktion auf unsere törichten Auslandsinterventionen darstellt, wird der einzige Ausweg in einer noch stärkeren staatlichen Kontrolle über unser Leben gesehen. Weit davon entfernt, unsere Außenpolitik zu ändern, reglementieren wir die unschuldigen Bürger Amerikas, indem wir den vom Vierten Verfassungszusatz garantierten Schutz ihrer Privatsphäre aufheben. Denen, die einen stärkeren Staat wollen, kamen die Probleme – wie die Terroranschläge vom 11. September – sehr gelegen, um die Menschen so in Angst und Schrecken zu versetzen, dass sie den Staat förmlich um Schutz anbetteln.

Ganz ähnlich ist es in wirtschaftlichen Angelegenheiten. Exzessive Ausgaben und die Geldmaschine der *Federal Reserve* führen in der Korrekturphase des von ihnen erzeugten Konjunkturzyklus zu vielfältigen wirtschaftlichen Problemen. Wieder ertönt der Ruf nach dem Staat – der doch für die Krise verantwortlich ist –, erneut mit noch mehr Staat zur Hilfe zu kommen, was bedeutet, dass weitere Freiheiten geopfert werden.

Dieser Zyklus läuft kontinuierlich ab. Zuerst wird lediglich die persönliche Freiheit etwas angeknabbert, der Wohlstand bleibt anscheinend erhalten. In dem Maße, wie sich die Krise verschärft, steigt später die Gefahr, dass eine tyrannische Regierung vollständig die Kontrolle über uns und die Wirtschaft übernimmt.

Diese Haltung wird deutlich in der Aussage von Präsident Bush am 16. Dezember 2008 im Fernsehsender *CNN*, wo er stolz verkündete: »Ich habe die Prinzipien des freien Marktes aufgegeben, um das marktwirtschaftliche System zu retten!« Welch unglaubliche Absurdität!

Leider denken die meisten Amerikaner genauso. Nach dem 11. September hielten sie es für richtig, auf den von der Verfassung garantierten Schutz der Privatsphäre zu verzichten, um unser Leben und unsere Sicherheit zu schützen: »Wie können wir sonst unsere Freiheit genießen?« Haben sie die Widersprüchlichkeit nicht erkannt? Die Erklärung des Präsidenten klingt wie die Argumente aus der Zeit des Vietnamkriegs, als ohne Rücksicht auf Kollateralschäden Dörfer abgebrannt und Zivilisten getötet wurden. »Wir mussten das Dorf zerstören, um es zu retten«, hieß es damals.

Heute sollen wir ohne nachzufragen staatlichen Eingriffen zustimmen, die die Freiheit zerstören, um sie zu retten. Und genau so sollen wir die Zerstörung des Dollars hinnehmen, um ihn zu retten.

All dies wäre undenkbar ohne die Verlockungen des von einer Monopolbehörde verwalteten Papiergeldsystems. Um an die Macht zu kommen, greifen Tyrannen hin und wieder zu roher Gewalt, doch um an der Macht zu bleiben, verschaffen sie sich stets die Kontrolle über das Geldsystem.

In einer relativ freien Gesellschaft wie der unsrigen wird die Macht durch den Einsatz von Defiziten, Steuern, Angst und Papiergeld gefestigt. Autoritäre Herrscher brauchen die Zentralbank zum Erhalt ihrer Macht.

Wer aus richtiger Überzeugung gegen die Steuereintreibungs-Taktik unserer Regierung zu Felde zieht und unser Geldsystem als verfassungswidrig ablehnt, sieht sich oft schwerer bestraft als Vergewaltiger oder Mörder. Wenn die eiserne Faust des Staates stärker wird und der Einfluss der unsichtbaren Hand auf den Markt schwindet, dann werden wir in Amerika eine Umgestaltung erleben, die einem großartigen Experiment in menschlicher Freiheit den Garaus macht.

Alle wirtschaftlichen Lenkungsmaßnahmen von Kongress, Regierung und *Federal Reserve* sollen eigentlich dem öffentlichen Wohl dienen, führen jedoch immer ins Desaster. Keines der derzeit laufenden Bailoutprogramme wäre denkbar ohne die *Federal Reserve*. Dieser Prozess wirkt wie eine eiserne Faust. Es würde von mehr Verständnis zeugen, wenn nicht eingegriffen würde, denn dann könnte die unsichtbare Hand des freien Marktes ins Spiel kommen und die Ungleichgewichte ausgleichen.

Es heißt, es hätte nie einen Krieg ohne Inflation gegeben. Wenn wir je ein Geldsystem erfinden könnten, in dem eine Inflation verboten wäre, dann wäre die Wahrscheinlichkeit eines Krieges erheblich vermindert. Wenn wir für die Einmischung im Ausland immer sofort bezahlen müssten, dann würde es niemand tolerieren, dafür mit höheren Steuern aufkommen zu müssen. Die Einmischung in die inneren Angelegenheiten eines anderen Landes schafft die Bedingungen für einen bewaffneten Konflikt. Würden wir die Einmischung im Ausland gar nicht erst finanzieren, wäre es sehr viel weniger wahrscheinlich, dass wir in völlig unnötige und ohnehin nicht zu gewinnende Kriege verwickelt würden.

Da wir zulassen, dass unsere Regierung mit Unterstützung des Kongresses die Einmischung im Ausland mit billigem Kredit der *Federal Reserve* finanziert, erlauben wir zugleich dem Kongress, seine Verantwortung zu vernachlässigen, keinen Krieg zuzulassen, der nicht ausdrücklich vom Kongress erklärt worden ist. Seien es unrechtmäßige Kriege oder deren Finanzierung mit ungedecktem Papiergeld, die mangelnde Achtung vor der Verfassung und ein Kongress, der seiner Verantwortung nicht nachgekommen ist, das alles hat uns in die Krisen geführt, in denen wir uns heute befinden.

Das heute praktizierte System findet viel Unterstützung, besonders in den Aufschwungphasen der Konjunkturzyklen. Der Nutznießer sind viele, und sie sind in Washington gut vertreten.

Es heißt, Militärausgaben seien notwendig, um unsere Sicherheit zu garantieren. Das Ergebnis ist, dass der militärisch-industrielle Komplex blüht und gedeiht – und wir wesentlich weniger sicher, dafür aber viel ärmer sind.

Ausgaben für Wohnungsbauprogramme und von der *Federal Reserve* verfügte niedrige Zinsen sollen mehr Menschen zum eigenen Haus verhelfen. Davon profitieren allerdings zumeist Regierungsbürokraten und Politiker. Bauunternehmern, Bankern, Hypothekenfinanzierern, Versicherungsgesellschaften und Landentwicklern geht es blendend – und wenn die Blase dann platzt, verlieren die Armen, für die diese Programme doch eigentlich geplant waren, ihre Häuser und ihre Arbeit.

Das gilt für alle staatlich subventionierten Programme, ob im medizinischen Bereich, im Bankwesen, im Bildungswesen und bei der Landwirtschaft. Ungedecktes Papiergeld erscheint wie ein Allheilmittel. Die Resultate sind geradezu tragisch: Letztendlich sind Armut und Chaos die Folge, und einflussreiche Vertreter von Sonderinteressen fordern, dass die Opfer ihnen aus der Patsche helfen.

Wenn wir nicht aufpassen, wird uns der Zusammenbruch dieses Kartenhauses, das die Papierbank errichtet hat, noch sehr viel mehr Ärger machen.

Der amerikanische Immobilienmarkt beruhte auf einer Finanzstruktur, die reines Blendwerk war. Die Lage ist gefährlich, denn der heutige Reichtum schwindet und die, die während der Boomjahre profitierten, haben das Ruder noch immer in der Hand und sind nur darauf bedacht, Reichtum und Macht zu erhalten und sich zu behaupten. Die Sonderinteressen, die vorher profitiert haben, suchen jetzt nach Opfern, die die Zeche bezahlen. Alle Anstrengungen, von denen wir in Washington hören, sind darauf gerichtet, die Gewinner in die Lage zu versetzen, die Dinge wieder in den Griff zu bekommen und den Verlierern die Rechnung präsentieren zu können. Das wird nicht glatt ablaufen, und diejenigen, die darunter zu leiden haben, werden bald erkennen, dass in Amerika einige gleicher sind als andere.

Je schlechter es der Wirtschaft geht, desto bereitwilliger erteilt der Kongress der *Federal Reserve* zusätzliche Vollmachten. Wer hätte gedacht, dass es einmal so weit kommen könnte? Die *Fed* erzeugt und verteilt Billionen Dollar, ohne sich einer Aufsicht unterstellen zu müssen.

Die Verstaatlichung wird von Kongress und Öffentlichkeit klaglos hingenommen. Den Aufkauf von Unternehmensanteilen finanziert die inflationäre Politik der *Fed* – genau dieser Prozess hat unsere Wirtschaft in die Knie gezwungen.

Als eine Möglichkeit zur Rettung des Systems wird der alte Keynes'sche Traum einer Weltwährung wieder in die Debatte gebracht. Ich bezweifle, dass es dazu kommen wird. Er wird an demselben Hindernis scheitern, an dem er immer gescheitert ist: nämlich an nationalistischem Druck. Man hat eine neue europäische Gemeinschaftswährung geschaffen, aber nicht einmal die ist wirklich stabil. Doch die Eliten dieser Welt werden sich wohl kaum auf solch eine Währung für die ganze Welt einigen.

Ich bin froh darüber. Es trifft zu, dass der Vorteil einer Weltwährung in einer wesentlich höheren Effizienz läge. Der klassische Goldstandard war ja eine Art Weltwährung, wenn auch mit unterschiedlichen Namen für die einzelnen Landeswährungen. Das ist mein Vorbild, zu dem ich gerne wieder zurückkehren möchte. Aber eine Weltwährung aus Papiergeld wäre inflationärem Druck sogar noch mehr ausgesetzt als das heutige System. Das Einzige, was in unserem System einer Inflation noch im Wege steht, ist die Aussicht, dass eine Währung im Verhältnis zu einer anderen an Wert verliert. Eine neue Weltwährung würde auch dieses letzte, ohnehin nicht sonderlich wirksame Hemmnis beseitigen.

Andere Folgen der heutigen Krise sind sogar noch eher wahrscheinlich und weit furchterregender. Am gefährlichsten ist dabei die Bereitschaft unserer Politiker, die »Depression« auf ähnliche Weise zu beenden wie 1941: durch Krieg. Das lächerliche Argument, die Depression sei nur durch den Zweiten Weltkrieg beendet worden, begegnet uns immer wieder, als ob es gut für die Wirtschaft wäre, wenn Millionen Menschen ums Leben kommen und die Produktion von Verbrauchsgütern aufgegeben wird. Unsere Außenpolitik ist gefährlich, wir hängen törichten Wirtschaftstheorien an, und die Menschen brauchen Ablenkung, heißt es. Nur allzu oft ist diese Ablenkung ein Krieg.

Es gibt eine weit bessere Alternative.

Fünfzehntes Kapitel


# Der Ausweg


*»Oft will mich's bedünken, als gehe es unserer Stadt mit ihren braven*
*und wackeren Bürgern so wie mit dem guten alten Geld und den neuen*
*Goldmünzen. Auch das war unverfälscht, ohne Zweifel das beste Geld,*
*das es je gegeben hat, und durfte überall, bei Griechen und Barbaren, als*
*einzig rechtmäßig geschlagen und von gutem Klang gelten. Und doch*
*weisen wir's jetzt zurück und nehmen lieber die schlechten, verkupferten*
*Taler, die man jüngst mehr schlecht als recht zusammengepfuscht hat.*
*So steht's auch mit den Bürgern.«* [52]

aus: Aristophanes, Die Frösche, ca. 400 v. Chr.


Aristophanes beschreibt 400 Jahre v. Chr., was auch im Alten Testa-
ment über das antike Ägypten zu lesen ist: Unehrlichkeit bei der Bewah-
rung einer soliden Währung ging einher mit mangelnder Moral bei der
politischen Führung und Exzessen bei militärischen Überfällen auf frem-
de Länder. Unser Geld ist »schlecht geworden«, unser Finanzsystem ein
einziger Schlamassel. Machtmissbrauch und missbräuchlicher Umgang
mit Geld richten ein Land zugrunde.

Immer mehr Menschen erkennen, dass die *Federal Reserve* für die
heutige Krise verantwortlich ist und deshalb abgeschafft werden muss.
Die Gesamtverschuldung der USA ist auf eine nie da gewesene Höhe
gestiegen und beträgt inzwischen etwa 350 Prozent des Bruttoinlandsprodukts. Der bisherige Schuldenrekord lag bei 300 Prozent im Jahr
1933, und das war ja kein gutes Jahr für Amerika. 1971, als die Ära von
Bretton Woods zu Ende ging, betrug die Verschuldung noch eher ak-
zeptable 150 Prozent des BIP. Seit 1971 der neue Fiat-Dollar-Standard
errichtet wurde, ist die Verschuldung exponentiell gestiegen, wie zu erwarten war, denn der *Fed* waren keinerlei Beschränkungen auferlegt
worden, Geld aus dem Nichts zu schöpfen. Jetzt, wo das Wachstum drastisch zurückgeht und die Staatsverschuldung der USA Jahr für Jahr um
Billionen Dollar wächst, wird diese Zahl schon bald weiter in die Höhe schießen.

Bei unserer heutigen Führung ist noch nicht einmal eine Tendenz in die richtige Richtung zu erkennen. Allein im letzten Jahr wurde eine Flut neuer Programme in Gang gesetzt, die alle eines gemeinsam hatten: mehr Staat, weitere Wertminderung des Dollars und mehr Vollmachten für die *Fed* und die Exekutive der Regierung. Zu diesen neuen Programmen der Bundesregierung gehören Kreditfazilitäten mit so exotischen Namen wie *Primary Dealer Credit Facility, Term Auction Facility, Term Security Lending Facility* und *Asset-Backed Commercial Paper Money Market Mutual Fund Liquidity Facility*. Daneben gibt es natürlich auch weiterhin die üblichen Routine-Techniken der *Fed* wie niedrige Zinssätze und geringe Mindestreserve-Anforderungen, durch die weiter neues Geld fließt.

Es ist eine Tragödie, denn unsere Zukunft steht auf dem Spiel, und was wir heute tun, entscheidet über den Ausgang.

2008 hat der Kongress das erste Stimulierungspaket in Höhe von über 100 Milliarden Dollar verabschiedet. Das *Troubled Asset Relief Program* (TARP) über 700 Milliarden Dollar ist seit Oktober 2008 Gesetz. Die neue Regierung hat für Anfang 2009 ein weiteres Stimulierungspaket in Höhe von bis zu einer Billion Dollar versprochen. Sie greift zu jeder nur erdenklichen Form von finanzieller Trickserei und wird im Endeffekt praktisch zu einer Verstaatlichung des Bankensystems führen.

Obwohl sie keinerlei Nutzen bringt, ertönt bei jeder weiteren Verschlechterung der wirtschaftlichen Lage der Ruf nach einer weiteren Dosis derselben Medizin. Ende 2009 werden sich die Verbindlichkeiten insgesamt auf über neun Billionen Dollar belaufen.

Es gibt einen anderen Weg, aber dafür ist eine vollständige Kehrtwende erforderlich. Alles, was man dazu braucht, ist der politische Wille, das Räderwerk der *Fed* stillzulegen. Anders als wahrscheinlich mancher zunächst annehmen würde, bedeutet das nicht das Ende des uns bekannten Finanzsystems. Auch in einer Welt nach der *Fed* wird es noch Dollars, Banken, Geldautomaten, Onlinetrading und internetbasierte Geldtransfer-Systeme geben – das alles wird nicht verschwinden. Dazu wird es in dem System erheblich mehr finanzielle Optionen geben, die heute nicht zugänglich sind, wie Handels- und Vertragsabschlüsse in vielen verschiedenen Währungen und neue, solidere Investitionsmöglichkeiten.

Die Abschaltung der *Fed* bedeutet das Ende der langen Talfahrt des Dollars und der wilden Kursschwankungen; das Bankwesen gleicht dann nicht mehr einem Würfelspiel, und die Finanzmacht konzentriert sich nicht mehr auf einige wenige Insider mit guten Verbindungen zur Regierung. Natürlich wird die gesamte Bankenbranche gewissermaßen auf den Kopf gestellt, denn nun geht es soliden Banken gut, während die unsoliden denselben Weg gehen wie die Investmentbanken im vergangenen Jahr – in die selbstverschuldete Schließung des Betriebs. Diejenigen, die von den Wohlfahrtsleistungen der *Fed* abhängen, müssten ihr Geschäftsgebaren ändern oder ihre Bank schließen. Die Einleger würden sofort merken, welche Banken solide sind und welche nicht.

Um noch einmal auf das Ausgangsthema zurückzukommen: Die Einzigartigkeit der *Fed* besteht in ihrer Fähigkeit zur Geldschöpfung aus dem Nichts und darin, auch andere zu dieser Tätigkeit anzustacheln. Brauchen wir das? Natürlich gefällt es den Banken, der Regierung und den aufgeblasenen Financiers. Die Allgemeinheit hat nichts davon – ganz im Gegenteil. Ein Grundsatz der klassischen Wirtschaftswissenschaft ist auch heute noch gültig: In einer Gesellschaft gibt es keine ideale Geldmenge. Jede Menge Geld ist ausreichend, solange es gesundes Geld ist. Die Preise passen sich der bestehenden Geldmenge an. Neues Geld in die Gesellschaft fließen zu lassen, bringt dieser keine Vorteile. Wenn die Produktion steigt und die Geldmenge stabil bleibt, steigt die Kaufkraft des Geldes. Wenn die Produktion fällt und die Geldmenge stabil bleibt, dann fällt die Kaufkraft des Geldes.

Geld sollte für uns nichts weiter sein, als was es ursprünglich war: ein vom Markt geschaffenes, aus dem Handel hervorgegangenes Gut. Die wertvollste Ware in der Gesellschaft, das eine Gut, das gegen alle anderen Güter eingetauscht werden konnte und damit den komplexen Warenaustausch erleichterte, wurde zu Geld, seien es Perlen, Tierhäute, Juwelen oder Edelmetalle. Gold wurde zu Geld, weil es alle Eigenschaften besaß, die von gutem Geld erwartet werden. Der Staat hatte damit nichts zu tun.

Im Idealfall würde die *Fed* umgehend abgeschafft und der Geldbestand auf dem derzeitigen Stand eingefroren. Das heißt nicht, dass es keinen Kredit mehr gäbe; aber die Grundlage des Kredits wäre jetzt gespartes, nicht erzeugtes Geld. Der Kongress würde die Satzung der *Fed* aufheben, der Präsident würde keine *Fed*-Gouverneure mehr ernennen. Die *Fed*-Gebäude könnten für andere Zwecke genutzt, vielleicht auch von privaten Banken gekauft werden, die wie ganz normale Unternehmen operieren. Gleichzeitig würde der Dollar dahingehend reformiert, dass er wieder gegen Gold einlösbar wäre. Der Goldvorrat der Bundesregierung könnte genutzt werden, diese Konvertibilität im In- und Ausland zu garantieren. Alle übrigen Vollmachten über das Geld könnten dann wieder dem US-

Finanzministerium übertragen werden, aber jetzt würde streng überwacht, wie der Staat seine Macht handhabt.

Der Goldstandard ohne *Fed* würde wieder für Disziplin sorgen. In Washington würde sich schon bald eine neue Kultur herausbilden. Die Kosten für Kriege und staatliche Programme würden erstmals offengelegt. Wie ein Privathaushalt in harten Zeiten würden auch die Gesetzgeber merken, dass nicht alles ermöglicht werden kann. Sie müssten Entscheidungen fällen und Kürzungen vornehmen. Buchhaltungsrichtlinien würden den Ehrgeiz zügeln, genau wie überall im Leben. Vielleicht erleben wir auch eine neue Generation politischer Führungspersönlichkeiten, die sagen, was sie denken und zu ihrem Wort stehen.

Ein Goldstandard würde eine wunderbare Veränderung bedeuten; das heißt aber nicht, dass wir auf ihn warten sollten, bevor wir die *Fed* abschaffen. Der Dollar spielt in der Weltwirtschaft eine herausragende Rolle. Er profitiert von seiner langen Geschichte als harte Währung. Das wird auch in einer Zeit nach der *Fed* so bleiben. Der Dollar könnte weitermachen wie heute, sein Wert würde steigen, sobald die Märkte erkennen, dass die Geldmenge fix ist.

Die Bundesregierung würde ihre Geschäfte genauso finanzieren, wie es die Regierungen der Bundesstaaten tun. Man muss bedenken, dass die Bundesstaaten keine eigenen Mini-Zentralbanken haben und gut ohne sie zurechtkommen. Das Geld, das die Regierung des Bundesstaats ausgibt, wird entweder durch Emission von Anleihen oder durch Besteuerung aufgebracht. Der Spielraum für die Gesetzgeber und Direktoren ist eng begrenzt. Sie erhöhen oder kürzen die Ausgaben auf Grundlage realer Faktoren. Auch der Preis der von Bundesstaaten und Kommunen herausgegebenen Anleihen wird vom Markt bewertet und festgesetzt. Abhängig von ihrer Kreditwürdigkeit zahlen die Schuldner einen Risikozuschlag.

Auch die Bewertung der Schulden der Bundesregierung wäre ohne *Fed* viel realistischer. Anders als im heutigen System gäbe es eine eingebaute Risikoprämie. Heute herrscht nämlich vielfach die irrige Annahme, es gäbe so etwas wie einen hundertprozentig sicheren Weg, Zinsen für Geld zu bekommen. Ich bin überzeugt, dass die Abschaffung der *Fed* den Wert der Staatsanleihen gegenüber dem heutigen Niveau deutlich senken würde. Aber das wäre gut, es wäre ein Moment der Wahrheit. Der Wert der Schulden wird schwanken, je nachdem, wie der Markt die Politik der Regierung einschätzt. Irgendein neuer teurer Krieg oder ein neues Sozialhilfeprogramm für Unternehmen würde, ja sollte dazu führen, dass der Wert fällt, was zur Folge haben wird, dass es beide seltener geben wird.

Ein Ende der Vollmacht zur Gelderzeugung und die Übertragung der verbliebenen Aufsichtsfunktionen von der *Fed* auf das Finanzministerium wäre ein großartiger Schritt in die richtige Richtung. Doch wir wollen diese Überlegungen noch ein wenig weiterspinnen und noch einmal über die Idee eines staatlichen Geldmonopols nachdenken. Die Gründerväter haben nie beabsichtigt, ein einheitliches Währungssystem für das ganze Land zu schaffen. Geld und Bankwesen oblagen den einzelnen Staaten, mit dem Vorbehalt, dass die Staaten nur Gold und Silber zum gesetzlichen Zahlungsmittel machen durften. Dabei gab es keine Beschränkungen für den Betrieb privater Münzstätten und ein privates (freies) Bankwesen. Dieses System sollten wir wieder einführen, die Zahlungsmittelgesetze außer Kraft setzen und jedem gestatten, das Geschäft der Geldherstellung aufzunehmen. Dadurch würde am Markt ein Wettbewerb entstehen, bei dem sich mit der Zeit das beste Geld durchsetzen und in direkte Konkurrenz zum Dollar der Bundesregierung treten würde.

Dieses System ist im digitalen Zeitalter bei Handel und Kommunikation sogar noch leichter durchführbar. Jeder, der über einen Internetanschluss verfügt, hat jetzt direkten Zugang zum Weltfinanzsystem. Niemand sollte mehr gezwungen sein, eine Währung gegenüber einer anderen zu bevorzugen. Sämtliche monetären Instrumente sollten allen zur Verfügung stehen. Die Macht des freien Unternehmertums sollte darüber entscheiden, welches Geld das beste ist.

Es überrascht mich, dass sich trotz der vielen rechtlichen Einschränkungen für Alternativgeld und Zahlungssysteme heute so manche Goldwährung oder auch private Zahlungssysteme wie Paypal im Internet großer Bedeutung erfreuen. Der Markt wirkt im Bereich des monetären Unternehmertums genauso segensreich wie im Bereich aller anderen Waren und Dienstleistungen auch. Das gleiche gälte für das Bankwesen. Die Banken würden nicht mehr dafür belohnt, dass sie das Verhältnis von vergebenen Krediten zu vorhandenen Einlagen auf extreme Weise strecken Solidität und Sicherheit wären Markenzeichen einer erfolgreichen Bank und Grundlage ihres wirtschaftlichen Erfolgs.

Die *Fed* muss nicht mit einem Schlag abgeschafft werden, ein schrittweiser Übergang wäre denkbar. Viele Einzelschritte in Richtung auf solides Geld sind möglich: Die Macht der *Fed*, die Geldmenge zu erhöhen, könnte beschnitten und die Offenmarktgeschäfte eingeschränkt werden. Wir könnten es der *Fed* gesetzlich untersagen, Schulden zu monetisieren. Wir könnten die *Fed* von der Teilnahme an der zentralen Wirtschaftsplanung ausschließen.

Wir könnten Schluss machen mit den Bailouts der *Fed* für ihre Freunde von der Wall Street. Wir könnten die *Federal Reserve* einer Bilanzprüfung unterziehen und Transparenz über alle Handlungen und geplante Zusammenarbeit mit anderen Zentralbanken einfordern. Der Kongress sollte die Vollmacht zur Regulierung der *Fed* anstelle zur Regulierung der Finanzmärkte erhalten. Wir würden die Beschränkungen für die Neugründung einer Bank aufheben. Wir könnten sogar alternative Währungen zulassen. Wer aus dem Geldsystem ausscheiden will, sollte gesetzlich geschützt sein. Als Geld verwendetes Gold und Silber dürften keiner Umsatz- oder Kapitalgewinnsteuer unterliegen.

Diese Veränderungen sind nur möglich, wenn wir uns nachdrücklich Gehör verschaffen. Proteste oder eine Kandidatur für ein öffentliches Amt können sehr viel ausrichten, ebenso Aufklärungsarbeit in Schulen, im privaten Unterricht, an Colleges und Universitäten. Briefe, Seminare, Artikel, Talkshows, alles kann zu einer politischen Veränderung beitragen. Zuallererst muss man sich aber selbst das nötige Wissen aneignen (siehe meine Literaturliste am Ende des Buchs).

Werden wir es schon bald erleben, dass der Kongress, die Gerichte und die Exekutive die Verantwortung übernehmen und Schritte zu einem reibungslosen Übergang zu solidem Geld vorbereiten? Das ist eher unwahrscheinlich. Unter ähnlichen Umständen ist das mit dem *Resumption Act* von 1875 geschehen, als der während des Bürgerkriegs aufgehobene Goldstandard wieder eingeführt wurde. Die Rückkehr zum Gold vollzog sich fast unmerklich.

Heute liegen die Dinge anders. Krieg und Sozialhilfeprogramme für Unternehmen erfordern Finanzhilfen in solcher Höhe, dass sie weder durch Steuern noch durch Kreditaufnahme aufgebracht werden können. Die herrschende Mentalität macht es kaum vorstellbar, dass wir unsere grandiosen Ideen über die Rolle des Staates fahren lassen. Die allgemeine Bailout-Psychose verhindert jedes vernünftige Nachdenken über eine Abkehr von dem heutigen, zutiefst mangelhaften System. Zumeist geht man, vor allem in Washington, noch immer davon aus, dieses System könnte gerettet werden – ein Irrtum, und ein gefährlicher dazu.

Wir müssen für eine Reform und eine solide Wirtschaft, die sich strikt an die Verfassung hält, kämpfen. Wir sollten uns darauf gefasst machen, dass es ohne eine solche Veränderung zu Hyperinflation, zu einer Depression mit weitverbreiteter Armut und möglicherweise sogar zu gewalttätigen Unruhen kommen kann. Je schwerwiegender das Problem, desto wahrscheinlicher wird ein Krieg, besonders angesichts der weltweit wachsenden Tendenz zum Protektionismus. Das ist des Zentralbankwesens Lohn.

Persönliche und wirtschaftliche Sicherheit liegen in unserer eigenen Verantwortung. Wir können nur hoffen, dass der Staat es den Bürgern nicht verbietet, ihre Familien und ihre Vermögen zu schützen.

Ich habe eine Organisation namens *Campaign for Liberty* gegründet, in der sich gleichgesinnte Menschen treffen sollen. Wir müssen trotz des um sich greifenden Pessimismus weiterhin Druck auf Regierung und Politiker ausüben, positive Veränderungen herbeizuführen. Meine Stiftung *Foundation for Rational Economics and Education* betreibt Aufklärungsarbeit über Freiheit in der Wirtschaft. Ich selbst studiere jeden Morgen die Website *LewRockwell.com* sowie *Mises.org* vom *Ludwig von Mises Institute*, für das ich als Berater tätig bin.

Man muss verstehen, warum und wie allein der freie Markt die Antwort auf die Sorge um das Wohlergehen unserer Mitmenschen ist. Die meisten Unterstützer von Big Government sind nicht bösartig, sondern nur irregeleitet. Wer glaubwürdig sein will, der muss immer wieder mit guten Argumenten und mit Leidenschaft erklären, warum die Freiheit funktioniert. Deshalb müssen wir uns zuallererst das entsprechende Wissen selbst aneignen. Und das liegt einzig und allein bei uns.

Ermutigend ist: Die Wahrheit liegt auf Seiten der Freiheit. Wohlstand und gesellschaftliches Wohlergehen entstehen niemals durch staatliche Wirtschaftslenkung oder Vorschriften für das persönliche Verhalten. Unsere Ziele lassen sich nur in einer Gesellschaft verwirklichen, die die Rechte jedes Einzelnen achtet und schützt, ob jung oder alt, reich oder arm, unabhängig von Geschlecht, Hautfarbe, Rasse oder Religion. Die Anwendung von Gewalt durch Einzelne oder Regierungen ist moralisch verwerflich.

Eine Koalition aus unterschiedlichen politischen und aufklärerisch wirkenden Gruppen zur Abschaffung der *Fed* ist möglich und machbar. 2008 habe ich im Rahmen des Wahlkampfes eine Pressekonferenz in der

Hauptstadt Washington organisiert. Vier Kandidaten einigten sich auf folgende Erklärung:

> »Wir bestehen auf einer sorgfältigen Untersuchung, Beurteilung und Bilanzprüfung des Federal-Reserve-Systems und seiner engen Beziehungen zu den Institutionen des Bank-, Geschäfts- und Finanzwesens. Der willkürlich ausgeübten Macht, die unter Ausschluss der Öffentlichkeit zugunsten von Sonderinteressen Geld und Kredit aus dem Nichts zu erzeugen vermag, muss Einhalt geboten werden. Es sollte weder Bailouts noch Subventionen für Unternehmen geben. Unternehmen sollten im Betrugsfall rigoros strafrechtlich verfolgt werden.«

Dass sich diese buntgemischte Gruppe auf diese vier Punkte und auf eine scharf formulierte Erklärung gegen die *Federal Reserve* geeinigt hat, will schon etwas heißen. Prinzipienfeste Menschen tendieren von sich aus dazu – unabhängig von der Zugehörigkeit zu einer bestimmten Gruppe –, die Macht der *Fed* infrage zu stellen. Das sind zum Beispiel Liberale, Konservative, Libertäre, Progressive und Populisten. Eine Gruppe mit einer so breiten Basis verfügt über ausreichende Schlagkraft, um eine Veränderung zu bewirken. Angesichts unseres aus den Fugen geratenen Finanzsystems herrscht Offenheit für Reformen. Es besteht die Chance, dass eine politisch und geistig motivierte Kampagne gegen die *Federal Reserve* Gehör findet.

Von all den möglichen Argumenten gegen die *Fed* sollte allein das moralische Argument schon genügen. Sie begeht Betrug, sie stellt eine Steuer dar, sie betreibt Geldfälscherei. Sie nützt einer winzigen Minderheit auf Kosten der breiten Mehrheit. Sie bricht die Vertragsregeln. Sie verursacht Leid und bestraft die Unschuldigen. Sie macht Weltkriege und riesige Zahlungen an die Mächtigen möglich. Das sollte doch reichen, alle Amerikaner dazu zu bewegen, ein Ende dieses seit 95 Jahren bestehenden gescheiterten Projekts zu fordern.

Was bleibt also zu tun? Die Zukunft sieht düster aus. Die Machteliten halten sich versteckt, und so, wie es aussieht, schert sich in Washington niemand um das Thema Geld und Macht der *Fed*, niemand hört zu, geschweige denn versteht etwas davon. Sollten wir uns also lieber um das eigene Überleben kümmern? Ich meine: nein. Im Lande rumort es, die Verärgerung wächst. Sich diese Wut zunutze zu machen und sie in positive und konstruktive Energie umzusetzen, könnte unvorstellbar positiv wirken. Es ist Zeit, Energie zu sammeln und nicht mutlos zu werden über den tragischen Schlamassel, der angerichtet worden ist.

Wir haben ein natürliches, gottgegebenes Recht auf Leben, Freiheit und die Früchte unserer Arbeit.

Diese Rechte zu schützen – das ist die einzige Rolle, die dem Staat in einer freien Gesellschaft zukommen sollte. Den Staat daran zu hindern, in weitere Bereiche einzugreifen, verlangt entschlossene Menschen, die eigenverantwortlich handeln wollen, die es ablehnen, von einer staatlichen Macht abhängig zu sein, die über Wirtschaft, Gesellschaft und das Verhalten des Einzelnen bestimmt.

Wenn die Freiheitsbewegung weiter so wächst wie in den vergangenen zwei Jahren, dann haben wir allen Grund zum Optimismus. Freiheit und Zentralbankwesen sind miteinander unvereinbar. Wir wollen die Freiheit, und wenn wir dieses hohe Ziel erreichen, dann wird aus dem Ruf Wirklichkeit: *End the Fed!*

# Literaturempfehlungen

## Zur Einführung:

* Percy Greaves: *Understanding the Dollar Crisis*
  (Auburn, AL: Mises Institute, 2008, 1973)

* Ron Paul und Lewis Lehrman: *The Case for Gold*
  (Auburn, AL: Mises Institute, 2007, 1983)

* Murray N. Rothbard: *The Case Against the Fed*
  (Auburn, AL: Mises Institute, 1994)

* Murray N. Rothbard: *What Has Government Done to Our Money?*
  (Auburn, AL: Mises Institute, 2005, 1963)
  Deutsche Ausgabe: *Das Schein-Geld-System – Wie der Staat unser Geld zerstört* (Gräfelfing, Resch-Verlag, 2000)

* Andrew Dickson White: *Fiat Money Inflation in France*
  (Auburn, AL: Mises Institute, 2008, 1896)

## Weiterführend:

* Ludwig von Mises: *Causes of the Economic Crisis*
  (Auburn, AL: Mises Institute, 2006)
  Deutsche Ausgabe unter:
  http://docs.mises.de/Mises/Mises_Ursachen_der_Wirtschaftskrise.pdf

* Murray N. Rothbard: *America's Great Depression*
  (Auburn, AL: Mises Institute, 2009, 1963)

* Murray N. Rothbard: *The Mystery of Banking*
  (Auburn, AL: Mises Institute, 2008, 1983)

* Hans F. Sennholz: *The Age of Inflation*
  (Belmont, MA: Western Islands, 1979)

* William Graham Sumner: *A History of American Century*
  (Auburn, AL: Mises Institute, 2008, 1874)

## Für Fortgeschrittene:

- Friedrich A. von Hayek: *Choice in Currency*
  (Auburn, AL: Mises Institute, and London:
  Institute of Economic Affairs, 2009, 1979)

- Jörg Guido Hülsmann: *The Ethics of Money Production*
  (Auburn, AL: Mises Institute, 2008)
  Deutsche Ausgabe: *Die Ethik der Geldproduktion*
  (Waltrop: Edition Sonderwege, Manuscriptum, 2007)

- Ludwig von Mises: *The Theory of Money and Credit*
  (New Haven, CT: Yale University Press, 1953)
  Deutsche Ausgabe: *Theorie des Geldes und der Umlaufsmittel*
  (München und Leipzig: Verlag von Duncker & Humblot, 1924)

- Llewellyn H. Rockwell jun. (Hrsg.): *The Gold Standard:*
  *An Austrian Perspective* (Auburn, AL: Mises Institute, 1992)

- Jesús Huerta de Soto: *Money, Bank Credit, and Economic Cycles*
  (Auburn, AL: Mises Institute, 2008, 2006)

## Zusätzliche Literatur:

- Robert Murphy: *The Politically Incorrect Guide to the Great Depression*
  (Washington, D.C.: Regnery, 2009)

- Thomas E. Woods jun.: *Meltdown: A Free-Market Look at Why the Stock Market Collapsed, the Economy Tanked, and Government Bailouts Will Make Things Worse* (Washington, D.C.: Regnery, 2009)

Alle genannten sowie weitere (englischsprachige) Bücher über die *Fed* und über Geld sind in einem kostenlosen Katalog enthalten, der unter der folgenden Adresse angefordert werden kann: Ludwig von Mises Institute, 518 West Magnolia Avenue, Auburn, AL 36832 (001-334-321-2100; info@mises.org, www.Mises.org).

# Anmerkungen

1 http://www. newyorkfed.org/publications/result.cfm?comics=1
2 »After the Great Recession«, Interview mit Präsident Obama, *New York Times Magazine*, 28. April 2009 (geführt von David Leonhardt)
3 *The Complete Writings of Thomas Paine*, Philip Foner, Hrsg. (New York: Citadel Press, 1945), S. 405 ff.
4 Jörg Guido Hülsmann, *Ethik der Geldproduktion* (Waltrop: Edition Sonderwege, Manuscriptum, 2007)
5 F. A. Hayek, *Choice in Currency* (London, Institute of Economic Affairs, 1976), S. 16
6 Bemerkungen von Gouverneur Ben S. Bernanke vor dem National Economists Club in Washington, D.C. am 21. November 2002
7 Doug French, *Early Speculative Bubbles and Increases in the Supply of Money* (Auburn, AL: Mises Institute, 2009)
8 Jesús Huerta de Soto, *Money, Bank Credit, Economic Cycles* (Auburn, AL: Mises Institute, 2006)
9 Diesen Prozess hat Murray Rothbard in seiner Schrift *The Mystery of Banking* sehr gut beschrieben (Auburn, AL: Mises Institute, 2008, 1983). Er wird sogar auf der Website der *Federal Reserve* beschrieben, wenn auch mit einer anderen Tendenz.
10 Condy Raguet, *A Treatise on Currency and Banking* (New York: Kelley Reprints, 1967, 1840), S. 156
11 Murray N. Rothbard, *The Panic of 1819* (Auburn, AL: Mises Institute, 2008)
12 Die Einzelheiten über die Gründung der *Fed* beschreibt William Greider in *Secrets of the Temple* (New York: Simon & Schuster, 1987), S. 276 ff. Siehe auch Murray N. Rothbard: *A History of Money and Banking in the United States: The Colonial Era to World War II* (Auburn, AL: Mises Institute, 2002), S. 162 ff. und James Livingston, *Origins of the Federal Reserve System: Money, Class, and Corporate Capitalism, 1890–1913* (Ithaca, NY: Cornell University Press, 1986)
13 Hans F. Sennholz, *Money and Freedom* (Grove City, PA: Libertarian Press), S. 21
14 Elgin Groseclose, *America's Money Machine: The Story of the Federal Reserve* (Westport, CT: Arlington House, 1966), S. 85
15 Ebenda, S. 86
16 Daten der *Federal Reserve Bank of St. Louis*
17 Das Diagramm ist online einsehbar unter http://www.aier.org/images/stories/research/ch_p5.pdf
18 William Greider, *Secrets of the Temple*, a. a. O., S. 280

19  Ludwig von Mises, *Theorie des Geldes und der Umlaufsmittel* (Berlin, Verlag Duncker & Humblot, 2005), englische Ausgabe: *The Theory of Money and Credit* (New Haven, CT: Yale University Press, 1953)

20  Doug French, *Early Speculative Bubbles and Increases in the Supply of Money* (Auburn, AL: Mises Institute, 2009)

21  Robert Schuettinger und Eamonn Butler, *Forty Centuries of Wage and Price Controls* (Washington, DC: Heritage Foundation, 1979; Auburn, AL: Mises Institute, 2009)

22  Henry Hazlitt, *From Bretton Woods to World Inflation* (Washington, DC: Regenery, 1984; Auburn, AL: Mises Institute, 2009)

23  »Bernanke Says Federal Reserve Won't Reveal Details on Loans«, *Bloomberg.com,* 18. November 2008, Bericht von Steve Matthews und Craig Torres

24  Ludwig von Mises, *Human Action* (New Haven, CT: Yale University Press, 1949), S. 863

25  Murray Rothbard (Auburn, AL: Mises Institute, 2005, 1963), deutsche Ausgabe: *Das Schein-Geld-System: Wie der Staat unser Geld zerstört* (Gräfelfing: Resch, 2005)

26  Murray Rothbard, *America's Great Depression* (Auburn, AL: Mises Institute, 2009, 1963)

27  Murray N. Rothbard, *The Case Against the Fed* (Auburn, AL: Mises Institute, 1994)

28  Ludwig von Mises, *Nation, State and Economy* (New York; New York University Press, 1983), S. 163. Deutsche Ausgabe: *Nation, Staat und Wirtschaft* (Wien: Manzsche Verlags- und Universitätsbuchhandlung, 1919)

29  Zitiert in Groseclose, *America's Money Machine: The Story of the Federal Reserve* (Westport, CT: Arlington House, 1966), S. 88

30  Milton Friedman und Anna J. Schwartz, *A Monetary History of the United States, 1857–1960* (Princeton, NJ: Princeton University Press, 1963), S. 198

31  Llewellyn H. Rockwell jun., *War and Inflation,* Rede vor der Konferenz der *Future of Freedom Foundation* »Restoring the Republic« am 6. Juni 2008 in Reston, Virginia. Im Internet verfügbar unter http://mises.org/story/3010

32  H. C. Engelbrecht und F. C. Hanighen, *Merchants of Death* (New York: Dodd, Mead & Co., 1934)

33  Details über die Berechnung der Geldmengenaggregate in den 1920er-Jahren siehe Murray N. Rothbard, *America's Great Depression* (Auburn, AL: Mises Institute, 2009, 1963)

34  David Hackett Fisher, *The Great Wave: Price Revolutions and the Rhythm of History* (New York: Oxford University Press, 1996), S. 193

35  Ron Paul und Lewis Lehrman, *The Case for Gold* (Auburn, AL: Mises Institute, 2007, 1983)

36  Ayn Rand, *Capitalism: The Unknown Ideal* (New York, New American Library, 1967)

37  William Greider, *Secrets of the Temple* (New York: Simon & Schuster, 1987), S. 346

38  »Geithner's Revelation«, *Wall Street Journal*, 12. Mai 2009

39  John B. Taylor, »The Financial Crisis and Policy Responses: An Empirical Anlysis of What Went Wrong«, http://www.stanford.edu/~johntayl/FCPR.pdf

40  Eine ganze Reihe Artikel, in denen die Rolle der *Fed* ausführlich erklärt wird und alle diejenigen widerlegt werden, die ihr keine große Bedeutung beimessen, findet sich im Archiv des Ökonomen Robert Murphy: http://mises.org/articles.aspx?AuthorId=380

41  Robert Higgs, »Regime Uncertainty: Why the Great Depression Lasted So Long and Why Prosperity Resumed after the War«, *Independent Review,* Bd. I, Nr. 4, Frühjahr 1997, S. 561–590

42  Eine ausführlichere Beschreibung findet sich in Thomas Woods, *Meltdown* (Washington, DC: Regnery, 2009)

43  Mir gefällt das Projekt des *Competitive Enterprise Institute*, »Bailout Watch«, unter: http://www. openmarket.org/category/bailout/

44  Jörg Guido Hülsmann, *Die Ethik der Geldproduktion* (Waltrop: Manuscriptum, 2007), S. 124

45  Ayn Rand, *Wer ist John Galt?* (Hamburg: Gewis, 1997), S. 441. Englisches Original unter »Francisco's Money Speech«, *Atlas Shrugged* (Estate of Ayn Rand, 1957), abgedruckt in *Capitalism Magazine,* http://wwww.capmag.com/article.aps?ID=1826

46  Edwin Vieira jun., *Pieces of Eight: The Monetary Powers and Disabilities of the United States Constitution* (Old Greenwich, CT, 1983), S. 12 f.

47  William G. Sumner, *A History of American Currency* (New York: Henry Holt and Co., 1874), S. 58 f.

48  John Maynard Keynes, *Krieg und Frieden – Die wirtschaftlichen Folgen des Vertrags von Versailles* (Berlin, Berenberg-Verlag, 2006), S. 112 f.

49  John Maynard Keynes, *Ein Traktat über Währungsreform* (München, Duncker & Humblot, 1924), S. 42

50  Eine ausführliche Widerlegung von Keynes findet sich in: Henry Hazlitt, *The Failure of the »New Economics«* (Auburn, AL: Mises Institute, 2008, 1959). Deutsche Ausgabe: *Das Fiasko der Keynes'schen Wirtschaftslehre* (Frankfurt am Main, Knapp, 1960)

51  Die Belege für diese Angaben sind in bemerkenswertem Detail aufgeführt in: Larry J. Sechrest, *Free Banking: Theory, History, and a Laissez-Faire Model* (Auburn, AL: Mises Institute, 2008, 1993) S. 95 ff.

52  Aristophanes, *Die Frösche*, deutsche Übersetzung von Heinz Heubner (Stuttgart: Reclams Universal-Bibliothek, 1951, 2007)